SHIYONG
XIANDAI
HANYU

实用

现代汉语

邹英 苗巍 编著

辽宁大学出版社

图书在版编目（CIP）数据

实用现代汉语/邹英，苗巍编著. --沈阳：辽宁大
学出版社，2011.1（2012.8重印）
ISBN 978-7-5610-6245-6

Ⅰ.①实… Ⅱ.①邹…②苗… Ⅲ.①汉语－现代－
高等学校－教材 Ⅳ.①H109.4

中国版本图书馆 CIP 数据核字（2011）第 013713 号

───────────────────────────────

出 版 者：辽宁大学出版社有限责任公司
　　　　（地址：沈阳市皇姑区崇山中路 66 号　邮政编码：110036）
印 刷 者：沈阳市市政二公司印刷厂
发 行 者：辽宁大学出版社有限责任公司
幅面尺寸：148mm×210mm
印　　张：11.5
字　　数：310 千字
出版时间：2011 年 1 月第 1 版
印刷时间：2012 年 8 月第 2 次印刷
责任编辑：董晋骞
封面设计：邹本忠
　　　　　韩　实
责任校对：合　力

───────────────────────────────

书　　号：ISBN 978-7-5610-6245-6
定　　价：29.00 元

联系电话：024－86864613
邮购热线：024－86830665
网　　址：http://www.lnupshop.com
电子邮件：lnupress@vip.163.com

目 录

第一章　绪　　论

翻开这本书的时候，你一定会产生这样的疑问：从小到大，我们说的、写的、用的都是现代汉语，现代汉语还用学吗？母语谁不懂啊？但是，你能说出什么是现代汉语吗？对于自己的母语你究竟掌握到什么程度？你是把语言当成一种工具，还是一门艺术呢？"开卷有益"，希望本书能帮助你学习现代汉语、运用现代汉语、研究现代汉语，并从书中收获知识、体验快乐。

第一节　语　　言

一、语言

从不同的角度，可以对语言有不同的理解。广义的语言，是指在一定的范围或群体组织内，被普遍采用的表达原则、沟通方式以及由此发展而来的沟通符号。这种符号会借助视觉、听觉、触觉得以传播。而语言的目的在于传播信息、表达意见、交流思想、沟通情感等。我们平时所说的"人有人言，兽有兽语"、"肢体语言"、"赛场语言"、"网络语言"、"大众传媒语言"等，都是在广义的语言层面上对语言的理解和认识。

那么，当我们把语言作为人类区别于动物的最重要标志，把语言的产生作为人类文明史上第一座里程碑的时候，又应该如何理解语言呢？

《中国大百科全书·语言文字》第 475 页对"语言"的解释

是:"人类特有的一种符号系统。当作用于人与人的关系的时候,它是表达相互反应的中介;当作用于人和客观世界的关系的时候,它是认知事物的工具;当作用于文化的时候,它是文化信息的载体。"由此可见,语言是人类特有的,也是最重要的交际工具、认识工具和思维工具,语言是人类传承文明、传播文化的载体。

(一)语言是人类社会特有的、最重要的交际工具

语言是人类社会发展的产物。恩格斯在《劳动在从猿到人的转变过程中的作用》中指出:"语言是从劳动中并和劳动一起产生出来的。"语言与人类社会的产生具有密不可分的关系。人类借助语言传递和交流信息,语言是人类社会得以发展的至关重要的因素。

语言这个交际工具是人类专有的。我们在上文中提到的"人有人言,兽有兽语",是人类发现了动物似乎也有类似于人类的交际活动,将语言的概念推而广之的一种说法。我们熟悉的成语,如"鸟语花香"、"莺歌燕舞",似乎是说鸟类也会说话,但这不过是一个拟人的说法。还有"鹦鹉学舌"和"大猩猩学单词"等现象,都是动物在经过反复的训练、刺激下作出的条件反射,并不同于人类的语言符号或交际工具。

语言是人类社会特有的交际工具,但不是人类社会唯一的交际工具。除了语言,人类还有烽火、旗语、电报、交通信号、手语等多种交际工具,但它们有的只能传递极其简单的信息,有的是建立在语言基础上形成的辅助性手段,有的还受到使用范围的限制,其重要性都无法与语言相比。因此,语言仍是人类多种交际工具中最重要的。

(二)语言是人类社会特有的音义结合的符号系统

思维是人脑特有的机能。在表象思维、动作思维和抽象思维这三种基本思维形式中,抽象思维在人类认识客观世界的过程中发挥着主导作用。抽象思维借以认识客观世界的方式是概念、判断和推理,其最终表现为一定的语言形式,即词、短语或句子。

人类区别于动物的最根本特征在于人能够利用象征符号去认识世界、创造文化。可以说，语言就是从使用同一套符号系统的全体社会成员的各种交际活动中出现的言语（话语）形式中抽象、概括出来的，语言是人类社会中最基本的、使用最广泛的一种符号系统。

从语言这种符号系统的内部结构上看，语言具有音义结合的特点。语言这个符号统一体由语音和语义两部分组成。语音是语言的形式，是语言的物质外壳；语义是语言的内容，是语言交际的内核。"皮之不存，毛将焉附。"语音如果不表达某种确定的意义，就不称其为语音，而只是一种物质现象；语义如果不依附于某种确定的声音，也就无从存在。语言正是在语音和语义的矛盾统一体中存在着、发展着。

（三）语言是人类社会文化信息的载体

语言是信息的载体，是人类文化的载体。语言和文化两者相生相长，语言的产生是人类文化发展的结果，文化的演进推动着语言的发展，文化的巩固、传承又以语言为最重要的载体，语言是人类不断积累知识、传播文化、创造文明的手段。

二、语言的形成与发展

（一）人类语言是怎么产生的

关于语言的起源，众说纷纭，至今仍无定论。因为，语言的起源问题是与人类的起源问题相联系的。在人类起源问题还没有彻底解决时，语言起源问题也就难以科学地阐明。下面介绍几种有代表性的观点：

第一，劳动说。恩格斯说："语言是从劳动中并和劳动一起产生出来的。"劳动创造了语言。人类的社会性劳动，需要相互交流思想、协调集体行动。因此，劳动决定了产生语言的需要。劳动使人类学会了直立行走，改善了发音器官，促使思维发达，因而劳动又使语言的产生有了物质可能。在人类社会漫长的形成过程中，随着人们认识世界和改造世界的能力不断提高，人类的语言逐步产生并完善起来。

第二，神授说。犹太教和基督教《圣经·创世纪》中记载着两河流域一种远古传说——亚当给万物命名。上帝的语言是希伯来语。

第三，摹声说。人类通过模仿自然界的声音，如风声、水声、狮吼、鸟鸣等，产生了人类特有的语音。

（二）人类语言的发展

语言作为一种音义结合的符号系统，一旦被全体社会成员所共同约定俗成，便具有稳定性，使用该语言的社会成员要遵守并传承下去。同时，语言系统也具有一定的开放性。因为社会在不断地发展，社会的产生、发展、分化、统一影响语言的发展变化。语言和社会相互接触、相互影响、相互作用、相互制约，从而引起变化。

另外，组成语言的要素（语音、词汇、语法）之间相互影响，也会引发语言的发展和变化。语言内部发展的不平衡性，使各部分原有的关系可能被打破，从而使各部分相应的发生变化，形成新的关系，达到新的相互适应。

（三）世界语言谱系

谱系分类法是根据语言有无共同的来源以及历史关系的远近来分类，主要根据语言之间有对应规律的同源词。有共同来源的、从同一"原始母语"分化而来的，是"亲属语言"，如英语和德语；反之，没有共同历史来源的，则叫"非亲属语言"，如汉语和英语。亲属语言根据相互关系的亲疏又可以分为"语系→语族→语支→语种"。

语系是具有共同历史来源的亲属语言组成的语言系属。世界语言的语系主要有：汉藏语系，分为汉语、壮侗语族、苗瑶语族、藏缅语族；印欧语系，分为日耳曼语族、罗曼语族、希腊语族、斯拉夫语族、波罗的语族、阿尔巴尼亚语族、亚美尼亚语族、印度—伊朗语族等；乌拉尔语系，包括芬兰语、匈牙利语等；阿尔泰语系，包括蒙古语、维吾尔语等；闪含语系，主要包括阿拉伯语等；高加索语系，包括格鲁吉亚语等；南亚语系，包括高棉语等；南岛语系，包括马来语、高山语等。

三、语言的三要素

语言是以语音为物质外壳、以词汇为建筑材料、以语法为结构规律而构成的体系。语音、词汇、语法是语言的三要素。如果把人类的语言比喻成一尊三足之鼎，那么，"三足"即语音、词汇和语法。三足缺一不可，三者相互关联、相互对立，构成语言的整体。

（一）语音

我们知道，"语言是有概念的声音"。语音不同于简单的物体振动发音，而是蕴含了语义的声音。任何语言都是物质形式和意义内容的统一体。语音是一门语言的面貌，是语言的第一形象。语音的构成因素是语素，由于各个语种的语素是不同的，也就造成了不同的语种听起来有一定的差异。

（二）词汇

词汇是构筑语言的材料。语言的准确性、细腻性和丰富性都是由词汇决定的。"语言是有概念的声音"，其中的"概念"也是由词汇的意义体现的。词是语言中可以自由运用的基本单位，是语音和语义的结合体。词汇是所有离散的词语的集合，是载负语句内容的基本材料。学习和掌握一种语言，就要掌握足够的词汇量。

（三）语法

语法是语言单位的结构规则和运用规律。任何语言都有自己的一套语法系统，语言的学习和运用、交流和理解都要建立在正确的语法规则之上。"语法决定语意。"语法虽然不像语音和词汇那样听得着、看得见，但它的确是客观存在的，它是支持语言成形的框架，它是支配语言运动的规律。语法是在语言形成与发展中约定俗成的规定，是组词造句的规则，是民族语言的习惯，是使用语言的依据。可以说，语法是语言的灵魂。

（四）语言三要素的关系及发展

语言的体系性表现在：语言是由若干互相关联、互相制约的要素构成的统一体，而且各要素本身也自成体系。例如：现代汉语中的轻声、儿化和声调是语音现象，对词汇和语法产生了积极的作用。汉语中音节结构的单纯化促使了词汇双音化，词汇双音化又促使了词义和词性的明确化，同时语法上语序的规则化也促使了词义和词性的明确化。

语言各要素的发展是不平衡的，但相互协调、相互制约。语言是伴随着人类社会的形成而产生的，并且随着社会生活的发展而发展。社会的发展变化首先反映到词汇中来，由于社会的进步而引起的思维的发展推动了语法和词汇的发展。词汇中的一般词汇对社会的各种变化最为敏感，几乎处于经常的不断变化之中；语音的演变通常要相当长一段时间才能明显觉察出来；而语法构造和作为词汇核心部分的基本词汇的变化则非常缓慢，是语言中比较稳固的部分。

四、语言的性质

语言不是自然现象，不是生理现象，不是心理现象，而是一种社会现象，而且是一种特殊的社会现象。之所以说它特殊，是因为语言不属于经济基础，也不属于上层建筑，它一视同仁地为全体社会成员服务，而不属于社会结构本身。一方面，语言具有社会性，语言和社会的产生与发展相辅相成，紧密联系；另一方面，语言具有全民性，语言属于整个社会，属于所有社会成员，语言本身并没有阶级性。

《中国大百科全书·语言文字》第 475 页指出："人的语言有四个特点：可分离性、可组织性、理智性、可继承性。"

（一）可分离性。人类有种族的差异，不同的种族或民族以及不同国家和区域的人们，一般都拥有属于自己的语言体系，但是，无论是哪一个种族、民族、国家或地区的人类的语言，都可以分离出音位和词。一般语言系统中的词由成千上万个语素构成，语音也可以分离出数十个音素、音位。

（二）可组织性。动物发出的叫声是有限的，是封闭的，它们的信号系统是不具备组合能力的。而人类的语言系统是开放性的、生产性的，可以按一定规则把音位和词语组合起来，生成无限的句子。

（三）理智性。动物虽然也具备一定的信号系统，进行信息的传递，但这种信号系统较之人类的语言系统要低级得多。动物的信号系统基于本能，而人类具备抽象思维能力，有选择符号的自由，也有自由运用语言符号表达各种思想感情的能力，人类的语言基于理智。

（四）可继承性。动物所得的经验，不能传给后代，幼小的动物只能通过遗传或条件反射习得生存的本领。人类因为有了语言，可以使信息的传递超越时间、空间的限制。知识的积累，文化的形成，是有了语言才成为可能的。

在上述四个特点中，最重要的是可分离性和理智性。没有语言符号的离散性，就没有可能按规则组成大大小小的语言单位。人类一旦失去了理智，就不可能既遵循语法、语用规则，又有选择语言符号的自由，使语言成为一个开放性的、能表示各种思想感情的、抽象的符号系统。

第二节　现代汉语

一、现代汉语

现代汉语有两种理解：广义的现代汉语是指现代汉民族的语言，包括现代汉民族共同语和现代汉语方言。现代汉语的标准语是作为现代汉民族共同语的普通话；现代汉语方言是现代汉语的地域分支、地域变体。

狭义的现代汉语是指"现代汉民族共同语"。1956 年国务院发布《关于推广普通话的指示》，确定现代汉民族共同语是"以北京语音为标准音，以北方方言为基础方言，以典范的现代白话文著作为语法规范的普通话"。

（一）以北京语音为标准音

现代汉民族共同语的语音不能是虚拟的语音系统或是各方言区的语音进行拼凑而成的，必须以一个具体的方言区域的语音为标准音。选择以北京语音作为现代汉语的标准音是历史的必然，也是人心所向。北京是我国的首都，自元朝建都以来，数百年来一直是我国的政治、经济、文化中心；北京语音系统音节结构简明，规律严整，音节悦耳动听，不分尖团音、没有入声、有四呼、区分 N—L、区分前后鼻音、有四个声调等；北京语音在全国流布范围广、影响大。

（二）以北方方言为基础方言

北方方言是我国使用人数最多、词汇最丰富的方言，这一点是其他任何方言也无法与之抗衡的。将北方方言确定为现代汉语的基础语言，主要有如下原因：一是北方广大地区历来是我国政治、经济、文化的发达地区，北方民族多为强势民族，历代都城多分布在黄河流域和中原地区，如陕西、河南、河北等地。北方地区的语言随"政府行为"的力量得以扩大和传播。二是历代文献和文学作品，几乎都是使用北方方言词汇写成的。例如：四大名著、儒家经典甚至诸子百家。北方话与"官方语言"在词汇系统上形成水乳交融的关系。三是北方方言使用的地域最广：黄河流域及其以北的广大地区，长江流域的重庆、南京以及云南、贵州、广西等地，都使用北方方言。

（三）以典范的现代白话文著作为语法规范

现代汉语语法规范的科学性和可操作性，应从以下三方面加以理解：首先，白话文是与文言文相对应的概念，白话就是人民群众口头的民族共同语。古代白话是指古代的口语化作品，如唐代的传奇、宋代的市井文学、清代的笔记小说等。现代白话就是普通话，白话文是用白话写成的文章和文学作品。其次，"著作"

应是经过字斟句酌，反映作者较好的语言功底和表达能力的文章和文学作品。第三，"典范"的含义指经典和规范。"现代白话文著作"数不胜数，可作为语法规范的作品应是经典性的著作，脍炙人口，广为流传，并且经得起推敲。

二、现代汉语的历史形成

汉语发展到今天，是一个漫长而复杂的历史进程。由于语言的发展是渐进的，而不是突变的，因而汉语发展阶段的划分并不能精确到某年某月，甚至不能精确到某个具体的朝代。吕叔湘先生指出："以晚唐五代为界，把汉语的历史分为古代汉语和近代汉语两个大的阶段是比较合适的。""现代汉语只是近代汉语的一个阶段"，这也是整个汉语史的二分法。

现代汉语是古代汉语—近代汉语长期发展演变而形成的。书面汉语的文体形式经历了从方言—近代白话—现代白话的一系列变革。这一历史发展脉络因为有了汉字的记录，有浩如烟海的文献提供线索和依据。

（一）雅言与通语

距今大约五千多年前，中国版图上存在着以黄河流域中原文化为中心的华夏文明。华夏民族是中华民族的远古祖先。现在说"炎黄子孙"中的炎黄，是传说中"开天辟地"时的"炎帝"和"黄帝"。陕西现存"黄帝陵"，就是传说中黄帝的陵墓，是可以追溯到中华民族源头的象征。

据可考文字史料推测，汉语的历史可以追溯到三千多年前的春秋战国时期。《论语·述而》中记载："子所雅言，《诗》、《书》、执礼，皆雅言也。"所谓的"雅言"，是以当时王畿成周（今洛阳）一带方言为基础的共同语。"雅"是"正"的意思，"雅言"就是正确规范的语言。汉代扬雄在《轩使者绝代语释别国方言》一书中第一次记载了周代、汉代的口语，还记录了与"方言"相对的"通语"（以及"凡语"、"通名"等），是各地能通行的普通词语，属周、汉时的共同语。"雅言"和"通语"这些名称的出现，说明中国至少从春秋战国起，在正式交际场合就已经形成了一种大家都要遵循的共同语。甲骨文、钟鼎文则是早期的书面语。

秦始皇统一中国，建立了历史上第一个封建的集权制国家。秦始皇实行的重大国策之一就是"书同文字"政策。中央和各地官吏文书，不仅要字形相同，而且书面语表达方式也要相同。秦代刻碑和器物上的铭文就是当时的书面共同语。

（二）言文脱离

汉王朝建立，形成了大一统的局面。古老的"华夏文化"逐渐被"汉族"、"汉字"、"汉语"构成的汉文化取代。早在殷商时代汉字就已经形成了相当完备的体系，但是历经两千多年诸多朝代的变迁，最后冠以"汉"名，至今仍称之为"汉字"，足以说明汉王朝的建立在中国历史上的作用。到了西汉，封建统治者"罢黜百家，独尊儒术"，使儒家著作成了传世的经典，历朝历代的帝王将相以及文人书生们将其奉为研习的楷模。汉魏以后，写文章的人大多效法先秦，逐渐形成了一种相当固定的书面语，并在书面语上占据统治地位，"文言"就此形成。

口语方面，从商周直到北宋，在全国都能通行的方言应该是中原地区的方言，因为在这两千多年间，历代帝王一直在中原地区建都，而且主要是在长安和洛阳两地。共同语的基础方言应该就是长安、洛阳一带中原地区的方言。但从1153年金政权正式迁都北京以后，长安和洛阳不再是全国的政治中心。到元代，北京成了世界闻名的元大都，取代了过去的长安和洛阳，成为全国唯一的政治中心，元大都方言也就取代了长安和洛阳一带的中原方言，成为具有新的权威性的方言。

从《史记》、《汉书》中所记录的"口语"中可以发现，言文脱离的现象从秦汉时期起就已经初见端倪。不可否认，在言文分离的前提下，文言作品的传播对书面语的发展起到了一定的促进作用。之后的文言作品及其创作一直存在两种不同的倾向：一是向古人致敬，模仿古代的语言特点和表达方式；一是从现实出发，贴近当时人们的口语实践。文言跟口语的距离越来越远，学习和使用文言的权利与能力在某种程度上成为阶级与社会地位差异的标志，掌握文言的人只占当时全国人口的极少数，这种情况难以适应社会和语言的发展。历代不少学者为了让更多的人看懂书面文字，主张书面语同口语相一致。但呼声较弱，效果甚微。

（三）文言与白话

汉魏以后，接近口语或口语化的表达方式与语言特点出现在大量的书面作品中。晚唐五代出现了与"文言"相对的"白话"，这是在大众口语的基础上形成的一种新的书面语。有代表性的"白话"作品有唐传奇、语录、宋平话、元曲、明清小说等。虽然它们都带着各自的地方色彩和一定的文言色彩，但从总体上看所用基础方言都是北方方言。这些白话文学作品大量流传到北方方言区，也流传到了非北方方言区，扩大了北方方言的传播范围，推动了北方方言的普及进程。很多非北方话的地区的人也学会了用白话阅读和写作，这样白话就在一定程度上具有全民性，白话文一定程度上已经成了汉语的书面共同语。这种白话是现代汉民族共同语书面形式的主要源头。清末，白话文作品局限在通俗文学之列，未能动摇文言文的独尊地位，没能成为通用的书面语。但是，书面语向口语的接近已形成不可扭转之势，为民族共同语的形成起到了积极的推动作用。

（四）官话与国语

由于语言的形成与发展是渐变的，口语的形成更缺乏史料证据，所以很难判断现代汉民族共同语的口语形式到底是在什么时间形成的。大约在白话文学作品广泛流传的同时，以北京话为代表的北方方言逐渐确立了其在各方言区成为交际工具的地位。元、明、清历代以来，北京一直是中国的政治文化中心，北京话也就成为各级官府沟通时使用的语言，因而明清时代就有了"官话"的名称。但并非只为官吏所用，它实际上是当时汉语各方言区的人交际时共同使用的口语。1728 年，清朝政府命令在福建、广东两省设立"正音书院"，专门为当地人民正音，教授"官话"，并且规定不会官话的人不能做官。这种自上而下的、由政府到民间的推行政策以及行为，最大限度地促进了汉民族口语共同语的形成，"官话"逐渐渗入各个方言区。

桐城派文学家吴汝纶最早提到国语这个名称。1909 年，清朝政府议员江谦提出把官话正名为国语，设立国语编查委员会，负责编订研究事宜，1911 年学部召开"中央教育会议"，通过了《统一国语办法案》。"国语"一词就通行开来，成为民族共同语的代名词。中华民国成立后，1912 年 7 月，在北京召开的"临时教育会议"上肯定了"国语"这个名称，决定在全国范围内推行国语，发起了轰轰烈烈的"国语运动"。1916 年，北京教育界人士组织成立了"中华民国国语研究会"，提出"言文一致"和"国语统一"两大口号，确立了以北京语音为标准音的北方话的民族共同语的地位，使之具有比较明确一致的规范标准。

到了 20 世纪初，与"国语运动"相呼应，形成了语文改革的高潮，动摇了文言文的统治地位，使一向只用在所谓通俗文学上的"白话"取得了文学语言的地位。书面语的白话趋势加速了现代汉民族共同语的发展过程。特别是到了五四时代，在新文化运动浪潮的冲击下，文学、文化界诸多学者提倡书面语不用文言而改用白话。五四运动中，国语的推行和白话文运动结合起来，便形成了书面形式和口语形式都有了统一规范的现代汉民族共同语。

（五）普通话

中华人民共和国成立以后，白话完全取代了文言。1955 年，中国科学院召开了"现代汉语规范问题学术会议"，确定"普通话"为汉民族共同语的正式名称，代替过去通行的"国语"这一名称。"普通"是"普遍共同"的意思（此前，"普通话"是在社会上早已流传的名称，与过去的"官话"一样，并没有明确的解释，用来指称没有严格标准的通用语）。1956 年，国务院发布《关于推广普通话的指示》，确立了普通话在语音、词汇和语法上的标准。中央和各省市自治区相继成立了推广普通话工作委员会，在全国范围内推广普通话，同时进行全国汉语方言普查工作，举办普通话语音研究班，成立"普通话审音委员会"。普通话在中国台湾和海外有些地方，至今仍沿用"国语"这一名称，在新加坡和马来西亚等地则称为"华语"。

有人说，汉语的历史很长，而汉语的共同语却很年轻，回顾一下现代汉民族共同语发展的历史，这种说法是一点也不夸张的。

三、现代汉语的地位

（一）国内地位

汉语是在中华民族悠久的历史中发展、完善、形成的，具有鲜明而浓郁的民族性，汉民族的文化滋养着汉民族语言在中华大地生根发芽。汉语对汉民族的文化传承、对中华民族的形成起着巨大的作用。我国是一个多民族的国家，除了汉族外，还有55个少数民族，各个民族大多有自己的语言。现代汉语是我国汉民族各方言区和我国各民族之间的共同交际用语。说汉语的人口占我国人口90%以上。汉语对我国各民族的互相了解和交往起到了重要作用，为各民族的互相学习和共同协作作出了重要贡献，对维护和加强我国各民族的大团结，发挥着巨大的作用。

（二）国际地位

华夏文明是世界文明的瑰宝，汉语在世界文化史上具有极其重要的地位，在东方文化史的发展中，汉语作出了突出的贡献，尤其是对与中国毗邻的东亚、东南亚国家的语言和文化产生过深远的影响。世界许多语言从汉语里吸收了不少成分，特别是朝鲜、日本、越南等国家。至今，汉语词汇在这些国家的语言里还占有十分重要的地位，甚至构筑了这些语言的基本词汇相当大的部分。日语吸收了大量的汉语词，许多是其构成新词的基础。元末明初的《朴通事》和《老乞大》是两种供朝鲜人学习汉语用的会话课本，其就是用北京口语写的，被公认为当时汉语口语的代表。1946年日本公布了"当用汉字表"1850个字，1981年改为

"常用汉字表" 1945 个字。18 世纪以前越南的书面语用的是汉字，称"字儒"，并且按照汉字的造字方法造出用来书写越南语的一些字，称"字喃"，意思是"俗字"。这些国家的古代历史文献大多是用汉字记载下来的。

就世界范围来说，汉语是使用人口最多、传播范围广泛的语言。新中国成立后，现代汉语在国际上就是代表中华人民共和国的语言。1973 年，联合国大会把汉语列为联合国的六种法定工作语言之一（其他五种分别是英语、法语、俄语、西班牙语和阿拉伯语）。特别是随着改革开放的深入发展，成功加入世界贸易组织，以及北京奥运会的圆满成功，中国的国际地位空前提高，汉语也屹立于世界语言之林。中国与世界各国的政治、经济、文化交流不断扩大，汉语的国际影响也越来越大，受到了各国的广泛重视，很多外国人不远万里来到中国专门学习汉语，许多国家都设立了"孔子学院"，教授汉语，传播中国文化，形成了"汉语热"。

四、现代汉语方言

（一）现代汉语方言和现代汉民族共同语

方言（包括它的次方言）是全民语言的地方变体、地域分支。方言为全民范围内某一地区的成员服务。方言是历史形成的。随着人口的增加和经济、社会生活的发展，同时也受到自然环境因素或战争的影响，汉族的先民们逐渐扩张自己的疆域，或迁徙到新的地区，或和异族人通婚，等等，使最初比较单纯的汉语受到地域差异的影响，逐渐分化成不同的方言。方言形成之后的发展有赖于社会条件。几千年封建社会的汉语方言分化现象，说明了如果社会仍然处于不完全统一的状态，各方言就会保持一定的距离，同时又服从于自己所从属的语言的发展趋势，继续作为该语言的方言。如果经过政治、经济的集中，社会达到了一定程度的统一，就会在一种方言的基础上形成民族共同语，以满足不同方言区的人们之间的交际需要。共同语对方言来说是一种高级形式，它对方言的语音、词汇、语法都有一定影响，制约着方言的发展方向。

任何一种共同语都是在一种方言的基础上形成的，作为共同语的基础的方言，叫做"基础方言"。共同语的词汇和语法是以整个基础方言为主要来源和依据的。北方方言是现代汉民族共同语的基础方言。需要指出的是，虽然现代汉语各方言之间存在明显差异，但它们不是与普通话并列的独立语言，而是现代汉语的地域分支。因为现代汉语各方言之间，语音上具有密切对应的关系，对应规律非常整齐；拥有大量共同的基本词汇；语法构造的基本面貌也大体相同或有对应关系；各方言之间共用汉字作为统一的书写符号系统。

（二）现代汉语的方言分区

一般来讲，现代汉语的方言可分为七大方言区，每个方言区又包括不同的方言片，往下还可以继续划分出方言小片和方言点。下面具体介绍七大方言区的分布：

1. 北方方言，即广义的北方话。在汉语各大方言中，北方方言具有突出的地位和影响。近千年来，中国许多优秀的文学作品，都是在北方话的基础上创作的，加之北京作为中国政治、经济、文化高度集中的核心区域，在全国通行的北京话也有"官话"之称。实际上它是汉语各方言区的人共同使用的交际语言，现在全国推行的普通话，就是在"官话"的基础上发展起来的现代汉民族共同语。

北方方言以北京话为代表，是现代汉民族共同语的基础方言，北方方言通行于长江以北各省全部汉族地区；长江下游镇江以上、九江以下沿江地带；湖北省除东南角以外的全部地区；广西壮族自治区北部和湖南省西北角地区；云南、四川、贵州三省少数民族区域以外的全部汉族地区。此外，在北方方言区中，还有少数由于历史原因而形成的官话方言岛，如海南岛崖县、儋县的"军话"，福建南平城关的"土官话"，长乐洋屿的"京都话"等。在汉语各方言中，北方方言分布地域最广，使用人口最多，内部一致性比较强，从东北的哈尔滨到西南的昆明，从东南的南京到西北的乌鲁木齐，都能通话。在世界上很难找到像汉语的北方方言这样的一种方言，能够覆盖如此辽阔的疆域，拥有多达七亿的使用人口，又具备较高的一致性。

北方方言区内部按其语言特点一般可以分为四个支系，即四个方言片（或称四个次方言）：华北官话、西北官话、西南官话和江淮官话。

（1）华北官话。即狭义的北方话，它通行于北京、天津两市，河北、河南、山东、辽宁、吉林、黑龙江等省以及内蒙古自治区的一部分。其中东北三省和河北省的方言最接近民族共同语——普通话。山东、河南的官话各有特色，有的语言学者认为可以另立胶辽官话和中原官话两支。其中中原官话包括山东、河南部分地区以及长江以北的徐州、阜阳和陕西的西安、山西的运城等地区。

（2）西北官话。通行于山西、陕西、甘肃等省以及青海、宁夏、内蒙古的一部分地区。新疆汉族使用的语言也属西北官话。山西及其毗邻陕北部分地区、河南省黄河以北地区保留古入声字，自成入声调，不同于一般西北官话，也不同于华北官话，有学者认为可根据"有入声"这一特点另立"晋语"，从官话方言中独立出来。与此同时，有学者提出西北官话作为官话方言的一支，范围宜缩小到只包括甘肃兰州、宁夏银川等地的方言，改称"兰银官话"。

（3）西南官话，或称上江官话。通行于湖北省大部分地区（东南部、东部除外）、云南、贵州、四川三省汉族地区以及湖南、广西两省北缘地带。西南官话地域辽阔，但内部比较一致。

（4）江淮官话，俗称下江官话。通行于安徽省长江两岸地区，江苏省长江以北大部分地区（徐州一带除外）、长江南岸镇江以上、南京以下地区，以及江西省沿江地带。江淮官话是官话方言中内部分歧较大、语言现象比较复杂的一支。其中，皖南徽州一带方言，有许多与众不同的特点，历来不少语言学家认为可以从官话方言中分出，独立为皖南方言或徽州方言。

2. 吴语，也叫江浙话或江南话。"吴"是古代地域名称的沿用。

吴方言通行于江苏南部、上海、浙江、江西东北部、福建西北角和安徽南部的一部分地区，大约有 110 多个县市，使用人口 7000 万左右。吴语按其语言特点可区分为五片：太湖片、台州片、东瓯片、婺州片、丽衢片。

（1）太湖片，即北吴语片。包括江苏吴语 21 个县市，上海市及其所属各县，浙江旧杭州、嘉兴、湖州 3 府，以及浙东旧宁波、绍兴两府，以上海话或苏州话为代表。这一片分布面积最广，使用人口最多，可再分六个小片：①常州小片，包括沙洲、江阴、武进、宜兴及其以西苏南吴语各县市和安徽郎溪、广德的部分乡村，江北靖江的老岸话，南通东部、海门和启东北部的通东话也属这一小片。②苏沪嘉小片，包括上海市及其所属各县，常熟市、无锡市及其以东苏南吴语各地，浙江省的嘉兴市、平湖、嘉善、海盐、桐乡、海宁，江北南通、海门和启东南部的启海话属这一小片。③湖州小片，包括湖州市、长兴、安吉、德清和余杭。④杭州小片，即杭州市及其郊区。⑤临绍小片，包括临安、富阳、桐庐、萧山、绍兴市、上虞、诸暨、新昌、余姚、慈溪和建德县的下包、乾潭以东乡镇。⑥明州小片，包括宁波市、鄞县、镇海、奉化、象山、宁海、定海、普陀、岱山。

（2）台州片。包括天台、三门、临海、仙居、黄岩、椒江市、温岭、玉环，宁海县岔路以南和乐清县清江以北地区也说台州话。这片以临海话为代表。

（3）东瓯片，即温州片。温州话旧称瓯语，通行于温州市、瓯海、永嘉、乐清、瑞安、平阳、文成以及洞头、苍南、青田的部分地区。这片以温州话为代表。

（4）婺州片。包括浙江中部金华地区的金华市、兰溪、浦江、义乌、东阳、武义、永康、磐安，以金华话为代表。

（5）丽衢片。包括处州小片和龙衢小片：①处州小片，包括缙云、丽水、云和、青田等县和景宁畲族自治县。武义县南部旧宜平县部分、文成县的南田区、泰顺县北部和庆元县的东北部也属这一小片。②龙衢小片，包括龙泉、庆元、松阳、遂昌、江山、常山、开化、衢州市、龙游。福建省浦城县的北部，江西省的玉山、广丰、上饶和上饶市也属这一小片。这片以丽水话为代表。

3. 湘语，或湖南话，是汉语七大方言中通行地域较小的一种方言。湖南省有多种不同的方言，湘方言是其中最有影响的一种。

湘方言通行于湖南省的岳阳、南县、汨罗、湘阴、沅江、益阳、桃江、安化、宁乡、长沙、望城、株洲、湘潭、湘乡、双峰、涟源、娄底、新化、冷水江、叙浦、辰溪、邵阳、邵东、新邵、隆四、洞口、武冈、新宁、城步、东安、零陵、双牌、祁阳、祁东、衡阳、衡山等地，约占全省面积的一小半。此外，广西北部全州、灌阳、资源、兴安等4县也通行湘方言，使用人口估计在2500万以上。

由于社会、历史、地理以及政制变革等各方面的因素，古老湘语南、北、西三面长期以来处于北方方言包围之中，东部又受到客方言、赣方言的影响，以致语音系统不断产生变化，逐渐形成了新湘语和老湘语两种明显有别却又并存并用的特殊局面。从地理上看，新、老湘语的通行地域恰好分布在北部和南部，因而有人把它称为北片湘语和南片湘语，这就是湘语的两个方言片。新湘语和老湘语之间的差别主要表现在语音系统上。南片老湘语比较保守，古全浊声母字一般仍多念浊声母；北片新湘语受官话方言的影响而有逐渐靠拢官话的趋势，语音上突出的表现是由繁到简，古全浊声母字一般都已念为清声母字了。北片新湘语主要通行于湘北、湘中一带，如长沙、株洲、益阳等；南片老湘语广泛通行于湖南中部、沅水东南、湘水以西和资水流域，如湘乡、双峰、邵阳、武冈等。

4. 赣语。是汉语七大方言区中通行面积较小、使用人口最少的一个方言区。赣方言并非"江西话",江西省境内除赣方言外,还有客家方言、吴方言和江淮官话,江西的邻省也有赣方言。由于赣方言和客家方言有不少共同特点,有的语言学者认为可以把二者合并为一个大方言区,称为客赣方言。

赣方言通行于江西省中部和北部,湘东和闽西北、鄂东南和皖西南一些县市通行的方言,其特点近似赣方言,有的学者认为也可以划入赣方言。江西省内通行赣方言的有 60 多个县市,使用人口约 3000 万。

5. 客家话。一个民系成立的重要因素之一就是有共同的语言。客家民系的共同语言即客家方言。客家方言又称客方言、客话。

从分布上看,客家话主要在福建、广东、江西、湖南、台湾、四川等 7 个省,海外有马来西亚、新加坡、印度尼西亚等地。具体说,国内主要分布:福建—闽西地区的长汀县、连城、上杭等 8 个县;广东梅州、惠州、蕉岭等 16 县市;江西南部宁都、瑞金、兴国等 14 个县市。此外,非纯客县,如福建南靖、平和、绍安、龙岩,广东潮州、海丰、韶关、东莞,江西铜鼓、广昌、永丰等不少县市的许多地区也讲客家话。此外,台湾、海南、四川、湖南等不同程度地分布着客家话。

依据内部的差异,客家话大体可以分为三个类型:以长汀话为代表的闽西客家话,以梅县话为代表的粤东客家话,以赣县蟠龙话为代表的赣南客家话。进一步,可以分为如下八片:汀州片(又称闽客片)、粤台片、粤中片、惠州片、粤北片、宁龙片、于桂片、铜鼓片。

6. 闽语,俗称"福佬话",是汉语七大方言中语言现象最复杂、内部分歧最大的一类方言。

闽方言主要通行于福建省的 54 个县市、广东东部的 12 个县市、海南岛的 14 个县市、雷州半岛的 5 个县市、台湾省的 21 个县市和浙江省南部以及江西、广西、江苏三省的个别地区。以上总计通行闽方言的县市约有 120 个以上,使用人口约 4000 万。

此外，江西省东北角的玉山、铅山、上饶、广丰等县的少数地方，广西壮族自治区中南部桂平、北流等县的少数地方，江苏省宜兴、溧阳等县的少数地方，也有人说闽方言。散居南洋群岛、中南半岛的华侨和华裔中，数百万人祖祖辈辈也以闽方言作为"母语"。在新加坡、马来西亚、菲律宾、印度尼西亚、泰国、缅甸以及印度支那各国的华裔社区中，闽方言也是主要的社会交际语之一。

闽方言按其语言特点大致分为五个方言片：闽南方言、闽东方言、闽北方言、闽中方言和莆仙方言。

（1）闽南方言。是闽方言中使用人口最多、通行范围最广的一片。包括福建省内以厦门、漳州、泉州三市为中心的24个县市。福建省以外各地通行的闽方言，基本上也属于闽南方言。闽南方言以厦门话为代表，潮州话、文昌话也分别在广东东部和海南岛有较大的影响。

（2）闽东方言。通行于福建省东部，包括以福州为中心的闽江下游地区和以福安为中心的山区，共18个县市，以福州话为代表。

（3）闽北方言。通行于福建省北部建瓯、建阳、南平（乡区）、崇安、松溪、政和、浦城（南部），以建瓯话为代表。

（4）闽中方言。通行于福建省中部永安、三明、沙县，以永安话为代表。

（5）莆仙方言。通行于福建省东部沿海的莆田、仙游，以莆田话为代表。

7.粤语，俗称广东话、广府话，当地人称白话，是汉语七大方言中语言现象较为复杂、保留古音特点和古词语较多、内部分歧较小的一个方言。

粤方言通行于广东、广西境内，以广州话为中心，使用人口约4000万。广东省境内纯粹属粤方言或以粤方言为主的县市有47个，占全省面积的1/3以上。广西壮族自治区通行粤方言的县市有23个。

粤方言内部按其语言特点和地理分布可以分为四个片:

(1) 粤海片。主要分布在广东省珠江三角洲、粤中、粤西南和部分粤北地区,是粤方言中使用人口最多、通行范围最广的一个片,以广州话为代表,它在粤方言中有很大的代表性和影响。

(2) 四邑片。主要分布在台山、开平、恩平、新会、斗门等县,以台山话为代表。

(3) 高阳片。主要分布在湛江市、茂名市所属各县和江门市所属的阳江县和阳春县,以阳江话为代表。

(4) 桂南片。主要分布在广西壮族自治区邕江、郁江、浔江沿岸的南宁市、横县、贵县、桂平县、平南县、藤县、梧州市,玉林地区的玉林县、北流县、容县、博白县、陆川县、钦州地区的钦州县、合浦县、浦北县、灵山县和北海市,梧州地区的苍梧县、岑溪县、昭平县、蒙山县、贺县、钟山县,一般以南宁话为代表。它的语音比较一致,也存在一些分歧。桂南片按其内部的异同又可以分为四个方言小片:广府片、邕浔片、勾漏片和钦廉片。

五、现代汉语在海外

现代汉语在海外的使用包括两个方面:海外华人社团以及以汉语为外语的外国人。

近代以来,中国人特别是南部沿海地区的居民大量远赴国外谋生和定居,在世界各国逐渐形成了很多使用汉语方言的社团。世界上现在有汉语社团的地方超过 100 个。华侨社会最主要的方言是闽语、粤语和客家话。澳大利亚、新西兰、印度、印尼、马来西亚、新加坡、泰国、越南、菲律宾以及北美洲等地能说粤语的海外华人约 1100 万。美洲华侨和华裔几乎九成以上的祖籍都是粤方言区。中国香港、澳门地区通用粤语,这对海外有很大的影响。能说闽语的海外华人总数约为 500—600 万。说客家话的海外华人总数大约 50—100 万。海外以普通话或其他官话为母语的总人数估计在 15—20 万,其中能使用普通话的海外华人约为

300—400 万。

第三节 现代汉语规范化

一、汉语规范化的历程

（一）语言规范化

语言规范是一种社会现象，表现为社会群体言语行为的趋同性，一方面带有比较多的自发性，自发的规范；一方面是自觉的规范，由国家机关、语言决策机构、语言研究机构和语言专家所发起和从事的宏观全局的、大规模的规范运动。自觉的规范，是自发的规范的科学化、规模化和行政化。语言规范化立足于国家民族的总体利益和长远发展，以语言文字发展变化的客观规律为依据，以推行一种全国或全民族共同使用的标准为内容，目的是消除由种种原因产生的各种语言变异所带来的交际障碍，促进民族语言的健康发展并实现由旧规范向新规范的过渡。这种自觉的规范就是通常所说的"语言规范化"。

古人对语言的规范和标准有"雅俗"、"正谬"、"文质"、"工拙"等多种说法。其中，"正谬"属于规范问题，"雅正"是古代士大夫阶层对语言形式的理想化的追求，具有贵族化特点。"雅正"一词最早见于《后汉书·舆服志上》，指出了语言文字的规范标准，"雅"指言语体制在总体上或客观方面合乎规范，"正"指文字的音形义方面的正确标准。

与古代历次语文规范化活动相比，现代意义的汉语规范化的特点是：在言文一致的宗旨下，力求建立、推广和普及现代汉民族共同语。

（二）三大语文运动

我国 20 世纪先后形成了三次声势浩大的群众性语文运动——切音字运动、国语运动和白话文运动。

切音字运动指清末 20 年间发端于民间的创造和推行汉语拼音方案的运动。切音就是拼音，也叫合声，切音字就是泛指在这一运动中产生的各种各样的汉语拼音方案。我国历史上第一个设计了拉丁化拼音方案的学者卢戆章，在其拼写厦门方音的著作《一目了然初阶》自序中指出了拼音文字的优点："字母与切法习完，凡字无师能自读；基于字话一律，则读于口遂即达于心；又基于字画简易，则易于习认，亦即易于捉笔……"据统计，在切音字运动中一共推出了 27 个方案，以各地方言方音为拼写对象。尤其是拼写官话，在切音字运动的后期达成共识，成为拼音的主流。切音字对我国后来汉语拼音运动的进一步发展产生了巨大的影响。20 世纪二三十年代的注音字母、国语罗马字、北方拉丁化新文字以及新中国成立后推行的汉语拼音方案，都可以说是切音字运动的延续。切音字运动关于拼切何种话音的思考，使人们认识到了确立统一的语音标准的重要性，直接引发了国语运动。

国语运动是指清末到新中国成立之前这段时间推行的以北京话作为汉民族共同语的运动。1913 年 2 月在北京召开了"读音统一会"，会议正式采用了国语这一名称，并以投票的方式按票数的多少决定汉字的读音，议定了 6500 多个汉字的国定读音，同时通过了拼切国音的字母"国语注音字母"（1918 年 11 月由北洋政府正式公布）。"读音统一会"确定的国音，虽然以北京语音为基础，但是又照顾了南方一些方音，以"京音为主，兼顾南北"。这样审定的结果，使得国音成为南腔北调混合的五方杂音，习惯上把由"读音统一会"审定的国音称为老国音。虽然在 1919 年 9 月出版了根据国音标准编辑的《国音字典》，但实际上全国没有一个能完全照着这本字典说话的人，因为现实社会就没有这样的语音系统。

由于《国音字典》的语音标准与真正的北京语音标准产生了很大矛盾，引起人们的反对，1920 年爆发了京国之争，对"读音统一会"审定的读音提出了质疑。1919 年 4 月 21 日，成立了专事国语推行的专门机构，北洋政府时期称为国语统一筹备会，

1928 年以后国民党政府时期称为国语统一筹备委员会。1923 年，国语统一筹备会第五次会议决定采用北京语音作为语音标准。国语统一筹备会决定的国音，相对于读音统一会议定的国音而言，就叫做新国音。历经修订，1932 年 5 月，教育部正式公布并出版《国音常用字汇》，完全以当代北京语音作为确定汉字注音的标准，为确立国语的标准提供了范本，可谓"是中华人民共和国建立以前中国整理现代汉字的一块里程碑"。同时，国语教育、国语研究也开展得如火如荼，国语的推行，真正成为声势浩大的运动而遍及全国。

现代语文运动以五四时期的白话文运动为起点标志，可以说是一次历史性的转折。白话文运动是指 1919 年五四运动前后从北京推向全国的旨在以白话文取代传统的文言文的运动，是一场书面语的变革。它的特点是以言文一致为目标的通俗化和以普及教育、方便民众为宗旨的大众化。1917 年胡适在《新青年》发表《文学改良刍议》一文，提出白话文学为文学之正宗，这是白话文运动的发端。1918 年 1 月，《新青年》全部改用白话，实现自己的主张。5 月，鲁迅在《新青年》发表了反封建的战斗檄文《狂人日记》，这标志着白话文运动在文艺方面的首先突破。五四运动爆发更把白话文运动推向一个新的阶段，在一年之内，白话报刊至少出了 400 种，1920 年北洋政府教育部命令小学教科书改用白话文。白话文的推行以不可阻挡之势彻底动摇了文言的统治地位，改变了数千年来言文不一致的状况，实现了书面语由文言文向白话文的转变，统一的文学语言的形成，是民族共同语形成的重要标志之一。

（三）新中国成立后的汉语规范化进程

新中国建立后，党和国家高度重视语言文字工作。1949 年 10 月 10 日，成立了中国文字改革协会，专门研究汉字改革问题；1951 年 2 月，中共中央下发了《关于纠正电报、报告、指示、决定等文字缺点的指示》；1951 年 6 月 6 日，《人民日报》发表了题为《正确地使用祖国的语言，为语言的纯洁和健康而斗争》的社论，并从同一天起连载吕叔湘、朱德熙的《语法修辞讲话》，在全社会兴起了学习语法修辞的热潮；1954 年 12 月，成立了中国文字改革委员会；1955 年 10 月 15 日，教育部和文改会联合召开了全国文字改革会议，研究简化汉字和推广以北京语音为标准音的普通话，会议通过了《汉字简化方案修正草案》和《第一批异体字整理表草案》，1955 年 10 月 25 日，中国科学院召开了现代汉语规范问题学术会议，1955 年 10 月 26 日，《人民日报》发表了题为《为促进文字改革、推广普通话、实现汉语规范化而努力》的社论，社论指出"这两次会议标志着中国文字改革和汉语规范化工作的开端"；1956 年 1 月 28 日，国务院全体会议通过了《汉字简化方案》，成立了中央推广普通话工作委员会；1956 年 2 月 6 日，国务院发布《关于推广普通话的指示》，为响应国务院的这一号召，高教部、教育部发布了《关于在高等学校和中等专业学校推广普通话的联合通知》，文化部、广播事业局、中华全国总工会等都先后发出了关于推广普通话的通知；1957 年 11 月，国务院全体会议通过了《关于公布汉语拼音方案草案》的决议；1958 年 1 月 10 日，周恩来总理在政协全国委员会举行的报告会上发表了题为《当前文字改革的任务》的讲话，指出当前文字改革的三项任务是"简化汉字，推广普通话，制定和推行汉语拼音方案"；1958 年 2 月，第一届全国人大第五次会议通过了《关于汉语拼音方案的决议》。新中国成立的第一个十年，现代汉语规范化工作取得了显著的成效，全社会掀起了学习普通话、学写简化字的热潮。

（四）改革开放以来的汉语规范化工作

改革开放以来，通过拨乱反正，现代汉语规范化工作重新受到重视。1978 年，教育部发布了《关于加强学校普通话和汉语拼音教学的通知》，指出"推广普通话是一项群众性工作"、"普及普通话是一项长期的任务"；1979 年 4 月，中国文字改革委员会和教育部联合召开了全国普通话工作汇报会；1981 年，教育部发出了《关于举办普通话训练班的通知》，指出推广普通话的关键是培训师资；1982 年通过的新《宪法》第 19 条规定："国家推广全国通用的普通话"；为了进一步加强语言文字工作，1985 年，国务院决定把中国文字改革委员会更名为国家语言文字工作委员会；1985 年 12 月，国家语委、国家教委、广播电视部审核通过并联合发布了《普通话异读词审音表》，审定了 839 条异读词的读音，规定要求各行各业自本表公布之日起，涉及普通话异读词的读音、标音均要以本表为准；1986 年 1 月 6 日—13 日，国家教委和国家语委召开"全国语言文字工作会议"，突出了语言文字工作在新时期的新精神：语言文字工作与现代化尤其是与新技术革命的密切关系；与两个文明建设尤其是与精神文明建设的密切关系；推广普通话在新时期语言文字工作中的突出地位。

（五）《中华人民共和国通用语言文字法》实施

20 世纪 90 年代以来，全国人大代表和政协委员多次提出加速语言文字立法的议案。1997 年，关于语言文字立法工作正式列入了全国人大常委会的立法计划，并于当年 1 月正式启动了起草工作；1997 年 12 月，全国语言文字工作会议召开，李岚清副总理在大会上讲话指出："我们要从贯彻十五大精神，落实科教兴国战略，推进现代化建设的高度，来认识和做好语言文字工作。"2000 年 7 月，全国人大常委会审议了语言文字法草案，并提出了修正意见，10 月 31 日，在九届全国人大常委会第 18 次会议上，通过了《中华人民共和国通用语言文字法》，同日，国家主席江泽民签署了主席令（第三十七号），公布这部法律，并于 2001 年 1 月 1 日起正式实施。《中华人民共和国通用语言文字法》是我国语言文字规范化、标准化工作的重要成果，标志着我国语言文字工作纳入了法制化的轨道，它的公布与实施是语言文字工作的一座里程碑。

二、现代汉语规范化的标准

现代汉语规范化是指根据汉语的历史发展规律，结合汉语的习惯用法，对现代汉民族共同语即普通话的语音、语汇、语法等要素所存在的分歧和混乱现象进行研究，选择其中的某些读法和用法作为规范并加以推广，同时废除、舍弃某些不规范的读法和用法，从而使现代汉语沿着纯洁和健康的道路向前发展。1956年国务院发布《关于推广普通话的指示》，确定现代汉民族共同语是"以北京语音为标准音，以北方方言为基础方言，以典范的现代白话文著作为语法规范的普通话"。

（一）语音：以北京语音为标准音

作为一种民族共同语的语音一般是以这种民族共同语的基础方言的语音系统为语音标准。我国的北方方言区范围极大，所包含的方言分区、方言片的语音系统又有或多或少的差异，所以既不能以整个北方方言地域的语音为标准，也不能人为地兼采不同语音系统的语音作为标准。"以北京语音为标准音"，是就北京话的语音系统而言。并不是说每一个字、每一个词都以北京的语音为标准，一些北京土音成分要排除；一些有分歧的读音也要经过审订决定其取舍。例如，北京话里"暂时"既读"zǎnshí"，也读"zànshí"，《普通话异读词审音表》将后者定为规范的读音。北京话的轻声、儿化问题比较复杂，同样需要加以规范。

（二）词汇：以北方方言为基础

北方方言是现代汉语的基础方言，北方方言词汇是共同语词汇的基础和主要来源。共同语要舍弃基础方言中过于土俗的词汇；要从其他方言里吸收所需要的有表现力的词汇，如来自粤语的方言词"埋单"、"打工"、"爆棚"、"炒鱿鱼"等；也要从古代汉语里继承仍有生命力的古语词，如"诞辰"、"兹"；还要从其他民族语里吸收外来词，如蒙太奇、沙龙、克隆、写真、布拉吉，等等。与此同时，我们要注意避免生造词带来的混乱。

（三）语法：以典范的现代白话文著作为语法规范

现代汉语的语法规范依然是以北方方言为基础的，因为这些著作是以汉民族共同语写成的。首先，共同语的语法规范应选取书面语为标准。这是因为书面语言，尤其是书面语言的重要形式之一文学语言，是经过提炼的规范化的民族共同语的集中表现。其次，要选择"典范的著作"。"典范的著作"指具有广泛代表性的著作，这种著作有它的稳固性，可以把规范的标准巩固下来，便于遵循。第三，体现现代汉语语法规范的历史性和时代特征的"现代白话文著作"，这就与早期的白话文著作区别开来。因为语言在不断发展，宋元时代的白话文与五四时期的白话文在语法方面已有明显不同。第四，语法规范还必须是典范的现代白话文著作中的一般的并具有普遍性的用例，要舍弃个别的特殊的或者不纯洁的用例。

（四）文字：字形规范

字形是文字符号的物质外壳，是书写者和阅读者进行交流的媒介，是书面信息的载体。无论印刷体还是手写体都要遵循一定的字形标准，国家、社会对字形应该有明确的规范。汉字定形的意义主要表现在两方面：一是书面交际方面，明晰、统一的字形是进行书面交际的前提条件，字形的合理规范是提高书面交际效率的重要保证；二是在中文信息处理方面，规范明确的字形是汉字信息处理的字形依据。

语言是不断发展变化的体系，只有在发展的过程中不断地吸纳新质，淘汰旧质，才能使语言更健康地发展，更好地发挥交际工具的作用，语言的规范化工作任重而道远。

三、树立现代汉语规范化意识

全体社会成员树立现代汉语规范化的意识，对于维护国家主权和民族尊严，促进国家统一和加强民族团结，建设和谐社会，推动有中国特色社会主义的文化进程，具有举足轻重的作用。

（一）掌握"汉语拼音方案"。

1958 年 2 月 11 日，第一届全国人民代表大会第五次会议通过了《汉语拼音方案》。汉语拼音字母用于给汉字注音和拼写普通话。1978 年 9 月 26 日，国务院批转《关于改用汉语拼音方案作为我国人名地名罗马字母拼写法的统一规范的报告》。联合国地名标准化会议在 1977 年采用汉语拼音字母作为拼写中国地名的国际标准。国际标准化组织在 1982 年采用汉语拼音字母作为拼写汉语的国际标准。学习、使用现代汉语的基础就是掌握《汉语拼音方案》。

（二）写规范字

1986 年 6 月 24 日，国务院批转国家语言文字工作委员会《关于废止〈第二次汉字简化方案（草案）〉和纠正社会用字混乱现象的请示》的通知。通知指出："当前社会上滥用繁体字，乱造简化字，随便写错别字，这种用字混乱现象，应引起高度重视。""不能随便使用被简化了的繁体字和被淘汰的异体字，也不能使用不规范的简化字。使用规范的简化字以 1964 年编印的《简化字总表》为准。"

1992 年 7 月 7 日，新闻出版署、国家语委发布《出版物汉字使用管理规定》。该规定"所称的规范汉字，主要是指 1986 年 10 月根据国务院批示由国家语言文字工作委员会重新发表的《简化字总表》中收录的简化字；1988 年 3 月由国家语言文字工作委员会和新闻出版署发布的《现代汉语通用字表》中收录的汉字"。"本规定所称不规范汉字，是指在《简化字总表》中被简化的繁体字；1986 年国家宣布废止的《第二次汉字简化方案（草案）》中的简化字；在 1955 年淘汰的异体字（其中 1986 年收入《简化字总表》中的 11 个类推简化字和 1988 年收入《现代汉语通用字表》中的 15 个字不作为淘汰的异体字）；1977 年淘汰的计量单位旧译名用字；社会上出现的自造简体字及 1965 年淘汰的旧字形。"

1998 年语文出版社出版了《现代汉语规范字典》。

（三）说普通话

推广普通话是全民族的大事。

1956 年 2 月 6 日，国务院发出《关于推广普通话的指示》，在全国展开了普通话推广工作。1982 年 12 月 4 日，第五届全国人民代表大会第五次会议通过的《中华人民共和国宪法》第一章

第十九条明确规定："国家推广全国通用的普通话。学习和推广普通话是每个中国公民的义务。"1992 年,《国家语言文字工作十年规划和"八五"计划纲要》指出,普通话必须"大力推行,积极普及,逐步提高"。

1994 年 10 月 30 日,国家语委、国家教委、广电部三家发布《关于开展普通话水平测试工作的决定》,指出:"推广普通话是社会主义精神文明建设的重要内容。社会主义市场经济的迅速发展和语言文字信息处理技术的不断革新,使推广普通话的紧迫性日益突出。"这个《决定》还附了《普通话水平测试实施办法(试行)》和《普通话水平测试等级标准(试行)》,把普通话水平划分为三级六等,级和等实行量化评分。

全国语言文字工作会议提出了推广普通话的跨世纪奋斗目标,计划 2010 年以前在全国范围内初步普及普通话,21 世纪中叶在全国范围内普及普通话。自 1998 年起,每年 9 月份第三周为"全国推广普通话宣传周"。

第四节　怎样学习现代汉语

一、现代汉语的学科地位

语言学是研究各种语言现象,研究语言的产生、发展的历史以及语言使用规律的学问。1973 年,美国语言学会会长格林伯葛(J. H. Greenberg, 1915—　)曾发表一篇论文《语言学是一门领先的科学》(Linguistics as a pilot science)。西方著名哲学家恩斯特·卡西勒尔(Ernst Cassirer, 1874—1945)指出:"在整部科学史中也许没有一章比语言学这门新学科的出现更令人神往。这门科学的重要性完全可以跟 17 世纪伽利略改变了我们关于物质世界的整个观念的新学科媲美。"当代瑞士著名认知心理学、发展心理学家和发生认识论专家皮亚杰(J. Piaget,

1896—1980）指出，当代语言学是人文社会科学的带头学科。

根据语言学研究对象的区别，又可以分为普通语言学和个别语言学。普通语言学是指研究世界上各种语言普遍性规律的语言学。个别语言学是指专门研究某种语言客观规律的语言学。两者是一般与个别、共性与个性的关系。

汉语语言学、英语语言学、日语语言学、俄语语言学等都属于个别语言学。根据研究重点的差异，个别语言学又可以分为历史语言学和描写语言学。历史语言学是指专门研究某种语言的发展变化过程及其规律的语言科学。描写语言学是指对某种语言在某一时期的状况及其特点进行描述，进而归纳其内在规律的语言科学。两者相辅相成，前者注重纵向研究，后者旨在进行平面的描述。现代汉语作为语言学的一个分支，属于个别语言学中的描写语言学。

现代汉语作为一门系统性的学科，内部也分化出许多分支学科：现代汉语方言学、现代汉语语音学、现代汉语词汇学、现代汉语语法学、现代汉语语用学等。

同时，由于语言学与人文科学和社会科学的许多领域密切相关，所以现代汉语也和其他学科结合，产生了许多新生的边缘学科，如地理语音学、心理语言学、社会语言学、文化语言学、数理语言学、人类语言学等。

此外，还有比较语言学，即对不同语系或语种进行比较分析，研究语言的来源、异同及其各自特点和对应关系的语言科学，如汉英、汉日语言对比研究，汉藏语系不同语种间的比较研究等。

目前的现代汉语研究有如下几方面趋势：越发注重理论的系统性、描写的细腻性和解释的深化性；越发重视比较研究中横向比较和纵向对比的结合；越发强调以口语中的语言现象和语言变化为研究对象；越发体现语言科学与思维科学、计算机科学、对外汉语教学等的结合，并从新的角度揭示现代汉语的规律。对现代汉语语言现象的深入分析，不仅可以解释世界语言的共性，而且丰富和发展了一般语言学理论，进而探寻和发现作为人类行为之一的世界诸语言的共同规律。

二、现代汉语的课程性质

现代汉语是大学阶段的一门基础课程，全面讲授现代汉语各要素的特点，使学生认识现代汉语的性质、特征，掌握现代汉语的理论知识，培养并提高运用现代汉语的实践能力；使学生树立现代汉语规范化意识，正确贯彻国家的语言文字政策，激发学生热爱祖国语言和学习祖国语言的热情，讲求语言的文明和健康，为祖国语言的纯洁和健康而努力。

当代大学生都要学好现代汉语，理性地认识现代汉语，自如地使用现代汉语，全面提升自己的语言素质，具备较好的语言能力。现代汉语课程从理论和实践两个层面加强学生对自己母语的认识和运用能力。同时，现代汉语学习过程中的归纳、演绎、比较等逻辑分析方法的运用，可以发展逻辑思维能力，使学生掌握认识世界的一种思维方式和角度。

现代汉语课程，不只是教授怎样说、怎样写现代汉语，因为大多数人在学习本课程前，就已经学会了使用自己的母语。实际上，认识现代汉语也就是认识社会、认识世界和认识人的自身发展规律的过程。因为语言的变化离不开社会的发展，语言的发展也促进了社会的变迁，人对世界的认识和改造以语言为基本的媒介。我们学习现代汉语，但我们学到的远远不只是现代汉语。

三、现代汉语的学习方法

现代汉语课程具有较强的系统性、理论性和实践性。学好现代汉语的前提条件是热爱自己祖国的语言，并决心学好、用好自己的母语，正所谓"兴趣是学习之母"。学好现代汉语最基本的方法就是理论联系实际，并善于在现代汉语的运用中探索规律。下面结合现代汉语课程的特点，具体介绍几种学习的方法。

（一）明确体系，搭建框架。现代汉语课程系统性强，语言是由语音、词汇、语法三个要素构成的符号系统，现代汉语也是三位一体的系统，每个要素又有自己的子系统，如现代汉语的语音系统是由音节与音节构成的系统。音节系统之下有声母系统、韵母系统、声调系统。声母系统主要由辅音音素构成；韵母系统由元音音素或元音音素与辅音音素结合而成；声调系统由阴平、阳平、上声和去声四个调类构成。现代汉语知识的系统性，决定了在学习中既要掌握重要概念、重要原理、重要方法，又要建立这些概念、原理、方法之间的联系，搭建理论知识体系的框架。

（二）抓住重点，攻克难点。现代汉语课程理论性强、内容丰富而庞杂，容易给学习造成困扰。因此，在学习时必须抓住重点，即每一部分的重要名词术语、重要的语言分析方法、重要的理论表述等。一些概念理论色彩较浓，较难理解，有些语法知识在运用过程中难免让人百思不得其解。例如，词汇部分相近相似词类之间的区别、词的兼类现象，语法错误的类型与修改等，这些都是难点。做学问决不能浅尝辄止，要敢于迎接难点问题的挑战，攻克难关。

（三）主动学习，勤于实践。在学习现代汉语课程的过程中，要变被动的"接受"为主动的"获取"。我们几乎每天都在进行现代汉语的"听、说、读、写"实践，每天都生活在丰富多彩的语言环境当中，只要善于观察日常生活中的语言现象，分析语言现象背后的规律，就不仅能够牢固、高效地掌握知识，达到学以致用的目的，而且能提高分析思考问题的能力。此外，多欣赏我国现当代的优秀作品，也可以培养自己的良好语感。参加诸如诗歌朗诵会、演讲比赛、作文大赛等活动，记日记、写论文、写随感等，也可以锻炼语言的表达能力。

总之，将我们所学的现代汉语知识用于鲜活生动的语言环境，用于说话和写作，我们会发现学习现代汉语不仅有益、有用，而且有趣。现代汉语是一门学问，更是一门艺术。

第二章　语　　音

第一节　　语音概说

一、语音

语音是语言的物质外壳，是由人的发音器官发出的、具有一定意义、以社会交际为目的的声音。

自然界有各种各样的声音：潺潺的流水声、淅淅沥沥的雨声、唧唧喳喳的鸟鸣、轰隆隆的雷声等。在我们熟悉的运动场上，有裁判的哨音、各种球类碰撞的声音、运动员跑动的脚步声等，这些都不是由人的发音器官发出来的，所以不是语音；人也会发出气喘声、哈欠声或打喷嚏声，这些都是人的本能生理反应，并不具有意义，不用于社会交际，所以也不是语音。语音跟其他各种各样声音的区别有三点：一是由人的发音器官发出的；二是不同的声音代表不同的意义；三是用于社会交际。其中最主要的区别就在于：语音代表了一定的语义，这是它的"社会性"的体现。

语音是人类最重要的交际工具，其根本特征在于音义结合，人类的语音不仅有声音，而且有意义。所谓"语音是语言的物质外壳"，说明语言要通过语音来传递信息进行交际，没有语音这个物质外壳，意义无法传递，语言也就不能成为交际工具。语言的形式是声音，而语言的内容是意义，语言不可能脱离语音而存在。人类的语音以有意义的声音作为传递信息、交流思想、沟通感情的物质载体。所谓的"无声语言"实际上是不存在的。

二、语音的性质

可以从三个方面对语音的性质进行分析，换言之，语音具有三种基本属性：

（一）物理属性

任何声音都是由于物体的振动而产生的。物体在外力的作用下发生振动，引起周围的空气或其他介质振动而形成了一种疏密相间的声波，声波作用于人耳，使得鼓膜也产生同样的振动，刺激听觉神经，就成为人们能够用听觉器官感受到的声音。

语音跟自然界的各种声音一样，也是一种物理现象，具有物理属性。这种物理属性主要表现为音高、音强、音长、音色，简称"语音四要素"。其中音色在语音中的作用最重要，是表达语义的最主要手段。

1. 音高。音高就是声音的高低，主要取决于发音体振动的频率。频率是指发音体在单位时间内振动的次数。频率的单位是赫兹（Hz），或者写做"次/秒"。人耳能够听到的频率范围在16—20000赫兹之间，低于16赫兹的声音叫"次声"，高于20000赫兹的声音叫"超声"。音高和频率成正比：频率高，声音就高；反之，频率低，声音就低。

一般地说，音高可以分为"绝对音高"和"相对音高"两类。"绝对音高"是由发音体的性质决定的。频率的高低和发音体的长短、厚薄、松紧等紧密相关。语音的高低和人的声带的长短、厚薄、松紧等关系密切。长、大、阔、粗、薄、松的发音体振动慢，频率低，声音也就低；短、小、窄、细、厚、紧的发音体振动快，频率高，声音也就高。妇女和儿童的声带短而窄，所以声音高一些（妇女：150—300赫兹，儿童：200—350赫兹）；成年男子的声带长而阔，所以说话声音相对低沉（60—120赫兹）。"相对音高"则是由同一个发音体本身的松紧程度来决定的。同一个人发出的声音会有高低之别，这是因为人可以通过喉部相关肌肉的运动控制声带松紧程度而使自己发出的声音高低产生变化：声带松，振动慢，声音就低；声带紧，振动快，声音就高。语言学主要研究决定汉语音节具有高低升降固定比例关系的不同声调和语调，也就是"相对音高"。相对音高在语音中的作用是构成声调和语调，在汉语中，声调是一种区别意义的重要手段，汉语普通话中四声的差别主要就是由音高来决定的。

以普通话的四声为例，同一个人发 yī（衣）、yí（移）、yǐ（以）、yì（意）时必须相应的调整声带的松紧来实现这种语音高低升降的相对变化：

yī（衣）是高而平的阴平调，发音时声带自始至终保持不变的较紧程度，音高没有变化。

yí（移）是由中度升到最高度的阳平调，发音时声带由半拉松到最紧程度，音高由半高往上升到最高。

yǐ（以）是呈曲折型的上声调，由半低降到最低又往上升到半高，发音时声带由较松放到最松，然后再拉紧到比阳平的收音略松一点的程度，音高由半低降到最低再往上升到半高。

yì（意）是由最高降到最低的去声调，发音时声带由紧放松，音高由最高下降到最低。

2. 音强。音强就是声音的强弱，也叫音量或音势，主要取决于发音体的振幅。振幅是指发音体振动时最大的位移距离，即发音体振动的幅度。音强与振幅成正比：振幅大，声音就强；振幅小，声音就弱。我们平时所说的声音的"大小"是指音强的"强弱"。发音体所受外力的大小决定了振幅的大小。我们发音时呼出的气流量及其冲击声带力量的大小决定了语音的强弱。发音时用力大，气流强，声音就强；反之就弱。

音强在许多的语言中有区别意义的作用。在汉语普通话中的轻声以及朗读时的语法重音和逻辑重音，都是音强起着重要的作用，如"老子（lǎozi）"和"老子（lǎozǐ）"，"她为人很大方（dàfang）"和"贻笑大方（dàfāng）"等。

3. 音长。音长就是声音的长短，它取决于发音体振动持续时间的长短。音长的单位一般采用毫秒，1 秒等于 1000 毫秒。语音的长短还跟发音速度的快慢有关，老年人说话通常较慢，青年人说话通常较快。普通话正常语速是每秒 3—5 个音节。音长在重音、轻声和语调中有一定作用，虽然音长在普通话中不起区别意义的作用，但在某些语言或方言里有区别词义的作用。例如：广州话中的"三"［sa：m］和"心"［sam］，"蓝"［la：m］和"林"［lam］。

4. 音色。又叫音质、音品，指的是声音的个性、特色，主要取决于发音体振动形成的声波的形式。任何声音都是音高、音强、音长、音色的统一体，语音也不例外。音色对语言具有普遍意义，语言中各个因素的差别主要就是取决于音色，其中，元音的不同完全是音色不同而形成的。音色的差异是由发音体、发音方法和共鸣器形状的不同造成的。

第一，发音体不同。笛子和二胡、小提琴和钢琴的发音体不同，音色也就不同。我们在"不见其人，只闻其声"的情况下能够判断出说话者是谁，正是因为每个人的声带等发音体不一样，每个人都有自己的声音特色。这种由发音体不同造成的不同音色，叫"绝对音色"。因为它并不能区别不同的意义，所以一般不作为语言学关注的对象。

与绝对音色相对的相对音色是语音中最主要的辨义因素，是语音学家研究的重点。

第二，发音方法不同。例如小提琴和古筝同是弦乐，小提琴用弓拉，古筝用手指弹拨，不同的发音方法造成了它们音色方面的差异。语音也一样，相同器官发出的音，采用不同的发音方法，就会形成不同的音色。语音的发音方法就是指由发音器官形成阻碍和解除阻碍的方法。例如普通话语音中，b 和 p 由于发音时有送气强弱的发音方法差别，致使其音色不同。

第三，共鸣器的形状不同。一个静止的发音体，当遇到一个频率与它的振动频率相同或相近的声音时，因共振原理而振动发音，这种共振现象就叫共鸣。因共鸣而振动发音的物体叫共鸣器。在同样的共鸣条件下，因共鸣器形状的差异所产生的共鸣音色是不一样的。例如弦乐的演奏，提琴和胡琴不同音色的区别非常明显，虽然同是用弓弦拉的乐器，由于提琴的共鸣箱是扁平的，胡琴的共鸣箱是圆筒形的，因而演奏时各具特色。语音也一样，口腔闭合一点或张大一点，发出的音是不同的，就是因为它们共鸣器的形状不一样。语音的共鸣器主要是人的口腔、鼻腔、咽腔和喉腔，其形状和大小的改变，会造成不同的音色。例如普通话 ɑ 和 i 这两个音的差别，就是由于发音器官的活动改变了共鸣器的形状，从而形成了不同的音色。

音高、音强、音长和音色这四种物理属性共同构筑起语音的整体，四者是密不可分的。这四种属性，在不同语言或方言中作用也不同。例如，在英语中，除了音色起到重要作用外，音强和音长在构成重音、辨析意义方面有着重要作用。在汉语中，音高所起的作用仅次于音色，它构成声调的高低升降及不同语调的差别，具有特殊的意义。

音高、音强、音长属于语音的韵律特征，可以合称为音律，与音色相对。音律必须依附于音色才能起作用。

（二）生理属性

语音是由人类的发音器官发出来的声音，因而必然要涉及发音器官的配合和发音部位调节等生理活动。我们可以从生理的角度来考察语音的性质。人类没有专门用做发音的器官，而是使用呼吸器官、消化器官作为自己的发音器官，只有声带专用于发音。发音器官活动的部位和方法不同，都会造成不同的声音。人的发音器官包括：呼吸器官、发声器官和共鸣器官三大部分。

1. 呼吸器官。主要由肺、气管、支气管组成。肺是由无数气泡组成的海绵状组织，肺所产生的气流是发音的动力。没有肺的呼吸作用就不可能有语音。人类语言大都是利用呼吸发音，也有少数语言中的某些音是利用吸气发出的，即吸气音。非洲有一些语言，如萨鲁语的二十几个音就是利用吸气发出的。

2. 发声器官。包括喉头和声带。喉头由四块软骨组成：甲状软骨、环状软骨和两块杓状软骨。这四块软骨构成一个圆筒形的筋肉小室，即喉室，声带位于喉室中央。此外，甲状软骨上面有一块会厌软骨，可以上下开合，呼吸或者说话时会厌软骨打开，气流顺利通过喉头；吃东西时会厌软骨关闭气流通道，使食物进入食道。

声带是两片带状的富有弹性的薄膜，成年男子的声带长度约有 13—14 毫米，女子比男子的声带约短三分之一，小孩子的要更短一些。它的前端固定在甲状软骨上面，后端分别附在两块杓状软骨上面，平时分开，呈倒"V"形，中间的通路是声门。杓状软骨可以移动或平移，声门借此打开或闭拢。平时呼吸的时候，声门大开，气流可以自由出入；发音的时候，声带靠拢，声门闭合或留有窄缝，气流冲击声门，使之发生振动，形成噪音。声带靠拢的程度是可以调节的，人能控制声带松紧变化，发出不同的声音，所以声带是最主要的发音体。

3. 共鸣器官。主要包括口腔、鼻腔、咽腔和喉腔四部分。口腔是发音的最重要共鸣腔，从位置来说可以分成上颚和下颚两部分。上颚有上唇、上齿、上齿龈、硬腭、软腭和小舌六部分。硬腭可以分为前腭、中腭和后腭三部分。软腭是硬腭以后较软的部分，它可以上下活动，决定气流进入口腔还是鼻腔。软腭、小舌上升，鼻腔通道关闭，气流从口腔中通过而发出的音叫口音；软腭和小舌下降与舌根接触成阻，口腔通道关闭，气流从鼻腔中通过而发出的音叫鼻音。此外，还有一种音叫"鼻化音"：即软腭和小舌垂在中间，口腔、鼻腔气流通道同时打开，声音在口腔、鼻腔中同时形成共鸣，这就形成鼻化音。在闽语、吴语江淮官话等方言中都存在鼻音化韵母。下腭有下唇、下齿、下齿龈和舌头四部分。舌头是最灵活的发音器官，发音时起很大作用。舌头又可以分为：舌尖、舌面和舌根三部分。舌在发音时的位置、形状和活动方式不同，可以形成不同的音色，因而舌的位置、形状及活动方式一向是音色调节及发音方法的主要依据之一。

咽腔位于喉头上面，是口腔、鼻腔和食道会合之处。咽腔和喉头之间是会厌软骨，调节食道和声道。咽腔往上有鼻腔和口腔两条通道，通过软腭连同小舌起调节作用。咽腔是人类特有的。喉腔是声门经过的第一个共鸣腔，包括介于声带和假声带之间的喉室和喉前庭部，喉腔的状况对整个声音质量都有影响。鼻腔也是共鸣器官，是一个固定的空腔，主要用于发鼻音和鼻化音。

上述器官中，唇、舌、软腭、小舌、声带等能活动的器官叫活动发音器官，舌头的作用最大；上下齿、齿龈、硬腭等不能活动的器官叫不活动发音器官。我们说话时，通常由活动发音器官向不活动发音器官靠拢，从而改变发音部位，以发出不同的声音。

（三）社会属性

语音的社会性是语音与其他声音的最本质的区别。首先，语音的形式与意义两者之间并无必然联系，而是社会全体成员约定俗成的，语音所具有的表意功能是一定社会赋予的。同时，语音的形式与意义一旦结合，就必须为该社会全体成员共同遵守和承认，不随个人的意志而改变，因而语音具有社会属性。其次，一种语言的语音都形成自己的一套系统，显示出这种语言的语音特色，语音所表现出的民族特征和地域特征也反映了语音的社会性。例如，吴方言、粤方言、闽方言都有入声，而普通话则没有；普通话有 zh、ch、sh、r 的卷舌声母，而吴语、粤语的大多数方言中则没有。

三、语音单位

（一）音节

音节是说话时自然发出的、听觉上最易分辨出来的最小的语音单位。我们每说出一个音节，发音器官特别是喉部的肌肉就会经历一次由紧张到松弛的过程。如果用比较慢的语速说出"我们热爱祖国的语音"这个句子，你会感觉到发音器官紧张了 9 次，这说明句子是由 9 个音节组成的。一般说来，汉语中用一个汉字来代表一个音节。"学好普通话"五个音节写下来就是五个汉字。也有特例，比如"小孩儿"这三个字念出来实际上是两个音节，"孩儿"是一个音节，念"háir"。

中国古代把研究语音的学问称为音韵学。音韵学家重点研究的是字音，一个汉字的字音大体上相当于一个音节。音韵学家把音节开头的那个辅音称为声母，把音节中声母之后的部分称为韵母。跟西方音节结构不同的是，汉语音节中还有一个贯穿音节首尾的音高变化，音韵学家称之为声调。

声韵调分析法是我国传统的语音分析方法，声母、韵母、声调是我国传统分析汉语单节的结构单位。普通话声母和韵母相拼构成的基本音节（包括零声母音节）有 400 多个，加上声调的区别有 1200 多个音节。这 1200 多个音节的能量非常大，它们构成了我们现代汉语里成千上万的词。

（二）音素

音素是按照音色的不同划分出的最小的语音单位。汉语的音节最少有一个音素，如"阿"、"俄"，最多有四个音素组成，如"双"的音节为"shuāng"，可以分析出四个音素，即"sh、u、a、ng"。

音素按发音特点成两大类：元音和辅音。辅音是气流在口腔或咽头受阻碍而形成的音，又叫子音，如 b p m f d t n l 等都是辅音。气流振动声带，在口腔、咽头不受阻碍而形成的音叫元音，又叫母音。i u ü a o e 等都是元音。

具体而言，辅音和元音的区别有四点：第一，辅音发音时，气流在通过咽头、口腔的过程中，要受到某部位的阻碍；元音发音时，气流在咽头、口腔不受阻碍。这是元音和辅音最主要的区别。第二，辅音发音时，发音器官成阻的部位特别紧张；元音发音时发音器官各部位保持均衡的紧张状态。第三，辅音发音时，气流较强；元音发音时，气流较弱。第四，辅音发音时，声带不一定振动，声音一般不响亮；元音发音时，声带振动，声音比辅音响亮。

（三）音位

音位是某一特定语音系统中能够区别意义的最小语音单位。

音素是经过分析得出的最小的语音单位，但是在实际语言里我们可以发现，有时候一些音节里的某个音素改变了，但这个音节表示的意义并不随之而改变，只不过听着有些别扭罢了。比如吴方言把"黄瓜"读成"王瓜"，意义不会改变。可见有些不同音素在具体语言中并没有辨义功能。于是，我们把这种在具体语言中没有区别意义作用的音色相近的几个音归纳在一起，建立一个音类，就是音位。

四、标音符号

学习一种语言，首先应该掌握它的语音，这就需要运用一套书写符号来进行标注；同时，分析、研究一种语言的语音也必须有一套标音符号进行识别。这种标记语音的书写符号简称为标音符号。我国的古人常用直音法和反切法给汉字注音。五四运动前后创制了"注音字母"。现代汉语目前常用的标音符号主要有两种：一种是汉语拼音，一种是国际音标，这是两种音素化了的注音方案，比上面的各种注音方法都要科学。国际音标是标记各种语言语音的国际通用的一套记音符号。它由国际语音学会制定，于 1888 年发表，后经多次修订补充，一直使用至今。在我国目前更为普遍使用的是依照《汉语拼音方案》注音的方法。

《汉语拼音方案》是标记汉语普通话语音系统的一套记音符号。它于 1958 年 2 月 11 日，由第一届全国人民代表大会第五次会议批准公布，是我国法定的拼音方案。《汉语拼音方案》包括字母表、声母表、韵母表、声调符号和隔音符号五个部分。

字母表规定了方案的字母体式、字母顺序和字母名称。方案用的是国际上最通用的拉丁字母，从 A 至 Z 共 26 个（其中 V 只用来拼写外来语、少数民族语言和方言），分为大写、小写两种体式（另有印刷体、手写体等）。字母顺序按全世界共同遵守的顺序。字母名称赋予了汉语拼音字母的名称。元音字母用它本身发音为名称，辅音字母大都在字母后面或前面拼上一个"诶（念作 ê 或 ei）"音。例如，"A B C D E F G"的字母名称为"a bê cê dê e êf gê"等。我们应当按照《汉语拼音方案》给汉语拼音字母规定了的名称音来称说。

声母表共列出普通话语音系统中的辅音声母 21 个，分别为：b、p、m、f、d、t、n、l、g、k、h、j、q、x、zh、ch、sh、r、z、c、s。其实普通话语音系统中还有一种情况，就是韵母独立成音节，如 ān（安）、ō（喔）、yī（衣）、wǔ（五）等，在普通话语音学中称之为"零声母"。零声母加上 21 个辅音声母，普通话语音系统中实际共有声母 22 个。

韵母表分 a、i、u、ü 共四列，列出普通话语音系统中的韵母 35 个。此外，普通话中还有 4 个韵母：一是 zī（资）、cí（瓷）、sì（四）等音节中的韵母－i（前）；二是 zhǐ（只）、chí（持）、shī（诗）、rì（日）等音节中的韵母－i（后）；三是单韵母 er（儿、耳、二等）；四是单韵母 ê。这 4 个韵母的具体用法《方案》在韵母表后作了说明，所以有人称之为"表外韵母"。表内和表外相加，普通话语音系统中共有韵母 39 个。

声调符号规定了普通话语音系统中的 4 个调类——阴平、阳平、上声、去声的标调符号和这些符号的使用方法，同时规定轻声音节不标调号。

声母表、韵母表和声调符号反映了以北京语音为标准音的普通话语音的基本成分和系统。

隔音符号（'）用来隔开音节，如"方案"要写为 fang'an 以免误为"反感"fangan，"西安"要写为 xi'an，以免误为"仙"xian 等。

第二节 普通话的音节

一、普通话音节的结构

传统的汉语音韵学从字音入手，把汉字字音结构分为声母、韵母、声调三部分。普通话的声母比较简单，它只能由一个辅音构成，元音不能做声母，辅音也不能连用。韵母相对比较复杂，又可分为韵头、韵腹、韵尾三部分，每一部分都是一个音素。这样，普通话音节实际上由五部分构成：声母、韵头、韵腹、韵尾、声调。由于声调附在整个音节之上，不占音段的位置，实际上只有四个音段位置。

声母是音节开头的辅音，音节开头如果没有辅音声母，就叫零声母音节。韵腹一般由 a、o、e、ê 等开口度较大的元音充当，如果没有这些元音，那么 i、u、ü 或者舌尖元音也可以充当韵腹。韵头是介于声母和主要元音之间的因素，由高元音 i、u、ü 充当，也叫介音。韵尾是音节中主要元音后边的因素，普通话的韵尾分元音韵尾和辅音韵尾两类，元音韵尾有 i 和 u（o），辅音韵尾有 n 和 ng。一般来讲，普通话的音节结构如下：

例字	音节	声母	韵头	韵腹	韵尾	声调
一	yī			i		阴平
娃	wá		u	a		阳平
爱	ài			a	i	去声
英	yīng			i	ng	阴平
伟	wěi		u	e	i	上声
同	tóng	t		o	ng	阳平
小	xiǎo	x	i	a	o	上声
壮	zhuàng	zh	u	a	ng	去声

可见，普通话音节最少由一个音素构成，而且是由元音音素构成，最多由四个音素构成，每个音节结构中必然包括的要素是韵腹和声调，而声母、韵头和韵尾不是音节结构的必有要素。

二、普通话音节的特点

现代汉语语音音节结构简明，元音居多，富于声调变化，因而具有极强的音乐性。具体表现如下：

（一）界限分明，结构清晰。现代汉语语音没有复辅音，也就是说不可能在一个音节内，无论开头或是结尾，出现两个或三个辅音连读的情况。同时，每个音节最少必须有一个音素，而且一定是元音；最多只能够有四个音素，分别构成声母、韵头、韵腹、韵尾，音节与音节的界线非常清晰。因此，汉语音节的界线分明，音节的结构形式比较整齐。一般说来，普通话一个音节就代表一个汉字，构成一个语言单位，相当于一个语素，听觉上也非常易于辨析。

（二）元音居多，乐音性强。现代汉语音节中可以没有辅音，但不能没有元音。可以只由一个元音构成音节，也可以是由两个或三个元音组成的复元音构成音节，也可由元音跟辅音进行组合构成音节，音节结构中元音占绝对优势。绝大多数辅音充当声母，出现在音节的开头，不能出现在音节的末尾，只有 n、ng 两个鼻辅音能构成韵尾。在普通话 405 个基本音节中，收尾音是元音的开音节有 231 个，其余的都是鼻辅音 n、ng 收尾的闭音节。因为元音是乐音，汉语语音乐音成分比例大，所以听感上清晰响亮、悦耳动听。

（三）声调丰富，抑扬顿挫。现代汉语语音的音乐性还表现在声调、语调的错落变化。普通话每个音节都有一个声调，声调是汉语音节结构中不可缺少的成分，声调在表达语意方面有不可取代的作用。轻声、儿化现象使普通话音节变化更加丰富，而印欧语系的绝大多数语言都是无声调语言。声调可以使音节和音节之间界线分明，又富于高低升降的变化，不同声调音节交错搭配，充满节奏感与韵律感，于是形成汉语音乐性强的特殊风格。

三、普通话音节的拼写

汉语音节的拼写要符合《汉语拼音方案》的规则。主要应该注意如下几点：

（一）隔音规则

作为拼写规则，必须要考虑到音节界限的明确。如果不加音节隔音标记，某些音节在连写时可能发生音节界限的混淆，影响正确拼读。例如：jie 可能是"饥饿"（jī'è），也可能是"街"；fanan 可能是"发难"，也可能是"翻案"。为了使音节界限明确，《汉语拼音方案》采用隔音字母 y、w 及隔音符号的办法。

1. 使用隔音字母 y、w

《汉语拼音方案》规定零声母音节 i 行 ü 行用作开头，字母 y、w 国际上通常表示半元音，高元音 i、u 开头的音节都带有轻微的摩擦，用 y、w 表示比较符合于语音实际，有利于读准这些零声母音节的字。使用 y、w 的原则是：

i 行零声母音节，i 是韵头，一律把 i 改成 y，如 ya、ye、yao、you、yan、yang、yong；i 如果在韵腹，在 i 的前面加 y，这只有三个音节：yi、yin、ying。

u 行零声母音节，u 如果是韵头，一律把 u 改成 w，如 wa、wo、wai、wei、wan、wen、wang、weng；w 如果是韵腹，在 u 前面加 w，这只有一个音节 wu。

ü 行零声母一律在 ü 前面加 y，并且去掉 ü 上的两点。实际上这只有四个音节：yu、yue、yuan、yun。

2. 使用隔音符号

a、o、e 开头的零声母音节连接在其他音节后面的时候，如果音节的界限发生混淆，就用隔音符号隔开，但是在实际使用上，无论音节界限是否发生混淆，都一律使用隔音符号。例如：ji'e（饥饿）、pi'ao（皮袄）、xi'an（西安）、fan'an（翻案）。

（二）省写规则

1. ü 行韵母与 j、q、x 相拼，ü 上两点省略，ü 行韵母与声母 n、l 相拼，ü 上两点不能省略。例如：

j + ü→jù（句）　　　　　　j + üɑn→juàn（卷）

q + üe→qūe（缺）　　　　　q + ün→qún（裙）

x + ü→xǔ（许）　　　　　　x + üe→xuè（血）

l + ü→lǚ（旅）　　　　　　l + üe→lüè（略）

n + üe→nüè（虐）　　　　　n + ü→nǚ（女）

声母 j、q、x 不与合口呼韵母拼合，所以其后的 ü 省略两点后不会被误认为 u，省略主要是便于书写；声母 n、l 既可以与 ü 行韵母拼合，也可以与 u 行韵母拼合，如果省略了 ü 上两点，就可能发生混淆，如 lǜ（绿）≠lù（录），所以不能省略。ü 行零声母音节拼写时加 y，去掉 ü 上两点，也是因为 y 后面不可能误会为 u。

2. iou、uei、uen 的省写

当 iou、uei、uen 这三个韵母跟声母相拼时，要省写中间的元音 o 或 e。例如：

l + iou→liú（流）　　　　　n + iou→niú（牛）

q + iou→qiū（秋）　　　　　s + uei→suī（虽）

g + uen→gùn（棍）　　　　　ch + uen→chún（纯）

iou、uei、uen 的省写不等于这三个韵母的主要元音在实际读音中的完全省略。

（三）标调规则

声调符号ˉ（阴平）ˊ（阳平）ˇ（上声）ˋ（去声）原则上应该标在音节的主要元音（韵腹）上面。如果一个音节只有一个元音，声调符号就标在这个元音上；如果一个音节有两个以上元音，声调符号标在开口度最大、舌位最低、声音响亮的那个元音上。

省写拼式的音节，如 guì（贵）、jiǔ（九），就标在最后面的一个元音上，如 qún（裙）则应该标在元音 u 上。轻声不标调号，在 i 上标调号时要去掉 i 上面的小圆点儿，但是在 ü 上标调号时，ü 上的两点不能去掉。

第三节　普通话的声母

一、声母

声母是指音节开头的辅音。普通话里的 22 个辅音，有 21 个可以用来做声母，它们是：b、p、m、f、d、t、n、l、g、k、h、j、q、x、zh、ch、sh、r、z、c、s。其中 n 还可以充当韵尾，第 22 个辅音是后鼻辅音 ng，只能做韵尾，不能做声母。"二 èr"、"矮 ǎi"这样的音节没有辅音声母，叫做"零声母"音节。

二、声母的发音特点与分类

（一）声母的发音特点

声母的发音有"本音"和"呼读音"两种。完全按照辅音的发音原理，发出的声母的读音叫本音。由于普通话声母中多数是清辅音声母，其本音发音不响亮，在无元音拼合的情况下难以显示其音色特点，不便于称说，所以在教学中常常在声母的后面加上一个元音，实际上已组成了一个音节，以方便不同声母的称读，这就是呼读音。声母呼读音的发音规律是：

1. 在 b、p、m、f 后面加上元音 o，读成"bo（玻）、po（坡）、mo（摸）、fo（佛）"。

2. 在 d、t、n、l、g、k、h 后面加上元音 e，读成"de（得）、te（特）、ne（呢）、le（了）、ge（哥）、ke（科）、he（喝）"。

3. 在 j、q、x 后面加上元音 i，读成"ji（基）、qi（欺）、xi（希）"。

4. 在 zh、ch、sh、r 后面加上舌尖后元音 – i [ʅ]，读成 "zhi（知）、chi（吃）、shi（诗）、ri（日）"。

5. 在 z、c、s 后面加上舌尖前元音 – i [ɿ]，读成 "zi（资）、ci（雌）、si（思）"。

学习语音，除了呼读音之外，重点要掌握声母的本音，因为只有本音与韵母相拼，才是正确的拼读。

（二）声母的分类

声母由辅音构成。辅音的主要发音特点是气流呼出时，在口腔某个部位遇到程度不同的阻碍，我们把阻碍起始阶段称为 "成阻"，持续阶段称为 "持阻"，解除阻碍的阶段称为 "除阻"。可以说，声母发音的过程也就是气流受阻和克服阻碍的过程。声母的分类就是依据气流受阻的位置（发音部位）和阻碍气流的方式（发音方法）这两大因素。

发音时，气流受到阻碍的位置叫做发音部位。按发音部位分，普通话声母可分为七类。

1. 双唇音（b、p、m）由上唇和下唇阻塞气流而形成。

2. 唇齿音（f）由上齿和下唇接近阻碍气流而形成。

3. 舌尖前音（z、c、s）由舌尖抵住或接近齿背阻碍气流而形成。

4. 舌尖中音（d、t、n、l）由舌尖抵住或接近上齿龈阻碍气流而形成。

5. 舌尖后音（zh、ch、sh、r）由舌尖抵住或接近硬腭前部阻碍气流而形成。

舌尖前音、舌尖中音和舌尖后音，都是舌尖起作用，但不是把舌尖分成前、中、后三段，而是指同舌尖相对形成阻碍的部分分为前、中、后，即上齿背、齿龈、硬腭前部。舌尖对着上齿背形成的音叫舌尖前音，舌尖对着上齿龈形成的音叫舌尖中音，舌尖对着硬腭前部形成的音叫舌尖后音。

6. 舌面音（j、q、x）由舌面前部抵住或接近硬腭前部阻碍气流而形成。

7. 舌根音（g、k、h）由舌面后部抵住或接近软腭阻碍气流而形成。

普通话辅音声母发音部位图：

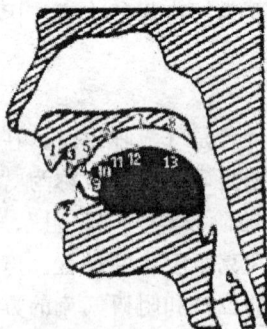

声母	发音部位
b p m	上唇与下唇
f	上齿与下唇
z c s	舌尖前与上齿背
d t n l	舌尖中与上齿龈
zh ch sh r	舌尖后与硬腭前
j q x	舌面与硬腭中
g k h	舌根与硬腭后

1. 上唇　　　　2. 下唇
3. 上齿　　　　4. 上齿背
5. 上齿龈　　　6. 硬腭前
7. 硬腭中　　　8. 硬腭后
9. 舌尖前　　　10. 舌尖中
11. 舌尖后　　　12. 舌面
13. 舌根

另一方面，从阻碍的方式、声带是否颤动、气流的强弱等三个方面考察发音时喉头、口腔和鼻腔节制气流的方式和状况，可以分析不同声母的发音方法。

1. 根据形成阻碍和接触阻碍的方式不同，可把普通话的声母分成塞音、擦音、塞擦音、鼻音、边音五类：

（1）塞音（b、p、d、t、g、k）发音时，发音部位闭住，小舌和软腭上升，堵住气流通往鼻腔的通路，气流冲破阻碍，从口腔中爆破而出，又称爆破音。

（2）擦音（f、h、x、s、sh、r）发音时，形成阻碍的发音器官相互接近，形成一条缝隙，软腭和小舌上升，堵住气流通往鼻腔的通路，气流从缝隙中流出，摩擦成声，又称摩擦音。

（3）塞擦音（j、q、zh、ch、z、c）发音时，发音部位先闭住，软腭和小舌上升，堵住通往鼻腔的气流，然后，形成阻碍的发音器官中间张开，形成一条缝隙，气流从缝隙中摩擦而出，形成一个前半部分像塞音、后半部分像擦音的音，但它只有一个成阻、持阻、除阻的过程，是一个单辅音。

（4）鼻音（m、n）发音时，口腔闭住，软腭和小舌下降，气流从鼻腔流出，一般的鼻音发音时声带要颤动。

（5）边音（l）发音时，舌尖顶住上齿龈，软腭和小舌上升，堵住气流通往鼻腔的通路，气流从舌头的两边流出，一般的边音发音时声带要颤动。

2. 根据声母发音时声带是否颤动，将声母分为浊音和清音。发音时，声带颤动的是浊音，又叫带音；声带不颤动的是清音，又叫不带音。浊音共有四个：m、n、l、r，其余声母都是清音。

3. 塞音、塞擦音发音时，根据口腔呼出气流的强弱可以分为送气音和不送气音。口腔呼出的气流比较强的叫送气音，共有六个：p、t、k、q、ch、c；口腔呼出的气流比较弱的叫不送气音，共有六个：b、d、g、j、zh、z。

普通话声母总表

发音方法　　　　发音部位	塞音		塞擦音		擦音		鼻音	边音
	清音		清音		清音	浊音	浊音	浊音
	不送气	送气	不送气	送气				
双唇音	b	p					m	
唇齿音					f			
舌尖前音			z	c	s			
舌尖中音	d	t					n	l
舌尖后音			zh	ch	sh	r		
舌面音			j	q	x			
舌根音	g	k			h			

三、普通话声母的发音分析与训练

（一）b　双唇不送气清塞音

双唇闭合，同时软腭上升，关闭鼻腔通路；气流到达双唇后蓄气；凭借积蓄在口腔中气流突然打开双唇成声。

发音例词：

颁布　板报　褒贬　步兵　标本　辨别

摆布　奔波　标兵　壁报　北边

（二）p　双唇送气清塞音

成阻和持阻阶段与 b 相同。不同的是除阻时，声门（声带开合处）大开，从肺部呼出一股较强气流成声。

发音例词：

批评　偏旁　乒乓　匹配　瓢泼

偏僻　枇杷　澎湃　偏颇　批判

绕口令练习：

八百标兵奔北坡，炮兵并排北边跑，炮兵怕把标兵碰，标兵怕碰炮兵炮。

一平盆面，烙一平盆饼，饼碰盆，盆碰饼。

巴老爷有八十八棵芭蕉树，来了八十八个把式要在巴老爷八十八棵芭蕉树下住。巴老爷拔了八十八棵芭蕉树，不让八十八个把式在八十八棵芭蕉树下住，八十八个把式烧了八十八棵芭蕉树，巴老爷在八十八棵树边哭。

（三）m　双唇鼻音

双唇闭合，软腭下垂，打开鼻腔通路；声带振动，气流同时到达口腔和鼻腔，在口腔的双唇后受到阻碍，气流从鼻腔透出成声。

发音例词：

麦苗　眉目　门面　磨灭　命名　迷茫

冒昧　明媚　买卖　盲目　麻木

绕口令练习：

炮兵攻打八面坡，炮兵排排炮弹齐发射。步兵逼近八面坡，歼敌八千八百八十多。

（四）f　齿唇清擦音

下唇向上门齿靠拢，形成间隙；软腭上升，关闭鼻腔通路；使气流从齿唇形成的间隙摩擦通过而成声。

发音例词：

发奋　反复　仿佛　丰富　肺腑　非凡　芬芳　方法　发福

（五）d　舌尖中不送气清塞音

舌尖抵住上齿龈，形成阻塞；软腭上升，关闭鼻腔通路；气流到达口腔后蓄气，突然解除阻塞成声。

发音例词：

达到　带动　单调　吊灯　等待

道德　大胆　奠定　打断　跌倒

（六）t　舌尖中送气清塞音

成阻、持阻阶段与 d 相同。不同的是除阻阶段声门大开，从肺部呼出一股较强的气流成声。

发音例词：

谈吐　淘汰　体贴　团体　探讨　天堂　疼痛　铁蹄　妥帖

绕口令练习：

大兔子，大肚子，大肚子的大兔子，要咬大兔子的大肚子。

白石塔，白石搭，白石搭白塔，白塔白石搭，搭好白石塔，白塔白又大。

（七）n　舌尖中鼻音

舌尖抵住上齿龈，形成阻塞；软腭下垂，打开鼻腔通路；声带振动，气流同时到达口腔和鼻腔，在口腔受到阻碍，气流从鼻腔透出成声。

发音例词：

男女　农奴　恼怒　能耐　奶牛　泥泞

（八）l　舌尖中边音

舌尖抵住上齿龈的后部，阻塞气流从口腔中路通过的通道；

软腭上升，关闭鼻腔通路，声带振动；气流到达口腔后从舌头跟两颊内侧形成的空隙通过而成声。

发音例词：

拉力　利落　流利　履历　罗列　浏览

劳累　嘹亮　拉拢　冷落　轮流　领略

绕口令练习：

六十六岁刘老六，修了六十六座走马楼，楼上摆了六十六瓶苏合油，门前栽了六十六棵垂杨柳，柳上拴了六十六个大马猴。忽然一阵狂风起，吹倒了六十六座走马楼，打翻了六十六瓶苏合油，压倒了六十六棵垂杨柳，吓跑了六十六个大马猴，气死了六十六岁刘老六。

柳林镇有个六号楼，刘老六住在六号楼。有一天，来了牛老六，牵了六只猴；来了侯老六，拉了六头牛；来了仇老六，提了六篓油；来了尤老六，背了六匹绸。牛老六、侯老六、仇老六、尤老六，住上刘老六的六号楼，半夜里，牛抵猴，猴斗牛，撞倒了仇老六的油，油坏了尤老六的绸。牛老六帮仇老六收起油，侯老六帮尤老六洗掉绸上油，拴好牛，看好猴，一同上楼去喝酒。

老龙恼怒闹老农，老农恼怒闹老龙。农怒龙恼农更怒，龙恼农怒龙怕农。

太阳从西往东落，听我唱个颠倒歌。天上打雷没有响，地下石头滚上坡；江里骆驼会下蛋，山里鲤鱼搭成窝，腊月苦热直流汗，六月暴冷打哆嗦；姐在房中头梳手，门外口袋把驴驮。

（九）g　舌面后不送气清塞音

舌面后部隆起抵住硬腭和软腭交界处，形成阻塞；软腭上升，关闭鼻腔通路；气流在形成阻塞的部位后积蓄；突然解除阻塞而成声。

发音例词：

杠杆　更改　改革　高贵　拐棍

巩固　骨干　观光　灌溉　光顾

（十）k　舌面后送气清塞音

成阻、持阻阶段与 g 相同。不同的是除阻阶段声门开启，从肺部呼出一股较强气流成声。

发音例词：

开垦　苛刻　刻苦　开阔　可靠　宽阔

夸口　慷慨　坎坷　空旷　困苦

绕口令练习：

哥挎瓜筐过宽沟，赶快过沟看怪狗，光看怪狗瓜筐扣，瓜滚筐空哥怪狗。

（十一）h　舌面后清擦音

舌面后部隆起接近硬腭和软腭的交界处，形成间隙；软腭上升，关闭鼻腔通路；使气流从形成的间隙摩擦通过而成声。

发音例词：

好汉　航海　呼唤　挥霍　缓和　花卉　谎话　悔恨

绕口令练习：

华华有两朵黄花，红红有两朵红花。华华要红花，红红要黄花。华华送给红红一朵黄花，红红送给华华一朵红花。

哥哥过河捉个鸽，回家割鸽来请客，客人吃鸽称鸽肉，哥哥请客乐呵呵。

老爷堂上一面鼓，鼓上一只皮老虎，皮老虎抓破了鼓，就拿块破布往上补，只见过破布补破裤，哪见过破布补破鼓。

红凤凰，黄凤凰，粉红凤凰花凤凰。

（十二）j　舌面前不送气清塞擦音

舌尖抵住上门齿背，使前舌面贴紧前硬腭，软腭上升，关闭鼻腔通路。在阻塞的部位后面积蓄气流，突然解除阻塞时，在原形成闭塞的部位之间保持适度的间隙，使气流从间隙透出而成声。

发音例词：

积极　家具　讲解　坚决　经济　军舰　捷径　阶级

（十三）q 舌面前送气清塞擦音

成阻阶段与 j 相同。不同的是当舌面前与硬腭分离并形成适度间隙的时候，声门开启，同时伴有一股较强的气流成声。

发音例词：

齐全　恰巧　情趣　请求　缺勤

亲切　全球　欠缺　群起　确切

绕口令练习：

七加一，七减一，加完减完等于几？七加一，七减一，加完减完还是七。

（十四）x　舌面前清擦音

舌尖抵住下齿背，使前舌面接近硬腭前部，形成适度的间隙，气流从空隙摩擦通过而成声。

发音例词：

喜讯　学习　小学　现象　新鲜　雄心

心胸　行星　选修　虚心　宣泄　星宿

绕口令练习：

七巷一个漆匠，西巷一个锡匠，七巷漆匠偷了西巷锡匠的锡，西巷锡匠拿了七巷漆匠的漆，七巷漆匠气西巷锡匠偷了漆，西巷锡匠讥七巷漆匠拿了锡。请问锡匠和漆匠，谁拿了谁的锡？谁偷了谁的漆？

（十五）zh　舌尖后不送气清塞擦音

舌头前部上举，舌尖抵住硬腭前端，同时软腭上升，关闭鼻腔通路。在形成阻塞的部位后积蓄气流，突然解除阻塞时，在原形成闭塞的部位之间保持适度的间隙，使气流从间隙透出而成声。

发音例词：

真正　政治　支柱　制止　周转

指针　助长　战争　茁壮　郑重

（十六）ch　舌尖后送气清塞擦音

成阻阶段与 zh 相同。与 zh 不同的是在突然解除阻塞时，声门开启，同时伴有一股较强的气流成声。

发音例词：

抽查 橱窗 戳穿 踌躇 穿插

驰骋 充斥 长城 超产 车床

（十七）sh 舌尖后清擦音

舌头前部上举，接近硬腭前端，形成适度的间隙；同时软腭上升，关闭鼻腔通路；使气流从间隙摩擦通过而成声。

发音例词：

少数 设施 手术 事实 砂石

闪烁 舒适 神圣 赏识 生疏

绕口令练习：

施氏嗜狮史

石室诗士施氏，嗜狮，誓食十狮。氏时时适市视狮。十时，适十狮适市。是时，适施氏适市。氏视十狮，恃矢势，使是十狮逝世。氏拾是十狮尸，适石室。石室湿，氏拭室。氏始试食十狮尸。食时，始识十狮尸，实是十石狮尸。试释是事。

（十八）r 舌尖后浊擦音

舌头前部上举，接近硬腭前端，形成适度间隙；同时软腭上升，关闭鼻腔通路；使气流从间隙摩擦通过成声，声带振动。

发音例词：

忍让 软弱 闰日 仍然 荣辱 如若 茌苒 柔韧

绕口令练习：

夏日无日日亦热，冬日有日日亦寒，春日日出天渐暖，晒衣晒被晒褥单，秋日天高复云淡，遥看红日迫西山。

（十九）z 舌尖前不送气清塞擦音

舌尖抵住上门齿背形成阻塞，在阻塞的部位后积蓄气流；同时软腭上升，关闭鼻腔通路；突然解除阻塞时，在原形成阻塞的部位之间保持适度的间隙，使气流从间隙透出而成声。

发音例词：

在座　造作　总则　祖宗　罪责　宗族
自尊　栽赃　走卒　枣子　粽子

（二十）c　舌尖前送气清塞擦音

成阻阶段与 z 相同。与 z 不同的是在突然解除阻塞时，声门开启，同时伴有一股较强的气流成声。

发音例词：

残存　仓促　催促　措辞　层次
苍翠　从此　参差　粗糙　猜测

（二十一）s　舌尖前清擦音

舌尖接近上门齿背，形成间隙；同时软腭上升，关闭鼻腔通路；使气流从间隙摩擦通过成声。

发音例词：

洒扫　琐碎　思索　速算　松散　诉讼　色素

绕口令练习：

石小四，史肖石，一同来到阅览室。石小四年十四，史肖石年四十。年十四的石小四爱看诗词，年四十的史肖石爱看报纸。年四十的史肖石发现了好诗词，忙递给年十四的石小四，年十四的石小四见了好报纸，忙递给年四十的史肖石。

司小四和史小世，四月十四日十四时四十上集市，司小四买了四十四斤四两西红柿，史小世买了十四斤四两细蚕丝。司小四要拿四十四斤四两西红柿换史小世十四斤四两细蚕丝。史小世十四斤四两细蚕丝不换司小四四十四斤四两西红柿。司小四说我四十四斤四两西红柿可以增加营养防近视，史小世说我十四斤四两细蚕丝可以织绸织缎又抽丝。

四、零声母

普通话的声母中，除了 21 个由辅音充当外，还有一些音节不以辅音开头，而是以元音开头的。这种没有辅音开头的音节，称为零声母音节。

零声母也是一种声母。实验语音学证明，零声母往往有特定的、具有某些辅音特性的起始方式。汉语拼音中 y、w 两个字母只出现在零声母音节的开头，如"羊"yáng、"温"wēn、"元"yuán 这三个音节实际上是 iang、uen、üan 三个韵母独自充当音节，也是零声母音节。汉语拼音方案规定用 y、w 来加在 i、u、ü 开头的音节前或替代 i、u、ü，这既是一种书写时的隔音符号，在发音上也多少起了一些提示有半元音存在的作用。

开口呼零声母汉语拼音字母不表示。不经过专门的语音训练，人们一般感觉不到以 a、o、e 开头的音节还有微弱的辅音形式存在，因为这些音节开头的辅音成分没有辨义作用，我们可以从略不计。

发音例词：

恩爱 ēnài	偶尔 ǒuěr	额外 éwài
洋溢 yángyì	谣言 yáoyán	医药 yīyào
万物 wànwù	忘我 wàngwǒ	威望 wēiwàng
永远 yǒngyuǎn	踊跃 yǒngyuè	孕育 yùnyù

五、声母辨正

各地方言的声母同普通话声母不尽相同，为了帮助方言区的人学习普通话声母，把需要分辨的几组声母说明如下：

（一）分辨 n 和 l

普通话以 n 和 l 做声母的字，有些方言全部相混，有些方言部分相混，学习这两个声母主要有两方面的困难：第一读不准音，第二分不清字。要读准 n 和 l，关键在于控制软腭的升降。因为 n 和 l 都是舌尖抵住上齿龈发音的，它们的不同主要在于有无鼻音，是从鼻腔出气，还是从舌头两边或一边出气。为了分辨 n 和 l，不妨用捏鼻孔的办法来练习。捏鼻孔后发音，如果觉得发音有困难，而且耳膜有鸣声，那就是 l 音。因为发 l 时软腭上升，堵塞鼻腔通路，舌身收窄，气流由舌头两边或一边流出，不带鼻音。所以练习 n 和 l 的发音时，必须着重练习软腭的升降。借助汉字声旁进行类推，也能提高效率。例如，声旁是"内"的字，声母往往是 n，如"钠、呐、衲、钠、讷"；声旁是"仑"的字，声母往往是 l，如"论、轮、抡、论、囵、沦"等。

（二）分辨 zh、ch、sh 和 z、c、s

这两套声母的字，有些方言混成一套 z、c、s（或接近 z、c、s 的声母），如上海话、苏州话、广东话、武汉话、成都话等。还有些方言把普通话里声母是 zh、ch、sh 的字的一部分读成 z、c、s，如天津话、银川话、西安话等。已会发 zh、ch、sh 的人学习普通话，想要弄清哪些字的声母应该读 zh、ch、sh，哪些字该读 z、c、s，可下工夫去记，根据汉字声旁，进行类推。还可以借助声韵配合规律来分辨，例如 ua、uai、uang 三个韵母，在普通话中只跟 zh、ch、sh 拼，不跟 z、c、s 拼。那些不会发 zh、ch、sh 的人还要找出两套声母发音的差别来注意练习：发舌尖后音时，舌尖要翘起来，对准硬腭前部；而发舌尖前音时，舌尖不翘，对准上齿背。

（三）分辨 f 和 h

普通话 f 声母的字，有的方言读成别的声母，如厦门话；有的方言则把其中的一部分读成了 h 声母，如上海浦东话。普通话 h 声母的字，有的方言把其中一部分读成 f，如重庆话；还有 f、h 两读的，如长沙话。

f 和 h 都是清擦音，区别只在阻碍的部位上。f 是上齿和下唇形成阻碍，h 是舌面后部和软腭形成阻碍。

（四）把跟齐齿呼、撮口呼韵母相拼的 z、c、s、g、k、h 改成 j、q、x

普通话声母 z、c、s 和 g、k、h 都不能和 i、ü 或以 i、ü 起头的韵母相拼。普通话 i、ü 或以 i、ü 起头的韵母，在塞擦音、擦音中只跟 j、q、x 相拼。有些地区的人，遇到自己话里 z、c、s、g、k、h 等声母跟 i、ü 或以 i、ü 起头的韵母相拼时分别改为 j、q、x，就跟普通话一致了。

（五）把浊音改为清音

普通话塞音、擦音、塞擦音声母中只有一个浊擦音 r，其他都是清声母。但是有些方言，如吴方言、湘方言，却有一套和清声母 b、d、g、j、z、s 等相配的浊声母，读起来"陪""被"不分，"台""代"不分，"其""技"不分，"床""状"不分，"慈""字"不分，这些字在吴方言、湘方言中都读浊音声母。这些方言区的人说普通话都要把浊声母字改读成相应的清声母字。其中，平声字一般要改读成送气清声字，并念阳平；仄声字一般要改读成不送气清声母，并念去声。

（六）读准普通话零声母的字

普通话一部分读零声母的字，在有些方言中读成了有声母的字。大致情况如下：

1. 韵母不是 i、u、ü，也不以 i、u、ü 起头的，有些方言加 n 声母，如天津话的"爱"；有些方言加 ng 声母，如西安话、广州话的"额"。只要把该零声母的字记熟，去掉前面的 n 或 ng 就成了。

2. 韵母是 u 或以 u 起头的，有些方言读成例如 v 声母，或以 v 代 u，如宁夏话的"文"、桂林话的"武"。这只要在发音时注意把双唇拢圆，不要让下唇和上齿接触，就可以改正。此外有些方言把普通话这类零声母读成了 m 声母，如广州话、玉林话的"文"，那就要记熟这类零声母字，不要读成 m 声母。

第四节　韵　　母

一、韵母

韵母是指一个音节声母后面的成分。韵母主要由元音构成，有的韵母由一个元音构成，叫单韵母；有的由两个或三个元音复合而成，叫复韵母；还有的韵母由元音加上鼻辅音（n 或 ng）构成，叫鼻韵母。

二、韵母的结构与分类

普通话韵母共有三十九个，按结构可以分为单韵母、复韵母、鼻韵母；按开头元音发音口形可分为开口呼、齐齿呼、合口呼、撮口呼，简称"四呼"。

首先介绍"四呼"。不是 i、u、ü 或不以 i、u、ü 起头的韵母属于开口呼，包括：a、o、e、ê、ai、ei、ao、ou、an、ang、en、eng、ong、－i、er。i 或以 i 起头的韵母属于齐齿呼，包括：i、ia、ie、iao、iou、ian、iang、in、ing、iong。u 或以 u 起头的韵母属于合口呼，包括：u、ua、uo、uai、uei、uan、uang、uen、ueng。ü 或以 ü 起头的韵母属于撮口呼，包括：ü、üe、üan、ün。

由一个元音构成的韵母叫单韵母，又叫单元音韵母。单元音韵母发音的特点是自始至终口形不变，舌位不移动。普通话中单元音韵母共有十个：a、o、e、ê、i、u、ü、－i（前）、－i（后）、er。

由两个或三个元音结合而成的韵母叫复韵母。普通话共有十三个复韵母：ai、ei、ao、ou、ia、ie、ua、uo、üe、iao、iou、uai、uei。根据主要元音所处的位置，复韵母可分为前响复韵母、中响复韵母和后响复韵母。

由一个或两个元音后面带上鼻辅音构成的韵母叫鼻韵母。鼻韵母共有十六个：an、ian、uan、üan、en、in、uen、ün、ang、iang、uang、eng、ing、ueng、ong、iong。

一个音节中的韵母，通常可以分为韵头、韵腹和韵尾三个部分。韵腹是一个韵母发音的关键，是韵母的核心，是发音过程中，口腔肌肉最紧张、发音最响亮的部分；韵头是韵腹前面、起前导作用的部分，发音比较模糊，往往迅速带过，因它们介于声母与韵腹之间，所以又叫介音或介母。普通话中的韵头只有 i、u、ü 三个元音可以充当。韵尾是韵腹后面、起收尾作用的部分，表示韵母滑动的方向，发音模糊但务求发到位。有的韵母只有韵腹，这种韵母在发音时，发音部位不变，始终如一，称为单韵母。

韵尾又可以分成两种：一种叫鼻韵尾，有－n，－ng两个，另一种叫口韵尾。有鼻韵尾的韵母叫鼻韵母。对于有口韵尾的韵母来说，有的没有韵头，发这类韵母时，较响亮的音在前，因而叫做前响复韵母；有的有韵头，也就是韵头、韵腹、韵尾三部分兼备，发这类韵母时，较响亮的音在中间，因而叫做中响复韵母。鼻韵母也有有韵头、无韵头之分。

所有韵母中，除鼻韵母的韵尾是辅音外，其他的音都是非鼻化元音。非鼻化元音的发音要点是软腭始终上升，堵住气流的鼻腔通道。如果软腭的位置不好，气流同时从鼻腔和口腔中泄出，发出的元音就成了鼻化元音。在普通话中，鼻化元音只有在儿化音节中才会出现。

普通话韵母总表

按口形分 / 按结构分	开口呼	齐齿呼	合口呼	撮口呼	按韵头分 / 按韵尾分
单元音韵母	－i(前)、－i(后)	i	u	ü	无韵尾韵母
	ɑ	iɑ	uɑ		
	o		uo		
	e				
	ê	ie		üe	
	er				
复元音韵母	ai		uai		元音韵尾韵母
	ei		uei		
	ɑo	iɑo			
	ou	iou			

按口形分 按结构分	开口呼	齐齿呼	合口呼	撮口呼	按韵头分 按韵尾分
带 鼻 音 韵 母	an	ian	uan	üan	鼻 音 韵 尾 韵 母
	en	in	uen	ün	
	ang	iang	uang		
	eng	ing	ueng		
			ong	iong	

三、普通话韵母的发音分析与训练

普通话的 39 个韵母，我们按它的结构类别来对韵母进行训练。

（一）单元音韵母

不同的元音是由口腔的不同形状决定的。口腔的形状包括发音时舌位的高低、舌位的前后和唇形的圆展。舌位，指发音时舌头最高的部位。舌位的高低、前后以及唇形的圆展等状态构成了不同的共鸣腔，这三个因素只要其中一项有改变，共鸣腔也就随之改变，从而发出不同的元音。例如普通话中的 i 和 e，舌位的前后和唇形的圆展都相同，但两者舌位高低不同，因而是不同的元音。又如 i 和 ü，舌位的高低、前后都相同，但发 i 时，唇形不圆，发 ü 时，唇形是圆的，因而也是不同的元音。

因此，我们可以为元音的分类定下三项标准：一是舌位的高低。舌位高的是高元音，舌位低的是低元音。二是舌位的前后。舌位前的是前元音，舌位后的是后元音。三是唇形的圆展。嘴唇圆的是圆唇元音，嘴唇不圆的是不圆唇元音。任何一个元音都可以从这三个方面来描写。

单元音韵母的发音就是单元音的发音，发音时要注意两点：发音时舌位和唇形要始终保持不变，否则就成了复合元音；发音时软腭要向上抬起堵塞鼻腔通道，不能带有鼻音色彩，否则就会成为鼻化元音。

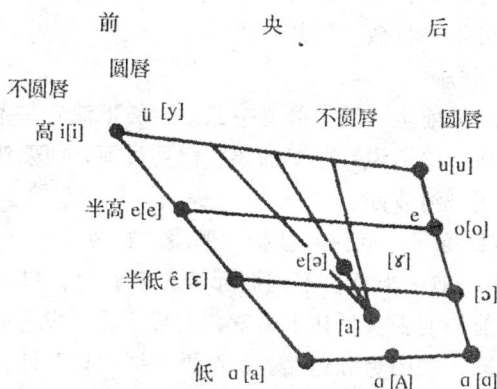

舌面元音舌位图

ɑ 舌面、央、低、不圆唇元音。发音时，口大开、舌位低，舌尖微离下齿背，舌面中部微微隆起和硬腭后部相对。发音时，声带振动，软腭上升，关闭鼻腔通路。例：

打靶　马达　沙发　蛤蟆　奔拉
拉萨　腊八　砝码　打岔　刹那

绕口令练习：

一个胖娃娃，抓了三个大花活蛤蟆；三个胖娃娃，抓了一个大花活蛤蟆。抓了一个大花活蛤蟆的三个胖娃娃，真不如抓了三个大花活蛤蟆的一个胖娃娃。

o 舌面、后、半高、圆唇元音。发音时，上下唇自然拢圆，舌体后缩，舌面后部隆起和软腭相对，舌位介于半高和半低之间。发音时，声带振动，软腭上升，关闭鼻腔通路。例：

伯伯　婆婆　磨破　薄膜　泼墨

绕口令练习：

波波的婆婆默默帮波波磨墨。

e 舌面、后、半高、不圆唇元音。发音时，口半闭，舌位半高，舌头后缩，双唇自然展开。发音时，声带振动，软腭上升，关闭鼻腔通路。例：

隔阂　苛刻　合格　特色　割舍

车辙　可乐　特赦　隔热　色泽

绕口令练习：

哥哥弟弟坡前坐，坡上卧着一只鹅，坡下流着一条河。哥哥说：宽宽的河。弟弟说：肥肥的鹅。鹅要过河，河要渡鹅，不知是鹅过河，还是河渡鹅。

e—o对比练习：叵测　波折　恶魔　刻薄

ê　舌面、前、半低、不圆唇元音。发音时，口半开，舌位半低，舌头前伸使舌尖抵住下齿背，唇形不圆。发音时，声带振动，软腭上升，关闭鼻腔通路。ê除语气词"欸"外，不能独立构成音节，只能与元音i、ü构成复韵母ie、üe。

i　舌面、前、高、不圆唇元音。发音时，唇形呈扁平状，舌尖前伸抵住下齿背。发音时，声带振动，软腭上升，关闭鼻腔通路。例：

集体　笔记　机器　依稀　谜底

意义　奇迹　地皮　习题　提议

绕口令练习：

迷你牌洗衣机最适宜洗皮衣。

u　舌面、后、高、圆唇元音。发音时，双唇拢圆，略向前突出；舌头后缩，使舌面后部向软腭方向隆起。发音时，声带振动，软腭上升，关闭鼻腔通路。例：

朴素　芜湖　互助　土布　无故

孤独　祝福　出租　粗鲁　诉苦

绕口令练习：

鼓上画老虎，破了用布补，不知布补鼓，还是布补虎。

有个老头本姓顾，人们叫他顾老五。顾老五上街买布带打醋，回来碰见鹰叼兔。兔子撞倒了顾老五，碰到了他的布，打翻了他的醋，气坏了老头顾老五。

ü 舌面、前、高、圆唇元音。发音时,双唇拢圆,略向前突出;舌尖前伸使舌头抵住下齿背,使舌面前部隆起和硬腭前部相对。发音时,声带振动,软腭上升,关闭鼻腔通路。例:

序曲 旅居 曲剧 区域 语序

聚居 雨具 女婿 絮语 豫剧

绕口令练习:

徐家女婿骑驴去区里买雨具。

战士于小义,捡到小白梨。梨是村里的梨,他毫不迟疑,顺着千里堤,沿着幸福渠,把梨交给村里会计李玉齐。

i—ü 对比练习:

生育—生意 居住—记住 聚会—忌讳 取名—起名

于是—仪式 名誉—名义 遇见—意见 舆论—议论

美育—美意 姓吕—姓李 雨具—以及 区域—歧义

−i(前) 舌尖前、高、不圆唇元音。发音时舌尖前伸接近上齿背,气流通路狭窄,但不发生摩擦,唇形不圆。−i(前)不能单独构成音节,只能跟 z、c、s 三个声母相拼。例:

自私 此次 字词 子嗣 恣肆

祭祀 自然 恩赐 讽刺 相似

−i(后) 舌尖后、高、不圆唇元音。发音时舌尖上翘,对着硬腭前部,气流通路狭窄,但不发生摩擦,唇形不圆。−i(后)不能单独构成音节,只能跟 zh、ch、sh、r 四个声母相拼。例:

史诗 指示 支持 知识 制止

誓师 失职 实施 逝世 值日

er 卷舌、央、中、不圆唇元音。发音时,口形略开,舌位居中,舌前、中部上抬,舌尖向后卷,和硬腭前端相对。发音时,声带振动,软腭上升,关闭鼻腔通路。

er 是一个用双字母表示的单韵母,e 表示舌位和唇形,r 表示卷舌动作。er 只能自成音节。例:

二十 而且 尔后 幼儿 耳朵

"二"的发音与其他音节为"er"的字音稍有区别，发音时舌面位置降低，开口度较大。

（二）复元音韵母

由两个或三个元音结合而成的韵母叫复韵母。根据主要元音所处的位置，复韵母可分为前响复韵母、中响复韵母和后响复韵母。

1. 前响复韵母共有四个：ai、ei、ao、ou。它们的共同特点是前一个元音清晰响亮，后一个元音轻短模糊，音值不太固定，只表示舌位滑动的方向。

ai 是前元音音素的复合，动程大。起点元音是比单元音 a [A] 的舌位靠前的前低不圆唇元音 [a]，可以简称它为"前 a"。发音时，舌尖抵住下齿背，使舌面前部隆起与硬腭相对。从"前 a"开始，舌位向 i 的方向滑动升高，大体停在次高元音 [ɪ]。

发音例词：爱戴　采摘　海带　开采　拍卖　灾害

绕口令练习：

小艾和小戴，上街来买菜。小艾把一斤菜给小戴，小戴就有比小艾多一倍的菜；小戴把一斤菜给小艾，小艾小戴就有同样多的菜。小艾小戴各买了多少菜。

ei 是前元音音素的复合，动程较短。起点元音是前半高不圆唇元音 e [e]。发音时，舌尖抵住下齿背，使舌面前部（略后）隆起对着硬腭中部。从 e 开始，舌位升高，向 i 的方向往前往高滑动，大体停在次高元音 [ɪ]。

发音例词：肥美　妹妹　配备　蓓蕾　黑煤　北美

绕口令练习：

贝贝飞纸飞机，菲菲要贝贝的纸飞机，贝贝不给菲菲自己的纸飞机，贝贝教菲菲自己做能飞的纸飞机。

ao 是后元音音素的复合。起点元音比单元音 a [A] 的舌位靠后，是个后低不圆唇元音 [ɑ]，可简称为"后 a"。发音时，舌体后缩，使舌面后部隆起。从"后 a"开始，舌位向 u（汉语拼音写作 - o，实际发音接近 u）的方向滑动升高。收尾的 - u

舌位略低，为 [ʊ]。

发音例词：懊恼　操劳　高潮　骚扰　逃跑　早操

绕口令练习：

隔着墙头扔草帽，也不知草帽套老头儿，也不知老头儿套草帽。

ou　起点元音比单元音 o 的舌位略高、略前，接近央元音 [ə] 或 [θ]，唇形略圆。发音时，从略带圆唇的央元音 [ə] 开始，舌位向 u 的方向滑动。收尾的－u 接近 [ʊ]。这个复韵母动程很小。

发音例词：丑陋　兜售　口头　漏斗　收购　喉头

绕口令练习：

忽听门外人咬狗，拿起门来开开手；拾起狗来打砖头，又被砖头咬了手；从来不说颠倒话，口袋驮着骡子走。

2. 后响复韵母共有五个：ia、ie、ua、uo、üe。它们的共同特点是前面的元音发得轻短，只表示舌位从那里开始移动，后面的元音发得清晰响亮。

ia　起点元音是前高元音 i，由它开始，舌位滑向央低元音 a [A] 止。i 的发音较短，a 的发音响而长。止点元音 a 位置确定。

发音例词：假牙　恰恰　压价　下架　家鸭

绕口令练习：

天上飘着一片霞，水上飘着一群鸭。霞是五彩霞，鸭是麻花鸭。麻花鸭游进五彩霞，五彩霞挽住麻花鸭。乐坏了鸭，拍碎了霞，分不清是鸭还是霞。

ie　起点元音是前高元音 i，由它开始，舌位滑向前中元音 ê [ɛ] 止。i 较短，ê 响而长。止点元音 ê 位置确定。

发音例词：结业　贴切　铁屑　谢谢　姐姐　趔趄

绕口令练习：

姐姐借刀切茄子，去把儿去叶儿斜切丝，切好茄子烧茄子、炒茄子、蒸茄子，还有一碗焖茄子。

ua　起点元音是后高圆唇元音 u，由它开始，舌位滑向央低元音 a [ʌ] 止，唇形由最圆逐步展开到不圆。u 较短，a 响而长。

发音例词：挂花　耍滑　娃娃　花袜　画画

绕口令练习：

一个胖娃娃，画了三个大花活蛤蟆；三个胖娃娃，画不出一个大花活蛤蟆。画不出一个大花活蛤蟆的三个胖娃娃，真不如画了三个大花活蛤蟆的一个胖娃娃。

uo　由后圆唇元音音素复合而成。起点元音是后高元音 u，由它开始，舌位向下滑到后中元音 o 止。u 较短，o 响而长。发音过程中，保持圆唇，开头最圆，结尾圆唇度略减。

发音例词：错落　硕果　脱落　过错　蹉跎　堕落

绕口令练习：

狼打柴，狗烧火，猫儿上炕捏窝窝，雀儿飞来蒸饽饽。

üe　由前元音音素复合而成。起点元音是圆唇的前高元音 ü，由它开始，舌位下滑到前中元音 ê [ɛ]，唇形由圆到不圆。ü 较短，ê 响而长。

发音例词：雀跃　约略　决绝　月缺　绝学　略略

绕口令练习：

真绝，真绝，真叫绝，皓月当空下大雪，麻雀游泳不飞跃，鹊巢鸠占鹊喜悦。

3. 中响复韵母共有四个：iao、iou、uai、uei。它们共同的发音特点是前一个元音轻短，后面的元音含混，音值不太固定，只表示舌位滑动的方向，中间的元音清晰响亮。

iao　由高元音 i 开始，舌位降至后低元音 a。然后再向后次高圆唇元音 u 的方向滑升。发音过程中，舌位先降后升，由前到后，曲折幅度大。唇形从中间的元音 a 逐渐圆唇。

发音例词：吊销　疗效　巧妙　调料　逍遥　苗条

绕口令练习：

水上漂着一只表，表上落着一只鸟。鸟看表，表瞪鸟，鸟不认识表，表也不认识鸟。

iou 由前高元音 i 开始，舌位降至央（略后）元音 [ə]（或 [θ]），然后再向后次高圆唇元音 u [u] 的方向滑升。发音过程中，舌位先降后升，由前到后，曲折幅度较大。唇形从央（略后）元音 [ə] 逐渐圆唇。

发音例词：久留 求救 绣球 优秀 悠久 牛油

绕口令练习：

一葫芦酒，九两六。一葫芦油，六两九。六两九的油，要换九两六的酒，九两六的酒，不换六两九的油。

uai 由圆唇的后高元音 u 开始，舌位向前滑降到前低不圆唇元音 a（即"前 a"），然后再向前高不圆唇元音的方向滑升。舌位动程先降后升，由后到前，曲折幅度大。唇形从前元音 a 逐步展唇。

发音例词：外快 怀揣 乖乖 摔坏 外踝 拽坏

绕口令练习：

槐树槐，槐树槐，槐树底下搭戏台，人家的姑娘都来了，我家的姑娘还不来。说着说着就来了，骑着驴，打着伞，歪着脑袋上戏台。

uei 由后高圆唇元音 u 开始，舌位向前向下滑到前半高不圆唇元音偏后靠下的位置（相当于央 [ə] 偏前的位置），然后再向前高不圆唇元音 i 的方向滑升。发音过程中，舌位先降后升，由后到前，曲折幅度较大。唇形从 e 逐渐展唇。

发音例词：垂危 归队 悔罪 追悔 荟萃 推诿

绕口令练习：

威威、伟伟和卫卫，拿着水杯去接水。威威让伟伟，伟伟让卫卫，卫卫让威威，没人先接水。一二三，排好队，一个一个来接水。

（三）鼻韵母

由一个或两个元音后面带上鼻辅音构成的韵母叫鼻韵母。鼻韵母共有十六个：an、ian、uan、üan、en、in、uen、ün、 ang、iang、uang、eng、ing、ueng、ong、iong。

　　an　发音时，起点元音是前低不圆唇元音 a [a]，舌尖抵住下齿背，舌位降到最低，软腭上升，关闭鼻腔通路。从"前 a"开始，舌面升高，舌面前部抵住硬腭前部，当两者将要接触时，软腭下降，打开鼻腔通路，紧接着舌面前部与硬腭前部闭合，使在口腔受到阻碍的气流从鼻腔里透出。口形由开到合，舌位移动较大。

　　发音例词：参战　难免　烂漫　谈判　坦然　灿烂　赞叹

　　绕口令练习：

　　出前门，往正南，有个面铺面冲南，门口挂着蓝布棉门帘。摘了它的蓝布棉门帘，面铺面冲南，给它挂上蓝布棉门帘，面铺还是面冲南。

　　ian　发音时，从前高不圆唇元音 i 开始，舌位向前低元音 a [a]（前 a）的方向滑降，舌位只降到半低前元音 [æ] 的位置就开始升高。发 [æ] 后，软腭下降，逐渐增强鼻音色彩，舌尖迅速移到上齿龈，最后抵住上齿龈作出发鼻音 -n 的状态。

　　发音例词：艰险　简便　连篇　前天　浅显　田间

　　绕口令练习：

　　半边莲，莲半边，半边莲长在山涧边。半边天路过山涧边，发现这片半边莲。半边天拿来一把镰，割了半筐半边莲。半筐半边莲，送给边防连。

　　uan　发音时，由圆唇的后高元音 u [u] 开始，口形迅速由合口变为开口状，舌位向前迅速滑降到不圆唇的前低元音 a [a]（前 a）的位置就开始升高。发 a [a] 后，软腭下降，逐渐增强鼻音色彩，舌尖迅速移到上齿龈，最后抵住上齿龈作出发鼻音 -n 的状态。

　　发音例词：贯穿　软缎　酸软　婉转　专款　宽缓

　　绕口令练习：

　　大帆船，小帆船，竖起桅杆撑起船。风吹帆，帆引船，帆船顺风转海湾。

üan 发音时，由圆唇的后高元音 ü 开始，向前低元音 a [a] 的方向滑降。舌位只降到前半低元音 [æ] 略后的位置就开始升高。发 [æ] 后，软腭下降，逐渐增强鼻音色彩，舌尖迅速移到上齿龈，最后抵住上齿龈作出发鼻音－n 的状态。

发音例词：源泉　轩辕　涓涓　圆圈　渊源　全院

绕口令练习：

圆圈圆，圈圆圈，圆圆娟娟画圆圈。娟娟画的圈连圈，圆圆画的圈套圈。娟娟圆圆比圆圈，看看谁的圆圈圆。

en 发音时，起点元音是央元音 e [ə]，舌位中性（不高不低不前不后），舌尖接触下齿背，舌面隆起部位受韵尾影响略靠前，软腭上升，关闭鼻腔通路。从央元音 e [ə] 开始，舌面升高，舌面前部抵住硬腭前部，当两者将要接触时，软腭下降，打开鼻腔通路，紧接着舌面前部与硬腭前部闭合，使在口腔受到阻碍的气流从鼻腔里透出。口形由开到闭，舌位移动较小。

发音例词：根本　门诊　人参　认真　深沉　振奋

绕口令练习：

小陈去卖针，小沈去卖盆。俩人挑着担，一起出了门。小陈喊卖针，小沈喊卖盆。也不知是谁卖针，也不知是谁卖盆。

in 发音时，起点元音是前高不圆唇元音 i，舌尖抵住下齿背，软腭上升，关闭鼻腔通路。从舌位最高的前元音 i 开始，舌面升高，舌面前部抵住硬腭前部，当两者将要接触时，软腭下降，打开鼻腔通路，紧接着舌面前部与硬腭前部闭合，使在口腔受到阻碍的气流从鼻腔透出。开口度几乎没有变化，舌位动程很小。

发音例词：近邻　拼音　信心　辛勤　引进　濒临

绕口令练习：

你也勤来我也勤，生产同心土变金。工人农民亲兄弟，心心相印团结紧。

uen 发音时，由圆唇的后高元音 u [u] 开始，向央元音 e [ə] 的位置滑降，然后舌位升高。发 e [ə] 后，软腭下降，逐渐增强鼻音色彩，舌尖迅速移到上齿龈，最后抵住上齿龈作出发鼻音－n 的状态。唇形由圆唇在向中间折点元音滑动的过程中渐变为展唇。

发音例词：昆仑　温存　温顺　论文　馄饨　谆谆

绕口令练习：

孙伦打靶真叫准，半蹲射击特别神，本是半路出家人，摸爬滚打练成神。

ün　发音时，起点元音是前高圆唇元音 ü。与 in 的发音过程基本相同，只是唇形变化不同。从圆唇的前元音 ü 开始，唇形从圆唇逐步展开，而 in 的唇形始终是展唇。

发音例词：军训　均匀　芸芸　群众　循环　允许

绕口令练习：

军车运来一堆裙，一色军用绿色裙。军训女生一大群，换下花裙换绿裙。

ang　发音起点是后低元音 a，从 a 开始，舌头后缩，舌根抬起贴在降下来的软腭上，打开鼻腔通路，气流从鼻腔通过，发出后鼻音，唇形由大开变为自然展平。

发音例词：帮忙　苍茫　当场　刚刚　商场　上当

绕口令练习：

浮云长，长长长，长长长消。

iang　由前高元音 i 开始，舌位往下往后降至后低元音 a，接着舌面升高，软腭下降舌根紧贴软腭发出后鼻音。

发音例词：两样　洋相　响亮　向阳　强项　想象

绕口令练习：

杨家养了一只羊，蒋家修了一道墙。杨家的羊撞倒了蒋家的墙，蒋家的墙压死了杨家的羊。杨家要蒋家赔杨家的羊，蒋家要杨家赔蒋家的墙。

uang　发音从后高圆唇元音 u 开始，舌位滑降至后低元音 a，接着软腭下降，舌根隆起抵住贴着软腭发 ng，唇形由圆转展。

发音例词：狂妄　双簧　状况　矿藏　装潢　框框

绕口令练习：

王庄卖筐，匡庄卖网，王庄卖筐不卖网，匡庄卖网不卖筐，你要买筐别去匡庄去王庄，你要买网别去王庄去匡庄。

eng　从半高后元音 e 开始发音，舌根抬高，贴住降下来的软腭，气流从鼻腔通过发 ng，舌位移动不大。

发音例词：承蒙　丰盛　更正　萌生　声称　升腾

绕口令练习：

郑政捧着盏台灯，彭澎扛着架屏风，彭澎让郑政扛屏风，郑政让彭澎捧台灯。

ing　先发前高音 i，舌头后缩，紧接着软腭下降，舌根抬高抵住软腭，打开鼻腔通路，气流从中通过发出鼻音，口型没有明显变化。

发音例词：叮咛　经营　命令　评定　清净　姓名

绕口令练习：

天上七颗星，树上七只鹰，梁上七个钉，台上七盏灯。拿扇扇了灯，用手拔了钉，举枪打了鹰，乌云盖了星。

ueng　发音起点后高圆唇元音 u，舌位跟着稍下滑至后半高元音 e，舌根隆起抵住贴着软腭，打开鼻腔通路，气流从中通过发出后鼻音。唇形由圆唇到展唇。韵母 ueng 只有一种零声母的音节形式 weng。

发音例词：嗡嗡　水瓮　渔翁　蓊郁　蕹菜　老翁

绕口令练习：

老翁卖酒老翁买，老翁买酒老翁卖。

ong　起点元音是比后高圆唇元音 u 舌位略低的次高后元音，舌头保持后缩，舌位抬高，舌根抵住软腭，打开鼻腔通路，气流通过发出鼻音 ng。唇形始终拢圆。

发音例词：共同　轰动　空洞　隆重　通融　恐龙

绕口令练习：

冲冲栽了十畦葱，松松栽了十棵松。冲冲说栽松不如栽葱，松松说栽葱不如栽松。是栽松不如栽葱，还是栽葱不如栽松？

iong 从前高元音 i 开始，舌头后缩，舌位稍向下滑到次高元音 u，接着舌根拱起抵住软腭，打开鼻腔通路，气流从中通过发后鼻音 ng。

发音例词：炯炯　汹涌　熊熊　穷窘　穷凶

绕口令练习：

小涌勇敢学游泳，勇敢游泳是英雄。

四、韵母辨正

（一）区分单韵母与复韵母

普通话的单韵母与复韵母是各成系统的。一些方言中存在着单韵母与复韵母相互转化的现象。这突出地表现在两个方面：一是复韵母的单元音化倾向，一是单韵母转化为复韵母的现象。

复韵母的单元音化倾向，在吴方言中表现最为突出，在湘方言、闽方言、客家方言和北方方言区的陕西关中地区、山东济南、云南昆明、安徽合肥、江苏扬州、湖北郧县等地方都有不同程度的反映。例如，普通话 ai、ei、ao、ou 等复韵母在上海话中念单元音，"摆"念 [pa]，"悲"念 [pe]，"飞"念 [fi]。

少数方言有单韵母转化为复韵母的现象。主要是 [i]、[u]、[y] 转化为复韵母。这一现象在粤、闽方言中表现较为明显，北方方言的西南官话中也有一定的体现。

（二）区分 o、uo、e

有些方言区 o 和 uo 不分。例如，桂林话只有 o 韵母，没有 uo 韵母。常德话虽然分 o 与 uo 两个韵母，但 o 只与声母拼合，uo 只成为零声母音节，如"玻、坡、多、拖、罗、锅"都念成 o 韵母。

有些方言区 o 和 e 不分。例如，山东、四川等地只用 o 不用 e，该用 e 的时候都用了 o；如重庆话将"喝、河、合、禾、鹅"等念成了 [o]。东北方言中，则大多数该用 o 的却用了 e，如哈尔滨、黑河、齐齐哈尔等地将"拨、泼、摸"分别念成了 be、 pe、me。

有些方言 uo 和 e 不分。例如，武汉话、常德话将普通话的"俄、禾"（韵母 e）念成了韵母 uo。宜昌话把普通话的"可、哥、河、贺"（韵母 e）等念成韵母 uo。鄂东南的阳新等地把"火、果、货"（韵母 uo）念成韵母 e。

分辨 o、e、uo 这组韵母，可以首先分析韵母的发音要领，以便从音色上准确把握它们各自的发音，然后从普通话的拼合规律入手加以区分。

在普通话里，单韵母 o 只跟声母 b、p、m、f 相拼，不跟其他声母相拼；而 uo、e（"什么"的"么 me"除外）则刚刚相反，不跟 b、p、m、f 拼合，可以和其他声母（除 j、q、x 外）相拼。

在与 g、k、h 相拼时，e 与 uo 容易发生混淆，要仔细分辨。练习下列词语：

鸽子—锅子　隔音—国音　老歌—老郭
客气—阔气　合口—活口　干戈—坩埚
河马—活马　赫然—豁然　骨骼—古国

（三）防止丢失韵头

普通话的复韵母和鼻韵母的韵头 i 和 u，在有些方言区中却没有。例如，广州话把"流"说成 [lau]，"钻"说成 [tsan]；上海话把"队"说成 [de]，"吞"说成 [teng]。西南官话和江淮官话也不同程度地存在这样的情况。此外，广西桂林话、柳州话、湖南常德话、湖北宜昌话中，还有"袄、咬"同音的现象，这也是一种韵头的丢失。这些方言区的人学习普通话必须注意增加韵头，有时声母、韵母、韵尾也要作相应的改变。练习这类发音，在有辅音声母的音节里，可以运用三拼连读法，先慢后快，使韵头到位。如"岁"，方言中容易念成 sei，练读时注意不要忽略了介母的发音，念成 s－u－ei。练习下列词语：

下降　阶级　牙齿　哑巴　钻石　哀悼　尊严
追寻　对付　推论　寸心　团体　盘存　计算

（四）鼻音韵尾 n、ng 的分合、脱落与错位

前、后鼻尾音的韵母之间基本上是一一对应的关系：an—ang、en—eng、in—ing、ian—iang、uan—uang、uen—ueng（ong）、un—ong。其主要区别是：韵腹元音舌位的前后不同。例如：an 与 ang 的区分主要表现在 an 中的元音是前低元音，而 ang 中的元音是后低元音。－n、－ng 是韵尾，只有与韵腹构成一个整体时才参与前、后鼻韵母对比区分。为了确切体会鼻尾音的发音和听感性质，必须要求尽量发音完整。

分辨前鼻音韵尾与后鼻音韵尾，除了要区分－n 与－ng 的发音外，应该记住普通话中哪些字是前鼻音，哪些字是后鼻音。记字的办法主要是：

其一，利用声旁类推。前鼻音韵尾的声旁如：申艮今分真林；后鼻音韵尾的声旁如：争凌正令生。

其二，记声韵调拼合规律。

例如：普通话中，d、t 不与 in 相拼，只与 ing 拼。常用字如"丁、顶、定、听、挺、停"等都是后鼻音。

n、l 不与 en 相拼（除"嫩"外），只与 eng 相拼。常用字如"能、愣、冷、楞"等都是后鼻音。

bing 没有上声字，"秉、丙、炳、柄"等常用字都是后鼻音，等等。

其三，记少丢多。记住了 g－en 只有"跟、根、亘"三个常用字，也就记住了"庚、赓、羹、耕、更、耿、梗"等后鼻音的常用字。

记住了 h－en 只有"痕、很、恨、狠"等四个常用字，也就记住了"亨、哼、横、衡、恒"等后鼻音的常用字。

记住了 z、c、s 和 en 相拼的只有"怎、参、岑、森"等字，也就记住了"曾、增、层、赠、憎、蹭、僧"等后鼻音的常用字。

记住了 n－in 只有"您"这一个字，也就记住了"宁、拧、柠、咛、泞、狞、凝、佞"等后鼻音常用字。

（五）区分撮口呼与齐齿呼

普通话的撮口呼、齐齿呼两类韵母，在一些方言中会发生混淆。有些方言，如客家方言、闽南方言、西南官话的部分地区（如云南昆明话、四川西昌话）没有撮口呼韵母，把撮口呼念成齐齿呼，"买鱼"说成"买疑"，"聚会"说成"计会"，"撅脚"说成"前脚"。此外，还有的地方在少数字中出现齐齿呼、撮口呼错位，即把应该念齐齿呼的字念成了撮口呼，把应该念成撮口呼的字念成了齐齿呼。例如，武汉话把"茄子"说成"瘸子"，"掀起"说成"宣起"，而把"下雪"说成"下写"，"姓薛"说成"姓学"。对于前者，要训练撮口呼的发音，分辨撮口呼和齐齿呼的发音动作；对于后者，则主要是注意纠正那些容易出错的少数字。如下列词语：

i—i　积极　地理　提议　笔记
ü—ü　雨具　区域　女婿　玉女
i—ü　体育　鲤鱼　崎岖　急需
ü—i　取起　玉米　余地　语义

第五节　声　　调

一、声调的含义及作用

声调是指音节内部具有区别意义作用的高低升降的变化，主要是由音高决定的。声调的音高是相对的，不是绝对的；声调的升降变化是滑动的，而不像音乐的音高那样从一个音阶到另一个音阶跳跃式地移动。

声调在区别意义方面具有极其重要的意义。例如："山西"和"陕西"，"联系"和"练习"，"主任"和"主人"，等等。此外，声调还能区别词性。例如："好"读 hǎo，用作形容词，而读 hào 时则是动词。

在文学创作中，善于选用不同声调的字，可以使文章音节富于韵律美，更加悦耳动听，从而增强语言的表现力。我国古代的诗歌、韵文讲究格律，要求平仄相间、上下对应就是为了达到语音和谐、抑扬顿挫的效果。

根据声调的有无可以把世界上的语言分为两类——声调语言和非声调语言。所谓非声调语言，并不是说音节没有高低升降的音高变化，只是这种变化只能起改变语气的作用，而不能区别意义。在汉语里，声调是音节结构中必不可少的成分之一，担负着重要的辨义作用。汉语是一种有声调的语言，这是区别于其他语言的重要特点之一。

二、调值与调类

调值是指音节读音高低、升降、曲折、长短的具体变化形式，也是声调的实际读法。

我们通常采用赵元任设计的"五度标记法"确定调值。建立一个坐标，用纵轴表示音高，用横轴表示音长。把声调的高低调值分为五度，分别用1、2、3、4、5来表示，其中1表示音高最低，2表示次低，3表示中，4表示次高，5表示最高。这五度的区别没有绝对频率值，只表示相对的高低不同。例如普通话里 ying 这个音节有四种调子：

"英"，读音高而平，标为55；

"迎"，读音由中逐渐升高，标为35；

"影"，读音由半低降到低再升至次高，标为214；

"映"，读音由高降到低，标为51。

调型指声调高低、升降的变化模式。55为高平调型；35为中升调型；214为曲折调型；51为全降调型。

调号是指标记声调的简单明了符号。即把五度标调法的图形简化为一种不标刻度的声调符号。例如《汉语拼音方案》中使用的声调符号ˉ ˊ ˇ ˋ。

调类是声调的类别，在一种语言中，根据能够区别意义的不同声调把调值相同的音节归在一起所建立起来的类别。调类是由调值决定的,一种语言或方言里有多少种声调调值,就有多少个调类。我国的方言中,河北滦县的调类只有三个,是汉语方言中调类最少的,而广西玉林的方言调类则多达十个。

古代汉语的声调有四个调类,古人叫做平声、上声、去声、入声,合起来叫做四声。现代汉语普通话和各方言的调类都是从古代的四声演变来的。在演变的过程中有分有合,形成非常复杂的局面。按照调值归纳出来,普通话里有四种基本的调类,即阴平、阳平、上声、去声。它是根据古汉语"平、上、去、入"的名称沿用下来的。

三、普通话的声调

普通话有四个调类,分别是阴平、阳平、上声、去声,简称四声。

(一) 阴平 (第一声)

声调高而平,没有升降变化,起点、终点都在最高的 5 度上,调值标为 55,又称为高平调或 55 调。例如"攀、踢、飞、抓"等。

(二) 阳平 (第二声)

声调由中向高扬起,起点在 3 度,终点在 5 度,调值标为 35,又叫高升调或 35 调。例如"游、学、停、文"等。

(三) 上声 (第三声)

声调由次低降到最低,再升到次高。这个调型是前半段低降、后半段升高的曲折调。起点是 2 度,降到 1 度,又升到 4 度,调值标为 214。因为先降后升,又叫降升调或 214 调。例如"我、考、体、舞"等。

(四) 去声

声调由最高降到最低,中间没有曲折。起点是 5 度,终点是 1 度,调值标为 51,又叫全降调或 51 调。例如"跳、蹦、跃、踏"等。

普通话声调的特点可以概括为"一平、二升、三曲、四降"，调型差别较大，不易混淆。

声调是超音色（又叫超音段）的，即它跟声母和韵母处于不同的层面上。一般来说，声调贯穿整个音节，而不是附加在音节的开头或末尾；具体来讲，汉语音节的声调只表现在音节的声带振动的响音上。如果是清辅音开头，声调只从韵头开始；如果浊辅音或元音开头，声调覆盖整个音节。韵母部分与声调的关系最为密切。汉语拼音方案规定声调符号标在音节的主要元音上，也就是音节中最长、最响亮、最清晰的元音上，可见，声调的标写也体现出跟元音的关系。

学好声韵辨四声

学好声韵辨四声，阴阳上去要分明；
部位方法须找准，开齐合撮属口形。
双唇班报必百波，舌尖当地斗点丁；
舌根高狗坑耕故，舌面积结教坚精；
翘舌主争真知照，平舌资则早在增；
擦音发翔飞分夏，送气查柴产彻称；
合口呼午枯胡古，开口河坡歌安争；
撮口虚学寻徐剧，齐齿衣优摇业英；
前鼻恩因烟弯稳，后鼻昂迎中拥王。
咬紧字头归字尾，阴阳上去记变声；
循序渐进坚持练，不难达到纯和清。

第六节　语流音变

在语流中，连读的音节会因为邻近音、语速以及发音高低强弱而发生相互的影响，使某些音节的音素或声调发生变化，这种现象叫做"语流音变"。

普通话里的音变现象主要有变调、轻声、儿化以及语气词"啊"的音变等。

一、变调

变调指的是在语流中，受到邻近音的影响，有些音节的声调会发生一定的变化，与单念时调值不同。音节变调多数是受后一个音节声调的影响引起的。在普通话中最常见的变调有上声的变调、"一"、"不"的变调等。

（一）上声的变调

上声在单念或处在词语、句子的末尾语音停顿位置时，没有后续音节的影响，一般读原调，而在四个声调前都会产生变调。

1. 上声在上声前变 35，调值与阳平一样。例如：

旅馆　展览　首长　反省　彼此　水井　水果　了解　领导
永远　渺小　岛屿　友好　把守　表演　指点　选举　勇敢

2. 上声在非上声前变半上 211。例如：

上声＋阴平：北京　饼干　百般　火车
　　　　　　警钟　海军　首先　奖杯
上声＋阳平：古文　坦白　海拔　祖国
　　　　　　旅行　导游　旅游　语言
上声＋去声：典范　讨论　土地
　　　　　　感谢　广大　挑战
上声＋轻声：椅子　斧子　马虎　伙计
　　　　　　哑巴　我们　搅和　姐夫

3. 三个上声相连：如果连着念的上声不止三个，要根据词语的语法结构和语义紧密度划分出语义停顿来，由语义停顿确定出音节段，再根据上述规律进行变调。若为"2＋1"格式，即前两个上声音节语义紧凑，语义停顿在第二个音节后，则前两个音节都变成 35；若为"1＋2"格式，即后两个上声音节语义紧凑，语义停顿在第一个音节后，则前面的上声变半上 211，中间的上声变 35。例如：

"2+1"格式：展览馆　手写体　母女俩　管理组

　　　　　　　勇敢者　领导者　洗脸水

"1+2"格式：纸老虎　　　　　　耍笔杆

　　　　　　　搞管理　很美满　手把手

4. 上声在由上声变来的轻声前面有两种变调，一种变半上211，一种变35。例如：

上声变211：姐姐　奶奶　剪子　马虎　耳朵

上声变35：想想　手里　写写　小姐　走走

（二）"一"的变调

"一"字单念、表示序数或出现在词语末尾，仍读本调，即阴平55。例如：

统一　专一　同一　一楼　一年级　高一1班　同一律

二〇一〇年一月一日　说一不二　从一而终　一是一二是二

一不怕苦二不怕死

"一"字变调有三种情况：

1. "一"在去声前变35，与阳平的调值相同。例如：

一倍　一切　一概　一再　一共　一代　一律　一贯　一件

一箭双雕　一见钟情　一路顺风　一步登天　一技之长

一事无成　一物降一物

2. "一"在非去声（阴平、阳平、上声）前，变51，与去声调值相同。例如：

"一"＋阴平：一般　一边　一端　一朝　一生

　　　　　　　一些　一分为二

"一"＋阳平：一直　一齐　一时　一同　一行

　　　　　　　一群　一股脑儿

"一"＋上声：一举　一手　一体　一统　一览

　　　　　　　一口　一鼓作气

3. "一"夹在重叠动词中间变轻声。例如：

听一听　擦一擦　聊一聊　学一学　读一读　想一想　管一管

走一走　讲一讲　写一写　练一练　看一看　坐一坐　试一试

（三）"不"的变调

"不"字单念或用于阴平、阳平、轻声前，读本调，即去声51。例如：

"不"+阴平：不安　不单　不端　不吃　不依

"不"+阳平：不行　不白　不才　不同　不详

"不"+上声：不好　不比　不等　不管　不敢

"不"字变调有两种情况：

1. "不"在去声字前变35。例如：

不必　不变　不测　不要　不但　不错　不够　不像

不对　不过　不去　不是　不干　不用　不怕　不看

2. "不"夹在动词、形容词或动补结构之间，念轻声。例如：

来不来　会不会　要不要　做不做　行不行　冷不冷　好不好

说不清　学不会　读不准　跑不动　跳不远　看不清　听不懂

二、轻声

（一）轻声的含义和特点

普通话音节都有一个固定的声调，可是某些音节在词和句子中失去了它原有的声调，读成一种轻短模糊的调子，这就是轻声。轻声主要由音长决定，又短又轻是轻声的本质特征。

值得注意的是，轻声并不是四声之外的第五种声调，而是四声的一种特殊声变。轻声在物理属性上的主要表现是：音长变短，音强变弱。音高由于受前一个字声调的影响而变得不固定。有的轻声还可以影响字音的声母和韵母，引起音色的变化。轻声音节的音值往往发生一些变化。最明显的是韵母的弱化。如哥哥（gēge）、棉花（miánhua），这两个轻声音节的元音舌位趋于中央。有时轻声音节会导致某些音素脱落，如"豆腐"、"丈夫"、"工夫"中的 fu，韵母 u 几乎在口语中消失，只留下清辅音 f。

（二）轻声的作用

轻声的作用主要有三个方面：一是区别词性和词义。如"大意"的"意"若读轻声，则该词为形容词，表"粗心"之义；若不读轻声，则该词为名词，表"大概意思"之义。其他如"自然、花费、眉目"等。二是区别词和短语。如"东西"的"西"若读轻声，则"东西"为词，表物品之义；若不读轻声，则"东西"为短语，表方位上的东边和西边。其他如"买卖、干事、拉手、裁缝"等。

（三）轻声的规律

轻声比较灵活，有一些是有规律可循的。有较强规律性的轻声词，从词形上比较容易识别和掌握。

1. 结构助词"的、地、得"，动态助词"着、了、过"，语气助词"吗、吧、呢、啊、啦、嘛"，一般读轻声。例如：

你的　激动地说　跑得飞快　睡着　胜利了　看过

好吗　来吧　他呢　他真帅啊　行啦　别客气嘛

2. 名词、代词的后缀"子、头、巴、们、么"一般读轻声。例如：

袜子　馒头　嘴巴　咱们　人们　什么　那么　怎么

3. 名词、代词后的方位词"上、下、里、边"等一般读轻声。例如：

桌上　地下　屋里　这边

4. 动词、形容词后的趋向动词"去、来、开、起来、出去、过来"等一般读轻声。例如：

拿去　回来　过来　让开　站起来　跑出去　搬过来

5. 叠音词的第二个音节及重叠动词中的"一"和"不"一般读轻声。例如：

说说　看看　读读　谈一谈　想一想

来不来　肯不肯　收拾不收拾

6. 某些量词"个、些"等一般读轻声。例如：

这个　那些　买个篮球　披件衣服

7. 作宾语的人称代词"我、你、他"一般读轻声。例如：

他借我球拍　请你来　叫他训练

8. 动词后的介词"在、到"一般读轻声。例如：

放在里边　拿到车上

9. 动词的某些结果补语一般读轻声。例如：

站住　打开　关上

10. 部分四音节词语的衬字一般读轻声。例如：

糊里糊涂　丁零当啷　黑不溜秋

11. 音节重叠的亲属称谓第二个音节一般读轻声。例如：

爷爷　姐姐　爸爸　哥哥

12. 普通话中不少双音节词习惯上念轻声，这些轻声词规律性不强。例如：

女婿　媳妇　豆腐　辈分　扁担　头发　玻璃　结实　耽搁
明白　应酬　眼睛　抽屉　答应　打扮　窗户　苍蝇　认识

三、儿化

（一）儿化的含义与读法

"er"在普通话里是一个比较特殊的韵母，它不同声母相拼，也不能同其他音素组合成复合韵母，可以自成音节。"er"自成的音节很少，常见的有"耳、而、儿、饵、尔、二、贰、迩"等。普通话的词尾"儿"长期与前面的音节流利地连读而产生音变，使两个音节融合成为一个音节，"er"附着在其他音节后边，只保持一个卷舌的动作，使前面音节里的韵母发生变化，成为一个带卷舌动作的韵母，这就是儿化现象。儿化后的韵母称儿化韵。带儿化韵的音节，一般用两个汉字来表示。用汉语拼音字母写这些儿化音节，只需在原来的音节之后加上"r"。

（二）儿化的作用

儿化的作用体现在四个方面：一是区别词义。如"小人"和"小人儿"、"头"和"头儿"等。二是区别词性。如"盖"是动词，"盖儿"则是名词。"破烂"是个形容词，"破烂儿"变成了名词。三是表示细小、轻微的状态或性质。如铁丝儿、粉笔末儿、虾仁儿、碰破点皮儿等。四是表达某种特殊的感情色彩。例如："红红的小脸蛋儿"表达喜爱的感情；"他是个小偷儿"则充满鄙视；"您可慢慢儿走"又表示关心，等等。应该注意的是，有时在文章中根据节律的需要，"儿"要成独立音节。如"花儿为什么这样红"等。

（三）儿化韵音变的规律

1. 音节末尾是 a、o、e、ê、u（包括 ao、iao 的 o）的，原韵母直接卷舌。例如：

刀把儿　水珠儿　锯末儿　牙刷儿　小车儿　台阶儿　豆腐脑儿　煤球儿

2. 韵尾是 i、n（除 in、ün 外）的韵母，儿化时失落韵尾，韵腹加卷舌动作。例如：

小孩儿　纳闷儿　刀背儿　乖乖儿　圆圈儿　书本儿　没准儿

3. 韵母是 i、ü 的，儿化时在原韵母后加 er。例如：

针鼻儿　毛驴儿　玩意儿　金鱼儿　有趣儿

4. 韵母是 in、ün 的，丢掉韵尾，还要加 er。例如：

背心儿　脚印儿　花裙儿　合群儿

5. 韵母是 -i（前）、-i（后）的，儿化时原韵母直接换作 er。例如：

棋子儿　豆汁儿　瓜子儿　没事儿　铁丝儿

6. 韵尾是 ng 的，儿化时去掉韵尾，韵腹鼻化并卷舌。例如：

药方儿　门洞儿　瓜秧儿　板凳儿　天窗儿　胡同儿

四、语气词"啊"的音变

语气词"啊"的音变是指附着在句子末尾的语气助词"啊"，由于跟前一个音节连读而受其末尾音素的合音影响发生的音变现象。"啊"的音变是一种增音现象（包括同化增音和异化增音）。在不同的语音环境中，"啊"的读音有不同的变化形式。另外"啊"的不同读音，可用相应的汉字来表示。

（一）前面音节的收尾音素是 a、o、e、ê、i、ü 时，"啊"读 ya，汉字写作"呀"或"啊"。例如：

多漂亮的花啊/呀！

你快说啊/呀！

这是什么歌啊/呀！

快点写啊/呀！

千万别大意啊/呀！

你得仔细琢磨琢磨啊/呀！

多么迷人的秋色啊/呀！

明天是教师节啊/呀！

我的笔丢到什么地方去了呢？奇怪啊/呀！

好大的雨啊/呀！

要努力争取啊/呀！

这可是他毕生的心血啊/呀！

这个小孩儿真可爱啊/呀！

嗬！好大的雪啊/呀！

（二）前面音节收尾音素是"u"（包括 ao、iao）时，读作"wa"，写作"哇"。例如：

这是家乡的沃土啊/哇！

快点走啊/哇！

胆子不小啊/哇！

太阳它有脚啊/哇！

她真是心灵手巧啊/哇！

听人说大厅里在展销新书啊/哇！

你看这葡萄长得多好啊/哇！

我都十八岁了，还小啊/哇！

为什么白白走这一遭啊/哇？

（三）前面音节收尾音素是"n"时，读作"na"，写作"哪"或"啊"。例如：

天啊！

这道题真难啊！

这事还得您费心啊！

小心啊，别割到手指。

可真是一方水土养一方人啊！

（四）前面音节收尾音素是"ng"时，读作"nga"，写作"啊"。例如：

咱们老百姓啊，今儿晚上真高兴啊！

小心着凉啊！

这杠铃真重啊！

这么快就做完了，你可真行啊！

长江后浪推前浪，一代更比一代强啊！

唱啊唱，嘤嘤有韵，宛如春水淙淙。

是啊，我们有自己的祖国，小鸟也有它的归宿，人和动物都是一样啊。

（五）前面音节收尾音素是舌尖前元音"－i"时，读作"[za]"，写作"啊"。例如：

这是上等的陶瓷啊！

这就是蚕丝啊！

你这是写得什么字啊！

人生会有多少个第一次啊！

（六）前面音节收尾音素是"－i[ʐ]"、er或儿化韵时，读作"ra"，写作"啊"。例如：

他是我们的老师啊！

你就知道吃啊！

这是怎么回事啊？

我的女儿啊！

多鲜艳的花儿啊！

唐诗啊，宋词啊，他能背两百多首。

这么精密的仪器可不能闹着玩儿啊！

第七节　语音规范化

一、语音规范化的内容

语音的规范化就是根据汉语语音发展的内部规律和习惯读音，确定汉民族共同语的语音标准。现代汉民族"以北京语音为标准音"。这句话是指以北京语音的语音系统为标准，而不是说北京话中的每一个字词的读音都是汉民族共同语的标准。因为北京话也是一种方言，在语音上有许多土音成分，这些土音成分当然不能作为汉民族共同语的标准读音。此外，北京语音中还有很多异读词，一个词不同的人读不同的读音。异读词太多不利于交际，也不利于民族共同语的学习和推广，因而异读词也是语音规范化的对象。

（一）北京土音的规范

北京口语中有很多土音成分，主要是两类：

1. 特殊的读音和音变现象

这些特殊的读音和音变现象，主要在文化程度较低的北京人口中出现，尤其是在文化程度较低的老年人口中出现的机会更多。因此，普通话语音应该是排除了土音成分的北京语音，也可以说是一般具有中等文化水平以上的北京人的语音。例如：

太好了 tuīhǎole　　不言语 bùyuányi

淋湿了 lúnshīle　　论斤卖 lìnjīnmài

明白 míngbèi　　　四个 sè

2. 带土音色彩的轻声和儿化

北京语音中轻声和儿化现象特别多，普通话吸收了相当多的富有表现力和能够区别词义或词性的轻声和儿化。但有些带北京土音色彩的轻声和儿化，普通话则没有必要吸收进来。例如"纪念、明天、措施、顽固、职业"，这些词在北京语音中可以读轻声也可以不读轻声，普通话也没有必要吸收它们的轻声读音。又如在北京话中，"今儿、天儿"等一定得儿化，"帮忙（儿）、有事（儿）、写字（儿）"等儿化不儿化两可，因其无辨义作用，普通话就不必采用儿化读音。

（二）异读词的规范

异读词是指词形相同，词义也相同，而读音不同的词。普通话中的异读词，常见的大约有 1000 条。异读词的大量存在对人们的交际和推广普通话是不利的。1985 年 12 月国家公布的《普通话异读词审音表》是语音规范化的一个重要文件，也使异读词的读音有了明确的标准。

异读词的产生原因很多，从来源上看，主要有以下几个方面：

1. 文白异读

文白异读就是读书音和口语音不同。下面是《普通话异读词审音表》中列举的文白异读的例子（前面是文读，后面是白读）：

薄 bó—báo	给 jǐ—gěi	虹 hóng—jiàng
血 xuè—xiě	剥 bō—bāo	差 chā—chà
澄 chéng—dèng	逮 dài—dǎi	貉 hé—háo
嚼 jué—jiáo	壳 qiào—ké	馏 liú—liù
绿 lù—lǜ	露 lù—lòu	落 luò—lào、là
蔓 màn—wàn	泌 bì—mì	疟 nüè—yào
荨 qián—xún	翘 qiáo—qiào	色 sè—shǎi
塞 sè—sāi	杉 shān—shā	葚 shèn—rèn
螫 shì—zhē	熟 shú—shóu	苔 tāi—tái
削 xuē—xiāo	钥 yuè—yào	

2. 方音影响

有些方言词的读音被普通话所吸收，而同普通话原有读音并存，形成异读。例如"揩油 kāyóu"来自吴方言，同普通话的 kāiyóu 读法并存。

3. 讹读影响

有些字被人读错了，而这错误的读音却流行开了，与正确的读音并存，形成异读。例如"（商）埠"原读 bù，但被人讹读为 fù。

4. 背离规律

有些词按语音发展规律应该读某音，但又出现了一个不合规律的读音，两音并存，形成异读。例如"帆"字是古代浊声母平声字，按规律应该读阳平，但又出现了阴平的读法。

二、推广普通话

普通话是现代汉民族的共同语。《中华人民共和国宪法》第 19 条规定："国家推广全国通用的普通话。"在新时期里，推广普通话就更为重要。首先，推广普通话可以进一步消除方言隔阂，减少方言区人们交际时的困难，有利于社会交往，有利于国家的统一和安定团结。其次，在社会主义现代化建设的新时期，文化教育的普及和提高、科学技术的进步和发展、传声技术的现代化、计算机语言输入和语言识别问题的研究，都对推广普通话提出了新的要求。第三，随着对外开放政策的贯彻执行，国际往来和国际交流越来越多，进一步推广普通话，可以减少语言交际的困难，促进国际交往。

20 世纪 50 年代确定的推广普通话的工作方针是"大力提倡，重点推行，逐步普及"。推广工作展开之后取得了可喜的成绩。但是，推广普通话是一项长期的、渐进的工作，普及普通话的任务，至今还远未完成。80 年代进入社会主义建设新时期，形势有了很大的变化。国家对推广普通话工作的重点和实施的步骤都相应作了一些调整。今后执行的推广普通话的方针应该是"大力推广，积极普及，逐步提高"。目前，我们应该做好以下四点工作：第一，以汉语授课的各级学校使用普通话进行教学，使普通话成为教学语言。第二，县以上各级以汉语播放的广播电台、电视台均须使用普通话，使普通话成为宣传工作的规范语言。第三，全国机关团体、企事业单位进行公务活动中必须使用普通话，使普通话成为工作语言。第四，不同方言区及国内不同民族的人员交往时使用普通话，使普通话成为全国的通用语言。

为了更加有效地推动推广普通话工作，加快普及过程，不断提高全社会的普通话水平，中央有关部门作出决定，对一定范围内岗位人员进行普通话水平测试，并从 1995 年起，逐步实行按水平测试结果颁发普通话等级证书的制度。测试的对象包括：县以上广播员、节目主持人、普通话教师、影视演员和有关院校的毕业生，以及中小学教师、师范学校教师和毕业生。与此同时，还提出了相应的要求：前者，应达到一级水平；后者，应达到一级或二级水平。对上述岗位人员逐步实行持普通话等级证书上岗制度，成立国家普通话水平测试委员会，负责领导全国各地测试工作，指导各地按照《普通话水平测试实施办法（试行）》和《普通话测试等级标准（试行）》的规定进行工作。普通话水平测试是推广普通话工作的重要组成部分，是使推广普通话工作逐步走向科学化、规范化、制度化的重要举措。

推广普通话，除了继续注意语音规范以外，还要注意词汇、语法的规范。词汇、语法问题在相当程度上影响到普通话水平的高低，影响到实际交际。说话的时候，如果语音是比较标准的，但却用了不少方言词语和语法，交际起来还是会发生一定的困难。

各级各类学校，以及与群众接触面较广的部门仍然是推广普通话的重点。在新的形势下，大中城市，尤其是沿海开放城市，也应列为重点。必须指出，学校固然是推广普通话的重点，但是如果只抓学校而放松社会，学校推广普通话的成果也不易巩固。学校和社会的推广普通话工作都不是孤立的，两者应该互相促进。

附1：必读轻声词 200 条

北京话里有 3000 多个双音节词习惯上念轻声，大部分双音节轻声词不起区别意义的作用。经过语言学者的统计研究，筛选出常用必读轻声词 200 条。

巴结	巴掌	包袱	本事	荸荠	编辑	扁担	别扭	玻璃
薄荷	簸箕	不是	裁缝	苍蝇	柴火	称呼	出息	畜生
炊帚	刺激	聪明	凑合	奊拉	大方	大爷	大意	大夫
耽搁	得罪	灯笼	嘀咕	地道	地方	地下	东西	动弹
豆腐	对头	多少	哆嗦	耳朵	翻腾	分析	风筝	高粱
胳膊	疙瘩	工夫	功夫	姑娘	故事	棺材	官司	规矩
闺女	过去	哈欠	含糊	核桃	合同	狐狸	葫芦	胡同
糊涂	滑溜	馄饨	活泼	伙计	机灵	家伙	见识	糨糊
交情	街坊	结实	戒指	精神	开通	口袋	窟窿	困难
喇叭	烂糊	老婆	老实	老爷	冷战	篱笆	里脊	利害
痢疾	粮食	趔趄	铃铛	溜达	琉璃	啰唆	萝卜	骆驼
麻烦	马虎	买卖	玫瑰	棉花	明白	名堂	名字	蘑菇
模糊	脑袋	念叨	奴才	暖和	佩服	朋友	琵琶	枇杷
屁股	便宜	葡萄	千斤	亲戚	清楚	情形	人家	认识
软和	丧气	扫帚	商量	烧饼	少爷	牲口	生意	石榴
实在	使唤	事情	收成	收拾	舒服	算盘	踏实	抬举
太阳	体面	笤帚	头发	妥当	外甥	晚上	温和	窝囊
稀罕	吓唬	下水	先生	相声	消息	笑话	心思	新鲜
行李	兄弟	休息	秀才	学生	牙碜	衙门	烟筒	砚台
秧歌	养活	吆喝	钥匙	衣服	衣裳	意识	意思	应酬
冤枉	鸳鸯	月饼	云彩	在乎	早上	造化	张罗	丈夫
帐篷	招呼	折腾	芝麻	知识	指甲	妯娌	嘱咐	主意
状元	琢磨							

附 2：必读儿化词表

1. 本表参照《普通话水平测试用普通话词语表》及《现代汉语词典》编制，加 * 的是以上二者未收，根据实际酌增的条目。

2. 本表儿化音节，在书面上一律加"儿"，但并不表明所列词语在任何语用场合都必须儿化。

3. 本表列出原形韵母和所对应的儿化韵，用＞表示条目中儿化音节的注音，只在基本形式后面加 r，如"一会儿 yīhuìr"，不标语音上的实际变化。

a＞ar　刀把儿 dāobàr　　号码儿 hàomǎr
　　　　戏法儿 xìfǎr　　　在哪儿 zàinǎr
　　　　找茬儿 zhǎochár　打杂儿 dǎzár
　　　　板擦儿 bǎncār

ai＞ar　名牌儿 míngpáir　鞋带儿 xiédàir
　　　　壶盖儿 húgàir　　小孩儿 xiǎoháir
　　　　加塞儿 jiāsāir

an＞ar　快板儿 kuàibǎnr　老伴儿 lǎobànr
　　　　蒜瓣儿 suànbànr　脸盘儿 liǎnpánr
　　　　脸蛋儿 liǎndànr　收摊儿 shōutānr
　　　　栅栏儿 zhàlánr　　包干儿 bāogānr
　　　　笔杆儿 bǐgǎnr　　门槛儿 ménkǎnr

ang＞ar（鼻化）　药方儿 yàofāngr　赶趟儿 gǎntàngr
　　　　　　　　香肠儿 xiāngchángr　瓜瓤儿 guārángr

ia＞iar　掉价儿 diàojiàr　一下儿 yīxiàr
　　　　豆芽儿 dòuyár

ian＞iar　小辫儿 xiǎobiànr　照片儿 zhàopiānr
　　　　　扇面儿 shànmiànr　差点儿 chàdiǎnr
　　　　　一点儿 yīdiǎnr　　雨点儿 yǔdiǎnr
　　　　　聊天儿 liáotiānr　拉链儿 lāliànr
　　　　　冒尖儿 màojiānr　坎肩儿 kǎnjiānr
　　　　　牙签儿 yáqiānr　　露馅儿 lòuxiànr
　　　　　心眼儿 xīnyǎnr

iang＞iar（鼻化）　鼻梁儿 bíliángr　透亮儿 tòuliàngr
　　　　　　　　　花样儿 huāyàngr

ua＞uar　脑瓜儿 nǎoguār　大褂儿 dàguàr

麻花儿 máhuār　　笑话儿 xiàohuar

牙刷儿 yáshuār

uai>uar　一块儿 yīkuàir

uan>uar　茶馆儿 cháguǎnr　　饭馆儿 fànguǎnr

火罐儿 huǒguànr　　落款儿 luòkuǎnr

打转儿 dǎzhuànr　　拐弯儿 guǎiwānr

好玩儿 hǎowánr　　大腕儿 dàwànr

uang>uar（鼻化）　蛋黄儿 dànhuángr

打晃儿 dǎhuàngr

天窗儿 tiānchuāngr

üan>üar　烟卷儿 yānjuǎnr　　手绢儿 shǒujuànr

出圈儿 chūquānr　　包圆儿 bāoyuánr

人缘儿 rényuánr　　绕远儿 ràoyuǎnr

杂院儿 záyuànr

ei>er　刀背儿 dāobèir　　摸黑儿 mōhēir

en>er　老本儿 lǎoběnr　　花盆儿 huāpénr

嗓门儿 sǎngménr　　把门儿 bǎménr

哥们儿 gēmenr　　纳闷儿 nàmènr

后跟儿 hòugēnr　　高跟儿鞋 gāogēnrxié

别针儿 biézhēnr　　一阵儿 yīzhènr

走神儿 zǒushénr　　大婶儿 dàshěnr

杏仁儿 xìngrénr　　小人儿书 xiǎorénrshū

刀刃儿 dāorènr

eng>er（鼻化）　钢镚儿 gāngbèngr

夹缝儿 jiāfèngr

脖颈儿 bógěngr

提成儿 tíchéngr

ie>ier　半截儿 bànjiér　　小鞋儿 xiǎoxiér

üe>üer　旦角儿 dànjuér　　主角儿 zhǔjuér

uei>uer　跑腿儿 pǎotuǐr　　一会儿 yīhuìr

耳垂儿 ěrchuír　　墨水儿 mòshuǐr

围嘴儿 wéizuǐr　　走味儿 zǒuwèir

uen＞uer　打盹儿 dǎdǔnr　　胖墩儿 pàngdūnr

砂轮儿 shālúnr　　冰棍儿 bīnggùnr

没准儿 méizhǔnr　开春儿 kāichūnr

ueng＞uer（鼻化）　＊小瓮儿 xiǎowèngr

－i（前）＞er　瓜子儿 guāzǐr　　石子儿 shízǐr

没词儿 méicír　　挑刺儿 tiāocìr

－i（后）＞er　墨汁儿 mòzhīr　　锯齿儿 jùchǐr

记事儿 jìshìr

i＞i：er　针鼻儿 zhēnbír　　垫底儿 diàndǐr

肚脐儿 dùqír　　玩意儿 wányìr

in＞i：er　有劲儿 yǒujìnr　　送信儿 sòngxìnr

脚印儿 jiǎoyìnr

ing＞i：er（鼻化）　花瓶儿 huāpíngr　　打鸣儿 dǎmíngr

图钉儿 túdīngr　　门铃儿 ménlíngr

眼镜儿 yǎnjìngr　　蛋清儿 dànqīngr

火星儿 huǒxīngr　　人影儿 rényǐngr

ü＞ü：er　毛驴儿 máolǘr　　小曲儿 xiǎoqǔr

痰盂儿 tányúr

üe＞ü：er　合群儿 héqúnr

e＞er　模特儿 mótèr　　逗乐儿 dòulèr

唱歌儿 chànggēr　挨个儿 āigèr

打嗝儿 dǎgér　　饭盒儿 fànhér

在这儿 zàizhèr

u＞ur　碎步儿 suìbùr　　没谱儿 méipǔr

儿媳妇儿 érxífur　梨核儿 líhúr

泪珠儿 lèizhūr　　有数儿 yǒushùr

ong＞or（鼻化）　果冻儿 guǒdòngr　　门洞儿 méndòngr

胡同儿 hútòngr　　抽空儿 chōukòngr

酒盅儿 jiǔzhōngr 　　小葱儿 xiǎocōngr

iong＞ior（鼻化）　＊小熊儿 xiǎoxióngr

ao＞aor 　红包儿 hóngbāor 　　灯泡儿 dēngpàor

　　　　　半道儿 bàndàor 　　手套儿 shǒutàor

　　　　　跳高儿 tiàogāor 　　叫好儿 jiàohǎor

　　　　　口罩儿 kǒuzhàor 　　绝着儿 juézhāor

　　　　　口哨儿 kǒushàor 　　蜜枣儿 mìzǎor

iao＞iaor 鱼漂儿 yúpiāor 　　火苗儿 huǒmiáor

　　　　　跑调儿 pǎodiàor 　　面条儿 miàntiáor

　　　　　豆角儿 dòujiǎor 　　开窍儿 kāiqiàor

ou＞our 　衣兜儿 yīdōur 　　老头儿 lǎotóur

　　　　　年头儿 niántóur 　　小偷儿 xiǎotōur

　　　　　门口儿 ménkǒur 　　纽扣儿 niǔkòur

　　　　　线轴儿 xiànzhóur 小丑儿 xiǎochǒur

　　　　　加油儿 jiāyóur

iou＞iour 顶牛儿 dǐngniúr 　　抓阄儿 zhuājiūr

　　　　　棉球儿 miánqiúr

uo＞uor 　火锅儿 huǒguōr 　　做活儿 zuòhuór

　　　　　大伙儿 dàhuǒr 　　邮戳儿 yóuchuōr

　　　　　小说儿 xiǎoshuōr 　被窝儿 bèiwōr

(o)＞or 　耳膜儿 ěrmór 　　粉末儿 fěnmòr

附3：易读错的字词（括号内为正确读音）

挨打（áidǎ） 　　　狭隘（xiáài） 　　　蝙蝠（biānfú）

同胞（tóngbāo） 　波浪（bōlàng） 　　蚌埠（bèngbù）

哺育（bǔyù） 　　　匕首（bǐshǒu） 　　玻璃（bōli）

萝卜（luóbo） 　　　胳膊（gēbo） 　　　巡捕（xúnbǔ）

粗糙（cūcāo） 　　　差错（chācuò） 　　乘车（chéngchē）

炽热（chìrè） 　　　处理（chǔlǐ） 　　　唱片（chàngpiàn）

惩罚（chéngfá） 　　创伤（chuāngshāng）对称（duìchèn）

绰号（chuòhào）	忏悔（chànhuǐ）	参差（cēncī）
受挫（shòucuò）	答复（dáfù）	逮捕（dàibǔ）
提防（dīfang）	档次（dàngcì）	癫痫（diānxián）
追悼（zhuīdào）	堤坝（dībà）	订正（dìngzhèng）
呆板（dāibǎn）	而且（érqiě）	阿谀（ēyú）
复杂（fùzá）	符合（fúhé）	腹腔（fùqiāng）
气氛（qìfēn）	仿佛（fǎngfú）	讣告（fùgào）
果脯（guǒfǔ）	王冠（wángguān）	供给（gōngjǐ）
山冈（shān' gāng）	供认（gòngrèn）	疙瘩（gēda）
楼阁（lóugé）	一会儿（yīhuìr）	混乱（hùnluàn）
几乎（jīhū）	教诲（jiàohuì）	罕见（hǎnjiàn）
恐吓（kǒnghè）	奇数（jīshù）	雪茄（xuějiā）
间断（jiànduàn）	角色（juésè）	尽管（jǐnguǎn）
俊俏（jùnqiào）	颈椎（jǐngzhuī）	根茎（gēnjīng）
校对（jiàoduì）	比较（bǐjiào）	疾病（jíbìng）
细菌（xìjūn）	立即（lìjí）	解数（xièshù）
阶段（jiēduàn）	畸形（jīxíng）	内疚（nèijiù）
发酵（fājiào）	汲取（jíqǔ）	脊梁（jǐliang）
针灸（zhēnjiǔ）	矩形（jǔxíng）	夹层（jiācéng）
一刻钟（yīkèzhōng）	看护（kānhù）	俘虏（fúlǔ）
质量（zhìliàng）	露天（lùtiān）	两栖（liǎngqī）
蓓蕾（bèilěi）	伪劣（wěiliè）	度量衡（dùliànghéng）
例外（lìwài）	风靡（fēngmǐ）	模具（mújù）
勉强（miǎnqiǎng）	联袂（liánmèi）	模糊（móhu）
呕吐（ǒutù）	乒乓（pīngpāng）	糟粕（zāopò）
活泼（huópō）	包庇（bāobì）	关卡（guānqiǎ）
潜力（qiánlì）	翘首（qiáoshǒu）	怯懦（qiènuò）
侵略（qīnlüè）	强劲（qiángjìng）	倾向（qīngxiàng）
悄然（qiǎorán）	恰当（qiàdàng）	围绕（wéirào）
仍然（réngrán）	妊娠（rènshēn）	塞车（sāichē）

教室（jiàoshì）　　漱口（shùkǒu）　　游说（yóushuì）
塑料（sùliào）　　虽然（suīrán）　　骨髓（gǔsuǐ）
收缩（shōusuō）　　结束（jiéshù）　　常识（chángshí）
栓塞（shuānsè）　　熟悉（shúxī）　　丧钟（sāngzhōng）
赡养（shànyǎng）　　扫帚（sàozhou）　　狩猎（shòuliè）
矢口（shǐkǒu）　　艄公（shāogōng）　　标识（biāozhì）
调皮（tiáopí）　　蜕变（tuìbiàn）　　突出（tūchū）
可恶（kěwù）　　纤维（xiānwéi）　　因为（yīnwèi）
违章（wéizhāng）　　肖像（xiàoxiàng）　　眩晕（xuànyùn）
侮辱（wǔrǔ）　　向往（xiàngwǎng）　　琴弦（qínxián）
混淆（hùnxiáo）　　挟持（xiéchí）　　穴位（xuéwèi）
流血（liúxuè）　　徇私（xùnsī）　　削弱（xuēruò）
乳臭（rǔxiù）　　膝盖（xīgài）　　木屑（mùxiè）
咆哮（páoxiào）　　分析（fēnxī）　　奇袭（qíxí）
亚洲（yàzhōu）　　河沿（héyán）　　造诣（zàoyì）
酝酿（yùnniàng）　　友谊（yǒuyì）　　参与（cānyù）
殷红（yīnhóng）　　应用（yìngyòng）　　打颤（dǎzhàn）
编纂（biānzuǎn）　　装载（zhuāngzài）　　暂时（zànshí）
脂肪（zhīfáng）　　运转（yùnzhuǎn）　　碰撞（pèngzhuàng）
卓越（zhuóyuè）　　钻探（zuāntàn）　　笨拙（bènzhuō）
作坊（zuōfang）　　召开（zhàokāi）　　着重（zhuózhòng）
证券（zhèngquàn）　　挣脱（zhèngtuō）　　高涨（gāozhǎng）
沼泽（zhǎozé）　　琢磨（zhuómó）（zuómo）
憎恨（zēnghèn）　　浙江（zhèjiāng）　　确凿（quèzáo）

第三章 汉 字

第一节 汉字概说

一、文字的起源

（一）文字

远古的人类没有形成自己的语言，和动物一样，凭借不同的叫声相互传达简单的信息。属于"有声无言"的信息表达阶段。经过漫长的进化过程，人类逐渐产生了语言，但是仅有语音，并未出现文字，属于信息表达的"有言无文"阶段。口口相传的语音信息传播形式虽然促进了人类社会的交流活动，但受到时间和空间的限制，一发即逝，还容易产生讹误。语言交流的缺陷成为文字产生最直接的推动力。

文字是以有声语言为基础的记录语言的书写符号系统，是人类传播活动的重要载体之一。文字把语音信息转化为视觉信息，从此语言有了书面形式，可以固定下来，打破时空的限制，使传播无远弗界，增强了语言的传播功能，扩大了语言的交际范围。正是借助文字，人类的文化文明成果才得以积累和传承，文字的产生是人类创造性的实践活动和无与伦比的思维活动的结晶，通常被看作是民族文明程度的一个标志。即使是在传播媒介如此发达的当今社会，文字仍是人类最重要的辅助性交际工具。

（二）汉字的起源

关于汉字的起源有多种说法。汉字究竟产生于何时，目前还难以作出确切的结论。

古书中有黄帝的史官仓颉造字的传说。现代学者认为，文字体系的产生和建立是一个漫长而复杂的过程，文字作为系统性的符号工具不可能完全由一个人创造出来。仓颉如果确有其人，应该是文字整理者或颁布者。

我国古代文献上有关古人"结绳"、"八卦"、"图画"、"书契"等的记载。近几十年来，中国考古界先后发布了一系列出土资料，包括原始社会晚期及有史社会早期出现在陶器上面的刻画或彩绘符号，另外还包括少量的刻写在甲骨、玉器、石器等上面的符号。通过系统考察、对比遍布中国各地的 19 种考古学文化的 100 多个遗址里出土的陶片上的刻画符号，郑州大学博士生导师王蕴智认为，中国最早的刻画符号出现在河南舞阳贾湖遗址，距今已有 8000 多年的历史。

20 世纪 50 年代，我国的考古工作者在西安半坡村等地的仰韶文化遗址中，发现了许多陶器上刻画着具有文字性质的符号。郭沫若在《中国史稿》中指出"彩陶上的那些刻划记号，可以肯定地说就是中国文字的起源，或者中国原始文字的孑遗。"由此，汉字的起源至少可追溯到五六千年前的原始社会末期。

目前所知和所见到的最古老的成批的汉字资料，是在距今 3000 多年前殷商都城遗址（今河南省安阳市小屯村）发现的，商代后期的甲骨卜辞和器物铭文中的文字，即甲骨文。相对于原始文字，甲骨文数量多，结构复杂，可以说是迄今为止中国发现的最早的成熟文字。

据悉，从考古发掘的出土文字资料来看，中国至少在虞夏时期已经有了正式的文字。如近年考古工作者曾经在山西襄汾陶寺遗址所出的一件扁陶壶上，发现有毛笔朱书的"文"字。这些符号都属于早期文字系统中的基本构形，可惜这样的出土文字信息迄今仍然稀少。

汉字和古埃及圣书字、古美索不达米亚的楔形文字，是世界上最古老的几种文字。圣书字和楔形文字早已不再使用，而汉字一直到今天仍是汉民族最重要、最常用的承载信息的手段。可以说，汉字是今天世界上古老而又长寿的文字。

二、汉字的性质

汉字和世界上所有的通行文字一样，是记录语言的符号系统，是全体社会成员书面交际的工具。除此之外，汉字还具有一些特性，主要表现在四个方面：

（一）从文字体系上看，汉字是音形义结合的表意文字

一种文字体系的根本性质取决于该文字所使用符号的性质。文字所使用的符号大致可分为三类，即意符、音符、记号。意符与文字代表的语素义有直接联系，音符只在语音上有联系，记号在语音和意义上都没有联系。表音体系的文字是用字母直接显示语言的音素或音节的文字。如英文、俄文等。表意体系的文字其字形与其意义指向之间有直接的联系，即可以由字形推知字义。表音文字只使用音符，汉字则三类符号都使用。

从汉字的造字法看，象形字如古代汉字的"⊙"、"ᗺ"，本身就有见形知义的特点。再有会意字如"林"、"看"、"从"，可以从字的组成成分猜测出大致的含义。指事字则以记号或记号与象形字结合的形式表达意义。现代汉字以形声字为主，而形声字是意符和音符的结合，虽然音符是借汉字来充当的，但它毕竟是汉字的表音成分，记号在形声字中起着表意和表音的作用，形旁在表示字义的类属方面仍起着一定作用。因此，传统上认为汉字是表意文字，是形音义统一的，汉字有见形知义的特点。

（二）从汉字记录的语言单位看，汉字是语素文字

从一种语言的文字符号所记录的语言单位来看，记录语素的是语素文字，记录音节的是音节文字，记录音素的是音素文字。音节文字所记录的不是语素，而是纯粹的语音单位。例如，记录英语的拉丁字母，除有形有音外，它不表意，它只代表音素。汉

字记录的不是音节或者音位，而是词或语素。在古代汉语中，单音节词占优势，大多数情况下，一个汉字记录的是一个词，也是一个语素（成词语素）。在现代汉语中，双音节词占优势，大多数情况下，一个汉字记录的是一个语素，不一定是一个词。所以现代汉字可以称为语素文字。

因为汉字所记录的是语素，而语素是音义的统一体，每个语素既有声音又有意义，加上汉字的形体，所以汉字是形音的统一体。一个汉字，它可能代表好几个语素，可能表示好几个音节，但是独立地看，每个汉字必定是表示一个音节的，必定是表示一个语素的，而且必定是有形的，所以汉字是形音义三位一体的，是形音义的统一体，三者之间密不可分。

（三）从汉字的外形结构上看,汉字是二维的平面方块型文字

世界上许多拼音文字记录一个词都采用一串字母作线性的排列，音素文字的字母在构词时就是呈鱼贯式线性排列的。线性文字的字母从左到右横向展开，或从上而下纵向展开。汉字的书写与线性文字不同，汉字的笔画横向纵向同时展开，有秩序地分布在一个平面性的方框里，从而形成平面。汉字的字形结构比较复杂，笔画部件数量繁多，给学习和书写带来了一定的困难。另一方面，由于汉字讲究笔画间的空间配合和比例关系，字形特征鲜明，充满了民族韵味，也使得汉字的书法艺术颇具魅力。

（四）从汉字记录汉语的方式看，汉字不实行分词连写

从文字记录形式上看，拼音文字一般采用分词连写，即词的内部连写，词与词之间用一定的空隙表明词的界限。而汉语则不用空隙表示词的界限。一个汉字就是一个语素，因而在汉语的书面语中分辨语素是较为容易的，分辨词就较为困难些。由于汉字记录汉语不实行分词连写，进行阅读时就不容易掌握好句子内部的语音停顿，有时甚至造成歧义。如：将军用毛毯盖在他身上。可有两种词的分界："将/军用毛毯盖在他身上"和"将军/用毛毯盖在他身上"。在计算机处理汉语信息的过程中，词的自动切分是一个困难而又关键的"瓶颈"问题。

三、汉字的作用

（一）汉字记载了中华民族灿烂丰富的文化遗产

中华民族拥有悠久而灿烂的历史和文化，我们的祖先为世界创造出了丰富的文化遗产，在哲学、史学、文学、医学、军事学、科技等方面都曾经取得了重大成就。汉字作为文化信息的载体，继承、发展和传播了这些文明成果，使之成为中华民族乃至全人类宝贵的文化财富，在中华民族乃至人类文明的历史进程中发挥了巨大的作用。

（二）汉字促进了各民族和地区间的交流

自秦始皇下令"书同文"起，汉字在客观上起到了统一书面语的作用。由于我国幅员辽阔，民族众多，方言复杂，口语交流难免形成障碍。汉字的统一使不同方言区人们的交际更加顺畅，增进了民族感情，强化了汉族和中华各民族人民的同文同根的民族意识，对于维护和巩固国家统一产生了相当重大的影响。

（三）汉字对其他国家和民族的文化发展产生过深远的影响

历史上，汉字曾是东亚世界的通用文字，是构成东亚汉文化圈的要素之一，而且是其中最基本的要素。朝鲜、日本、越南等国都曾借用汉字记录自己的语言，以它为正式甚至唯一的书写系统，作为自己语言的书写符号。大约在春秋战国时期，朝鲜人就在使用汉字了，而且在相当长的历史时期完全使用汉字。直到15世纪中期，朝鲜才有了汉字笔画式字母（谚文），夹在汉字中使用。韩国至今仍使用汉字、谚文的混合文字。日本的许多古典著作都是用汉字写成的，直到现在，日本的文字中仍有大量的汉字。公元前汉字就已传入越南，14世纪越南人创制的"字喃"也是仿照汉字，并与汉字长期并用，直到1945年才以新创文字取代。所以，汉字对这些国家的文化发展作出的贡献是不言而喻的，对这些民族的文化是影响至深的。

（四）汉字对汉语的统一、规范和发展起着积极的作用

在汉语方言多样且复杂的情况下，记录汉语的汉字始终保持

其统一性，不曾分化为几种语言。书面语的形成也使语言的加工、调整、规范等工作顺利进行，书面表达比口语更为严密、细致、有条理，为汉语的加工和提炼提供了有利的物质形式。汉字推动了汉语的健康发展和规范化，对汉民族共同语的形成有着积极的作用。

第二节 汉字的形体结构

一、汉字的造字法

关于古代汉字的造字法，传统有所谓"六书"之说，指的是象形、指事、会意、形声、转注和假借。其中，转注和假借为用字之法，并不产生新的字形，真正的造字法是象形、指事、会意和形声。现代汉字有 90% 以上属于形声字，也有少量会意字，此外，还有采用特殊的方法造出来的字。下面具体介绍。

（一）象形

象形属于"独体造字法"。是用文字的线条或笔画，描摹和勾画所要表示的物体的外形特征，以形表义的一种造字法。用象形方法造出来的字是象形字。例如：

"日" 像太阳的形状，太阳常圆，取圆形

"月" 字像一弯明月的形状

"人" 像一个人侧面站立的样子

"子" 两手上举，像襁褓中的婴儿

"龟" 字像一只龟的侧面形状

"马" 字就是一匹有马鬣、有四腿的马

"鱼" 是一尾有鱼头、鱼身、鱼尾的游鱼

"艸"（草的本字） 是两束草

"门" 字就是左右两扇门的形状

象形字来自于图画文字，但是图画性质减弱，象征性质增强，它是一种最原始的造字方法。它的局限性很大，因为有些实体事物和抽象事物是画不出来的。因此，象形字为数不多，《说文解字》里象形字只有 364 个。汉代以后，一千多年来只造了"伞、凹、凸"等少数几个象形字，现在已不再用这种方法造字了。

鲁迅先生说，汉字的基础是象形。以象形字为基础后，汉字发展成表意文字，增加了其他的造字方法，例如，六书中的会意、指事、形声。然而，这些新的造字方法，仍须建基在原有的象形字上，以象形字作基础，拼合、减省或增删象征性符号而成。后来的合体字有相当一部分是用象形字构成的。例如"人"是"体、伐、伾、俭、仙"等字的构字成分，"贝"是"财、购、贸、狈、败"等字的构字成分，"马"是"驴、驮、驾、妈、骂"等字的构字成分。因此，从字源上了解象形的形、义、音，可以帮助我们掌握一大批现代通用汉字的字义和读音。

（二）指事

指事属于"独体造字法"。是用象征性的符号，或在象形字的基础上添加标示性符号来构造汉字的方法。用指事方法造出来的字叫指事字。与象形的主要分别，是指事字含有较抽象的符号。指事字分两种：一种是纯象征性符号构成的，例如：一、二、三、四、上、下等，这类指事字很少；另一类是在象形字的基础上增加提示性符号构成的，如"刃"字是在"刀"的锋利处加上一点，以作标示，表示刀口；"甘"在口内加一点，表示口中含有甘美的食物；"凶"字则是在陷阱处加上交叉符号；"至"是在箭头下画条线，表示降落到地上；"上"、"下"二字则是在主体"一"的上方或下方画上标示符号，等等。

指事字虽然可以表示一些比较抽象的概念，弥补了象形字的部分不足，但仍有很大的局限，用抽象符号来表示语言中的意义是相当困难的。而且指事的两类结构方式也不平衡：纯指事字很少，在象形字上增加符号的方式用得较多，因为它是以象形字为基础的。总的说来，汉字中用指事方法造的字是比较少的。

（三）会意

会意属于"合体造字法"。是用两个或两个以上的独体字根据意义之间的关系合成一个字，综合表示这些构字成分合成的意义的造字法。用会意法造出的字就是会意字，它体现了中国文字的博大精深。例如：

"酒" 以酿酒的瓦瓶"酉"和液体"水"合起来，表达字义。

"解" 剖拆字义，用"刀"把"牛"和"角"分开来。

"家" 上边的"宀"是屋子，下边的"豕"是猪，古时候人们家中大都养猪，所以就用"宀"下有"豕"表示"家"。

"看" 把手搭在目（眼睛）的上边，向远处望。

"好" 本来是"美"的意思，由"女"和"子"组成。

"男" 由"田"和"力"组成，表示男人，因为过去男人主要在田里劳动。

"休" 由"人"、"木"组成，一个人靠着树，表示休息。

另外，还有日月为明、不正为歪、小土为尘、不好为孬等。有一些会意字是用相同的字组成的，如林、森、晶、双、多、炎、品。两个"木"组成"林"字，表示树林；三个"木"组成"森"字，表示树多。"从"字是一个人跟着另一个人向前走，表示跟从。"晶"由三个"日"组成，和"明"一样，都表示明亮。

会意是为了补救象形和指事的局限而创造出来的造字方法。和象形、指事相比，会意法具有明显的优越性：第一，它可以表示很多抽象的意义；第二，它的造字功能强。《说文解字》收会意字 1167 个，比象形字、指事字多得多。直到现在人们还用会意的方法创造简体汉字或方言字，例如"灶、尘、国、孬"等。

（四）形声

形声属于"合体造字法"。许慎的定义是："以事为名，取譬相成。"也就是用两个或两个以上的字构成新字的造字方法，其中一部分表示字的意义类属，称为形旁或意符；另一部分标明字的读音，称为声旁或声符。利用形旁和声旁（或意符和声符）组成的字就是形声字。在《说文解字》9353 个汉字中，形声字有7679 个。例如：

"樱" 形旁是"木"，表示它是一种树木，声旁是"婴"，表示它的发音与"婴"字相同。

"篮" 形旁是"竹"，表示它是竹制物品，声旁是"监"，表示它的发音与"监"字相近。

"齿" 下方是形旁，画出了牙齿的形状，上方的"止"是声旁，表示这个字的相近读音。

在四种常用古汉字造字法中，象形、指事和会意三种方法造出的字，字形不带任何表音成分，字形只与词（或语素）的意义相联系，直接显示字义，属表意字。形声字因为用了声旁而与所记录的词（或语素、音节）的读音相联系，这些词就可根据一定的读音而找到相应的声旁。因此，形声造字法能产性最高。在造字法上，它克服了纯表意的局限，同语音有了联系，记录语言方便得多，体现出汉字字形的表音化趋势。

现代汉字中形声字占绝大多数，但经过汉字的长期演变，形声字也发生了很大的变化。有些形声字早就看不出形旁和声旁了，例如：成、裁、环、国、家、减、姜、牡、派、娶、然、扰、送、用、幽、赢等。现代汉字中许多形声字的形旁不能正确表意、声旁不能准确表音，例如，同一个形旁"口"的字，"嘧、啶、呋、吨"等字和"口"毫无关系；"蚯蚓"、"龙虾"、"牡蛎"、"彩虹"、"蜻蜓"等字究竟与"虫"有多少关系，很难有令人信服的解释。

现代汉字的形旁和声旁各有其作用和局限。

1. 形旁

形旁的作用主要有三个方面：

（1）形声字的形旁具有提示该字所记录的词（或语素）义所属类别的功能，有助于识字和正字。一般形声字的意义都与形旁所提示的事物有关，如"跑、跳、跃、踏、踢、践、踹"这组字，都有"足"这一形旁，意义上每个字都与足部的动作有关。

（2）根据形旁，可以推测字义，并且可以辨别形近、形似的偏旁。如："示字旁"和"衣字旁"外形相似，容易相混。但如果联系其表示的意义：示字旁是"示"的左偏旁变形，其意义与鬼神、祭祀、祸福等有关；"衣字旁"是"衣"的左偏旁变形，其意义与衣物有关，那么以这两个形旁构成的字就不易混淆了。

（3）利用形旁可以区别同音字。一般来讲，具有相同读音的形声字往往具有不同的形旁，可以根据形旁代表的意义区别同音字的意义。如"袋、贷、岱、黛、玳"这一组同音字，读音均为dài，声旁均是"代"，要区分不同的意义则通过不同的形旁，了解该字的意义类别。

形旁虽有表意的作用，但在表意方面仍有局限性，具体表现在：形旁所提示的意义范围比较宽泛、笼统，难以显示事物的个性，表意信息不具体；由于词义变化，一些形声字的形旁难以提示准确的意义；形旁的选择不够科学，也导致表意不确切。

2. 声旁

声旁的主要作用是：

（1）声旁可以提示该形声字的读音。如由"青"字的读音，可推知"请、清、晴、情、氰、蜻、鲭、箐"的读音与"青"相同或相近。

（2）形近字可以根据不同的声旁进行区别。如"狼"与"狠"形近，但"狼"的声旁为"良"（liang），"狠"的声旁为"艮"（gen），据此可把二字区分开。

（3）在学习普通话的过程中，利用声旁类推字音，可以起到事半功倍的效果。

形声字的声旁揭示字音也有其局限性，主要是表音不大准确。一是由于语音演变，很多字的古今读音不尽相同，从而造成一些形声字声旁相同而读音不同。二是造字之初，有些形声字声符选择不是十分严格，类似读音作声旁造成表音不准确。三是一些声旁的形体发生改变，导致难以推测读音。

现代汉字中形声字的形旁和声旁组合起来时，它们所提供的信息就大大丰富了，这使汉字在表音兼表意的文字系统内找到了一种合适的、能产性高的造字方法，所以形声字占现代汉字的绝大多数。

（五）其他造字方法

除形声、会意之外，现代汉字还采用了一些特殊的造字法，这些方法造出的字数量很少。

1. 合形合音合义

如"巯"读音为 qiú，是"氢"和"硫"的合音，字义是含硫和氢的一种有机化合物，它的字形是"氢"字和"硫"字的部分拼合。采用这种方法造出来的字叫合形合音合义字。

2. 变形

如"乒、乓"二字由"兵"变化而来。

3. 采用特殊符号

用非音非意符号同其他部件组合而成的字。如"区、赵、风"都有交叉形符号，它既不表音，也不表意。

4. 草书楷化

草书楷化而成的字。如"书、农、为、长"等。

二、汉字的字体

汉字从产生以来，经过数千年的历史演变，受到不同时代书写工具和书写载体材料变化的影响，曾出现过多种不同的字体。其字体差异主要表现在字的整体外观、笔画的粗细弯直等形态特征、各部件的位置结构关系等。字体的更迭和发展是漫长而复杂的过程，有的时候几种字体同时并存于同一时代，有时又以一种字体为主要通行文字。

下面依次介绍汉字字体演变过程中出现过的几种主要字体：甲骨文、金文、篆书、隶书、楷书、草书、行书。

（一）甲骨文

甲骨文是通行于殷商时代的汉字字体，是以刀为书写工具、以龟甲兽骨为载体材料，因刻在龟甲、兽骨上而得名。由于出土于殷商王朝的国都遗址（河南安阳小屯村），所以又称之为殷墟文字。其内容大多是殷代统治者的占卜记录，故又称"卜辞"。到目前为止，出土的甲骨文单字中，人们已认识的有一千多，占总数一半以上，不认识的字大多是人名、族名、地名等专名用字。

甲骨文处于汉字的早期阶段，图形性很强，具有古老的象形字的特点。由于甲骨文是在甲骨上刻画的，因此字的大小不一，笔画的线条细瘦，直画居多，折笔常刻成两刀，几乎没有弯转。甲骨文的结构不固定，构形比较自由，存在大量异体字，尤其是象形字中，一个字常有多种写法，合体字中偏旁的位置可以互换。

（二）金文

金文，又称"钟鼎文"，是商代、西周以至春秋战国时钟鼎等铜器上的汉字字体的总称。通常主要指西周铜器上的汉字。

金文象形符号的象形性已有所减弱，形声字明显多于甲骨文，表明汉字发展的形声化趋势渐趋明显。由于铸在青铜器上，所以笔画较甲骨文丰满粗壮，笔势圆转，出现了连贯的折笔，笔画比甲骨文简化。方块字形渐趋整齐，字形长圆，字的笔画粗细和结构布局较为匀称。

（三）篆书

篆书包括大篆和小篆。大篆是通行于春秋战国时代秦国的一种字体，以籀文、石鼓文和诅楚文为代表。籀文是著录于字书《史籀篇》中的字体，也是大篆的别称。石鼓文是刻于十个石碣上的字体，石碣形状像鼓，又称其为石鼓文。诅楚文载于三种石刻上，因其内容是秦王诅咒楚王的，故名诅楚文。

大篆在字形结构上大体保持了西周金文的特点，但又有些发展。因为采用凿刻的方法，在石头表面点击而成，因此可以避免刀具或者铸造的"书写"限制，字形更整齐匀称，接近方形，笔画粗细均匀一致，趋向线条化。

小篆由大篆发展而来，是秦始皇统一中国后本着"书同文字"的思想强制推行的一种规范字体，和大篆并称"秦篆"，以"泰山刻石"为代表字样。中国第一部字典《说文解字》就是以小篆为规范正字进行字形解析的。

小篆以毛笔为书写工具，比大篆更加匀称整齐，具有圆转流畅的书体风格，笔画均匀一致，笔形圆转勾连，笔势舒展流畅。而且更加简化和定型，固定了偏旁的形体和位置，异体字大量消失，小篆是汉字发展史上第一次成功的政府倡导的规范化字体。

汉字字体从甲骨文到小篆，历经1100多年的演变，这一阶段称为古汉字阶段。这个阶段中的汉字字体，即甲骨文、金文、大篆和小篆，称为古汉字。

（四）隶书

秦始皇在"书同文"的过程中，命令李斯创立小篆后，也采纳了程邈整理的隶书。汉朝的许慎在《说文解字》中记录了这段历史："……秦烧经书，涤荡旧典，大发吏卒，兴役戍，官狱职务繁，初为隶书，以趋约易"。隶书是由于快速书写从而使字形显得草率的篆书变化而来的一种字体，因为多为徒隶所用，所以叫隶书。秦代篆隶异用，小篆是当时规范的正体，隶书是当时不合标准的俗体。到了汉代，隶书才成为正式字体。

秦隶的笔画把篆书的圆转变为方折，大大便利了书写。隶书是汉字中常见的一种庄重的字体，书写效果略微宽扁，横画长而直画短，讲究"蚕头燕尾"、"一波三折"。它起源于秦朝，在东汉时期达到顶峰，书法界有"汉隶唐楷"之称。

隶书是汉字从古文字向今文字演变的分水岭。由篆书到隶书的变化学术界称之为"隶变"。隶变是汉字结构体制的根本变化，在汉字发展史中具有特殊重要的意义。隶变使汉字进一步变成纯粹符号性质的文字，确立了汉字"横、竖、撇、点、折"的基本笔画系统。隶变打破篆书的形体结构体系，根据书写方式和结体部位确定构字成分的具体写法，使汉字字体由繁趋简地演变，同时，隶变改造了偏旁。隶书打破了古汉字象形的传统，奠定了现行汉字的基础，可以说是古汉字演变为现代汉字的一种过渡字体。

（五）楷书

楷书也称"真书"、"正书"。"楷"是可作模范榜样的意思。楷书是现代通行的字体。它萌芽于西汉宣帝时，汉末渐趋成熟，魏晋南北朝开始盛行，直到现在，楷书仍是汉字的标准字体。

楷书的出现意味着汉字成为由笔画组成的方块形符号，确立了结构匀称、字形方正、笔形平直、笔势伸展的汉字形体规范，两千年来几乎没有什么改变。

楷书字体有手写体和印刷体之分，印刷体要求阅读时明晰，手写体要求行笔时方便。常用的楷书印刷体主要有如下几种：

1. 正楷体

同手写体接近，字形端庄自然，常用来印通俗读物、小学课本、儿童读物以及小件的印刷品，如名片、请帖、账簿、介绍信等。

2. 宋体

又称老宋体。这种字体横细竖粗，笔画严谨，有装饰性点线，是最通用的印刷体，适用于报刊、图书中的正文和注释等。

3. 仿宋体

比老宋体秀丽，笔画不分粗细，顿笔讲究，常用于排印诗词的正文、一般文章的引文、序言和图版说明。仿宋体还有一种变形叫长仿宋，较仿宋体细长，有立体感，一般用于表格的题头，或用于排印诗词文集、古籍书等。

4. 黑体

又称方头体、粗体。黑体字字形粗壮醒目，可用来表示着重、强调，文章的标题一般用黑体字，排在文章中表示重要内容需重点阅读的部分，刊物中的重点文章等也使用黑体。但黑体很少用于全篇的印刷。

（六）草书

草书原指为书写简便而简省结构、连绵笔画的字体，篆书、隶书、楷书都有相应的草体。到了东汉以后，"草书"才成为一种字体的专称。

草书又分章草、今草和狂草。章草是隶书的草写体，起于汉代，有连笔但字字独立，笔画省变但有章法可循，代表作如三国吴皇象《急就章》的松江本。今草由章草演变而来，是楷书的快写体，从东汉末年流传至今。今草讲究体势连绵、气韵不断、不拘章法。代表作如晋代王羲之《初月》、《得示》等帖。狂草兴于唐代，在今草的基础上任意增减笔画，笔势狂放不羁，诡奇疾速，极难辨认，具有独特的艺术风格。狂草代表作如唐代张旭《肚痛》等帖和怀素《自叙帖》，都是现存的珍品。

（七）行书

行书是介于楷书和草书之间的一种字体，自魏晋盛行以来，一直是手写体的主要形式。它既保持了楷书的笔画结构，又借鉴了草书的连绵笔法。书写起来比楷书便捷迅速，又比草书清晰易辨，书写效率较高，实用价值大。行书代表作中最著名的是东晋书法家王羲之的《兰亭序》，前人以"龙跳天门，虎卧凤阁"形容其字雄强俊秀，赞誉为"天下第一行书"。唐颜真卿所书《祭侄文稿》，写得劲挺奔放，古人评之为"天下第二行书"。而苏轼的《黄州寒食帖》则被称为"天下第三行书"。

从上述汉字字体演变的大致脉络看，汉字发展总的趋势是简化。主要反映在：同字异形减少；通用字字形逐渐稳定；笔画、笔形的变化使书写快捷而便利；不断减省偏旁，使结构简化。

三、汉字的结构

汉字虽然数量众多，形态变化丰富，但有一定的结构方式，遵循一定的结构原则。分析汉字的内部结构，要把字形同被记录的汉语单位的音和义结合起来。字形是文字的根本，是文字的存在形式。现代汉字以楷书为规范字体，下面分析楷书字形的结构单位和结构模式。

（一）结构单位

现代汉字字形的结构单位有两级：一是笔画；二是部件。

1. 笔画

笔画是汉字中的各种形状的点和线，是构成汉字字形的最小结构单位。现代汉字共有 20 多种笔画，其中使用频率最高的 5 种基本笔画是：横、竖、撇、点、折。此外还有 3 种，是在 5 种最基本笔画的基础上作了一些变形，即挑（也叫"提"）、钩和捺。它们是把基本笔画的方向稍加改变，或改变方向后再把笔提起，或带上钩。横、竖、撇、点、捺、挑、钩、折是构成汉字字形的 8 种主要笔画，传统书法上用"永"字为代表来概括这 8 种主要笔画，称之为"永字八法"。

2. 部件

部件是汉字合体字中由一个以上笔画构成，可以独立成字的组字单位。

合体字是由两个以上能单独成字的部件组成的字，它可以拆开分析，拆出的各部分都能独立成字。如"体"由"人"和"本"两个字构成，"育"可拆成"云"和"月"两字，这就是合体字。与此相对，独体字就是独立成形不能拆开的字，若要拆分，只能得出一些笔画，如"丁"、"口"等字都是独体字。在古文字中，象形字和指事字都是独体字，古时称之为"文"；会意字和形声字都是合体字，古人称之为"字"。独体字是构成合体字的基础。

部件有成字部件和非成字部件之分。可独立成字的叫成字部件，不能独立成字的是非成字部件，如"旧"字切分的左边是非成字部件，右边的"日"是成字部件。

有些复杂的汉字可进行多次切分，切分出大小不一的部件。根据切分的层次，依次称为一级部件、二级部件、三级部件等。如"巍"字，第一次切分得到两个一级部件："山"和"魏"，"魏"又可再次切分出两个二级部件，"委"和"鬼"，"委"又可切分出两个三级部件"禾"和"女"，"禾"继续切分，得到四级部件"一"和"木"。

3. 部件、部首与偏旁

部首、部件和偏旁是三个关系密切却并不完全相同的概念。

偏旁指的是合体字进行第一次切分而产生的两个部分，即切分合体字而产生的一级部件，如上面分析的"巍"字，偏旁是"山"和"魏"。其中，"山"是形旁，"魏"是声旁。

为了在字典中给汉字分类，从字形结构分析的角度，把偏旁中表示意义的形旁确定为字类标目，因其一般是字书中各部的首字，故称为"部首"。传统字书给汉字归类，大都把同一形旁的字归为一部，如"琼、玭、瑁、环、珏、玲"等都归为"王"部。独体字只能拆分出笔画，不能拆分出偏旁。为分类方便，把独体字的起笔笔画横、竖、撇、点、折也作为部首的一种。

4. 部件分析的作用

现代汉字中，除几百个独体字外，成千上万个合体汉字都是由几百个不同部件按不同方位关系逐层组合而成的，分析汉字部件无疑有着十分重要的作用：

（1）在汉字教学方面，以常用部件作为单位，如"赢"分解为"亡、口、月、贝、凡"五个部件，比分解为 17 个笔画容易记住。另外，在形近字的辨识中可抓住形似部件的区别来教学，如"戈"与"弋"区分清楚，则"伐"与"式"不会相混。

（2）中文信息处理也用部件做基本单位。汉字编码中的形码和形声码，都要利用汉字字形。把汉字字形分解为部件，可以使通用汉字的基本结构单位减到 500 以下，从而大大降低中文信息处理的难度。

（二）结构关系

汉字的构字成分是怎样组合成方块汉字的呢？我们可以从下面几方面分析：

1. 常见的结构模式

汉字的结构模式即部件的方位和部件之间的组合关系，一般可分成三大类：上下结构、左右结构和包围结构。这三种主要结构关系还可作更细的分析，如上中下结构、左中右结构，包围结构可以细分为两面包围结构、三面包围结构和全包围结构。

在汉字中左右结构的字最多，占 60%以上，其次为上下结构，约占 20%，其他几种结构关系的字数量较少，独体结构的字数量最少，仅占 4%左右。

汉字结构复杂，以上列出的情况还不能包括全部的结构模式，要特别注意这几种情况：

（1）穿插结构，如"禺"、"重"两字，中间一竖从上穿插而下，难以归入上下结构。

（2）框架结构，如"噩"、"坐"、"爽"和"乘"分别以"王"、"土"、"大"和"禾"字为框架，亦难归类。这两种情况要作为特例看待。

（3）有些汉字是多层级结构，对它们必须做逐级切分。

2. 笔顺

由多个笔画构成的汉字在书写时笔画的先后顺序就是笔顺。笔顺受字形结构的制约，是在人们长期书写实践的基础上约定俗成的。汉字书写的一般笔顺是：先上后下，先左后右，先横后竖，先撇后捺，先外后内，先中间后两边，先进人后关门（囚、团）。多数汉字的写法是以上这些规则的综合运用。

但这只是最基本的笔顺规则，有些汉字并没有按这个顺序书写，比如同是左下包围结构，"连"这类字是先里后外，而"毯"这类字却是先外后内。下包围的字，是先内后外，如"画"，而左包围的字则不同，如"医"字，先横，再写"矢"字，最后包围。有少数汉字结构特别，笔顺不易搞清，如"凹、凸、鼎"等，要注意掌握。

以上从结构单位、结构关系两方面对汉字字形进行了分析，这种分析的意义有如下几方面：

（1）科技应用。由于计算机处理中文信息技术的飞速发展，给现代汉字研究提出了许多新的课题，要求对汉字的笔画、部件等字形结构单位及其结构方式进行定性、定量分析，为汉字信息处理提供理论依据。

（2）汉字研究。如汉字的整理、简化、标准化、现代化和汉字的教学与查检都要以此为根据。

（3）书法练习。无论笔画的多与少，一个汉字组合在一个方块内，汉字书法艺术的美学原则，就是让多种笔画、部件在方块中协调配合，以达到平衡、和谐、灵活、美观的效果。汉字有关字形的知识对提高汉字的书写水平具有很大帮助。

第三节　汉字规范化

一、汉字规范化的历史

汉字的规范化古已有之。作为记录汉民族语言的符号系统以及全社会的书面交际工具，汉字正是在一次次规范化的推动下不断发展的。

仓颉造字的传说虽然有片面夸大个人力量的成分，但仓颉对已有的文字体系进行规范和整理倒是有可能的，也许这就是最早的汉字规范化活动之一。另据考古资料记载，盘庚迁都于殷以后，就对商代前期字画复杂的文字进行了一次简化，甲骨文、金文就是在这次规范化整理的基础上形成的。此外，西周宣王用《史籀篇》统一当时的文字。秦统一全国后，推行"书同文"政策，李斯等人以秦系大篆为基础，整理出了法定的标准性字体——小篆，在全国颁行；程邈等人整理出了隶书，成为民间广为流行的字体。东汉灵帝于熹平四年（公元 175 年）开始刊刻《熹平石经》，把《尚书》、《诗经》、《易经》、《仪礼》、《春秋》、《公羊传》和《论语》七种经典刻在石碑上，立于洛阳太学讲堂门外，作为全国读书人读经的范本。这实际上是一个推行隶书的规范化举措。唐宋兴起的"字样"之学，对楷书的规范化作出了一定的贡献。如唐代颜师古的《字样》、杜延业的《群书新定字样》、颜元孙的《干禄字书》、唐玄宗的《开元文字音义》、张参的《五经文字》、宋代张有的《复古编》等。特别是《干禄字书》，曾被当作科举时代的字体标准。

新中国成立后，党和政府更加重视文字工作。解放初期就成立了专门机构——中国文字改革委员会。从 20 世纪 80 年代开始，国务院就下达有关文件，批准废止《第二次简化汉字方案（草案)》，重新发布《简化字总表》。1985 年，为适应新时期语言文字工作的需要，国务院决定将"中国文字改革委员会"更名为"国家语言文字工作委员会"。并于 1986 年制定了新时期语言文字工作的方针和任务。其基本的精神就是促进语言文字规范化、标准化，并取得较大的实效，无论是在出版物中，还是在现实生活中，甚至于高科技领域。40 多年来，这个"专门机构"在整理和简化汉字、制订汉字的各项规范性标准、指导汉字的规范化运用等方面，作出了巨大贡献。

二、汉字规范化的意义

1992 年《国务院批转国家语委关于当前语言文字工作请示的通知》中指出："语言文字工作关系到国家的统一、民族的团结、社会的进步和国际的交往；实现语言文字的规范化、标准化，是普及文化教育、发展科学技术、提高工作效率的一项基础工程，对社会主义物质文明建设和精神文明建设具有重要意义，必须给予高度重视。"

文字的规范化，对于促进民族团结、保持社会稳定、加强国家统一和增进对外交流都有很重要的作用。社会主义现代化建设，需要有一个良好的国际和国内环境。就国内而言，汉字是全国各民族人民共同的交际工具。汉字和汉字使用的规范化，是国家稳定团结、政令畅通的重要保证。在国际上，汉字是代表中国的法定文字。在对外交往中，必须使用国家法定的规范文字，这是国际惯例，也是维护国家民族尊严的一件大事。

随着信息技术的狂飙突进，世界已进入信息化时代。人们相互交往的地理障碍越来越小，但在文字上的障碍却仍然很大。只有标准化的文字系统，才便于实现计算机的输入、输出、存储、转换、检索等信息处理过程。因此，在某种意义上说，文字的规范化工作在当今社会中显得尤为重要。实现汉字规范化，是一项艰巨的任务，必须坚持不懈地长期抓下去。

三、汉字规范化的内容

汉字是人们社会生活中不可或缺的交际工具，尤其是随着社会的发展、文明程度的提高以及信息交流的频繁，人们对文字的要求也相应的提高了。由于汉字数量庞大，字形复杂，社会用字还存在一些不规范甚至混乱的现象，造成了汉字使用过程中的诸多分歧，影响了汉字使用的效率。因此，对汉字进行整理，使之规范化是现代汉语文字学的主要任务。

（一）汉字简化

汉字的简化工作包括简化字形和精简字数两个方面。

1. 简化字形

汉字的繁体字笔画繁多，结构复杂，给人们的学习和使用带来不便，因此需要简化字形。在不改变汉字基本性质、不破坏汉字整体面貌的前提下，适当地减少一些字的笔画，废除繁体采用简体。简化汉字所采取的方针是"约定俗成，稳步前进"。简化汉字主要是把在群众中广泛流传、在社会上广泛使用的简体字搜集起来，进行分析、研究，从中选出一部分加以确定，使之合法化，这就是所谓"约定俗成"；"稳步前进"是指汉字简化要分期分批地进行，不能急于求成，只能逐步推行，才不致造成阅读、交流的困难。

建国以来，在简化字形方面，做了以下一些工作：从 1956 年起，国务院先后公布了四批简化字，经过多年试用后，到 1964 年归纳整理，编印成《简化字总表》，共收简化字 2238 个，简化了 2264 个繁体字。《简化字总表》共分三个表：第一表是不做简化偏旁用的简化字 35 个；第二表收可做简化偏旁用的简化字 132 个和 14 个简化偏旁；第三表收集了运用第二表的简化字和简化偏旁类推出的简化字 1754 个。1986 年 10 月 10 日，国家语言文字工作委员会在《关于重新发表"简化字总表"的说明》中，对原总表中的个别字又做了调整。这次重新发表的《简化字总表》作为社会使用简化字的规范。

简化汉字的方法主要有以下几种：

①局部删除——就是把繁体字的一部分结构加以删除。

②局部改动——就是把繁体字的局部字形加以简化。

③整字改换——整个字形发生变形，有的甚至看不出原字的形体。

简化字使汉字变得容易认读，便于书写，从而方便了人们的交际，为普及教育、扫除文盲和排版印刷创造了便利条件。另外，简化字对计算机处理汉字也有一定的意义。汉字笔画太多，计算机用点阵输出汉字的技术要求就高，否则字迹模糊或形体缺损，影响效果。

虽然简化汉字的成果有许多重要的实际作用，但也不能认为汉字的笔画越少越好。简化汉字的最根本目的是有利于学习和应用，所以应该有个适当的限度。正如国务院在批转国家语言文字工作委员会《关于废止〈第二次汉字简化方案（草案）〉和纠正社会用字混乱现象请示的通知》中所说："今后，对汉字的简化应持谨慎态度，使汉字的形体在一个时期内保持相对稳定，以利于社会应用。"

2. 精简字数

汉字有悠久的历史，由于长时间的积累，汉字的总字数多达数万，我们可以从一些主要字书中看出历代字书收字的总量是不断增加的：东汉许慎的《说文解字》收字 9353 个，晋代（公元 4 世纪）吕忱的《字林》收字 12824 个，宋代（1008 年）陈彭年等的《广韵》收字 26194 个，清代（1716 年）张玉书等的《康熙字典》收字 47043 个。

在当代使用的汉字中，除去专用汉字（包括人名、地名以及科技术语等专用字）之外的字，我们叫通用汉字。据新华字模厂的年编《字目表》、邮电部年编《标准电码本》、《新华字典》等有关资料统计，现代实际使用的汉字数在 6000 到 12000 之间，除去各种专用字，当代通用汉字大约是六七千个。

精简字数，主要工作就是整理异体字。异体字是读音、意义和用法完全相同，只是写法不同的字，其中最通行的形体叫"正体"，其余称为"或体"或者"俗体"。整理异体字，要根据"从俗从简"的原则进行。所谓"从俗"，指选用通行较广的字形，废除较生僻的字；"从简"原则指的是要选用的字笔画不能太多。如果从俗和从简的原则不能兼顾，或繁简相差不大，就以从俗为主。因为从俗符合文字本身约定俗成的性质，而从简又与汉字发展的简化趋势相吻合，两个原则结合使用时以从俗为主，便于使汉字充分发挥辅助性交际工具的作用。

整理异体字的方法是：由移动部位和增减笔画造成的异体，则根据书写方便的原则进行整理。如由于偏旁上、下、左、右位置互易而形成的异体字，根据现代汉语从左往右的书写习惯，一般选用偏旁左右组合的字。

1955 年 12 月 22 日，文化部和文字改革委员会联合公布了《第一批异体字整理表》，列出异体字 810 组，共 1865 字，淘汰了重复多余的异体字 1055 个。1956 年 3 月 23 日发表补充通知，恢复两个异体字为选用字，这样实际淘汰 1053 个异体字。1956 年到 1964 年，经国务院批准，将 35 个县级以上地名中的生僻字改用了同音的常用字，如江西省的鄱阳县改为波阳县。另外，在《简化汉字总表》中，用同音替代方法简化汉字，也淘汰了一些繁体字，精简了字数。这样，以上几项合起来，共精简了字数 1189 个。1988 年 3 月，国家语言文字工作委员会和国家新闻出版署《关于发布（现代汉语通用字表）的联合通知》中又确认"翦、邱、於"等 15 个被淘汰的字为规范字，因此，在《现代汉语通用字表》中，被淘汰的异体字由 1955 年发表的 1055 个减少为 1027 个。

（二）社会用字的规范化

社会用字规范化，指的是在各种社会交际场合，使用汉字都要遵循统一的形体标准，包括正确书写字形，不写错字、别字，不写被废止的繁体字、异体字，不写不合规范的简化字，正确读字音，不错读乱读字音等，也包括及时了解掌握国家发布的有关用字法规，并在实际应用中积极遵守。所谓使用规范字，指使用规范的通用汉字，主要以国家正式公布的《印刷通用汉字字形表》为规范；也指使用规范的简体字，以《简化字总表》为规范。

社会用字规范化是现代化的需要。现代化要求信息的传递迅速而准确，文字是人们传播信息的重要载体，从报刊杂志、各种书籍到各种电子媒体，以至信息高速公路，都以文字为信息的物质载体。社会用字规范化体现了人们良好的文化素养，也是维护祖国语言文字纯洁、保证其健康发展的需要。1986 年 6 月 24 日，国务院在《纠正社会用字混乱现象的通知》中郑重指出："当前社会上滥用繁体字，乱造简化字，随意写错别字，这种用字混乱现象，应引起高度重视。"若不规范的字出现在商店招牌、街头广告、标语口号中，甚至大量出现在报刊书籍中，人们却习焉不察，长此以往，势必会对祖国的语言文字造成严重污染，影响社会的文明程度。

社会用字规范化的具体要求如下：

1. 掌握简化字。以 1986 年 10 月 10 日重新发表的《简化字总表》为标准，不得使用已被简化了的繁体字和不符合《简化字总表》规定的各种简体字（包括已废止的《第二次汉字简化方案（草案）》中的简化字）。除熟悉《简化字总表》正文中的简化字形，还要特别注意学习该表对简化字使用的 56 条注释，这些注释对那些有特殊情况、容易混淆的简化字做了说明，其内容归纳起来，涉及 10 个方面：

①明确某些字的笔画数、笔顺、结构。

②指出某些字不能多点；某些字应当有点。

③说明有些简化字的字形是从原来繁体字结构里取出来，且做了一些变动，这些字往往容易写错。

④说明有些字的偏旁很容易同另一些字的偏旁混淆。

⑤说明有些字简化以后同其他字形相似。

⑥说明特殊简化的字。

⑦说明某些部首合并。

⑧说明有一部分简化了的字，用在意义容易相混的词句中不可简化。

⑨指出有两个读音的简化字，一部分，两种读音都简化了；另一部分，一种读音可以简化，一种读音不可以简化。

⑩规定简化字的字形同另一罕用古字字形相同时的处理办法。

这些注释都是经过多年实践应用，针对出现的问题，为避免用字混乱而作出的说明，我们应认真学习，使用时细心区别。

2. 异体字问题。以《第一批异体字整理表》为依据，凡是在这个表中已被淘汰的异体字（除去后来恢复使用的 28 个异体字），不得使用。《第一批异体字整理表》与《简化字总表》不一致的，以《简化字总表》为准。

3. 掌握汉字的规范字形。《印刷通用汉字字形表》（简称《字形表》）中规定的新印刷体，是印刷物上通用的规范字形，也是语文教学、书面交际及汉字信息处理的字形标准。《字形表》中对旧字形所作的调整有以下几方面：

①印刷体与手写体力求一致。

②笔画和笔势尽量便于横写。

③笔画做了一些调整，包括笔画直化；笔画连接；笔画延伸。

④部件调整，主要是精减合并部件。

⑤结构调整，如：变上下结构为左右结构等。

4. 及时了解国家有关社会用字的规范条例。我国政府对社会用字的规范非常重视，自解放以来，有专门的科研队伍对社会用字进行调查、研究，并在此基础上出台了许多有关社会用字的法规，主要有：

①地名用字的规范

我国地名用字中有许多生僻字，难写难认，而且这些字除用作地名外不作他用，理应废除。从 1955 年 3 月到 1964 年 8 月，经国务院批准，将 35 个县级以上地名中使用的生僻字改用了同音的常用字。如江西的"雩都"改"于都"、"大庾"改"大余"、"虔南"改"全南"、"新淦"改"新干"、"新喻"改"新余"、"鄱阳"改"波阳"、"寻邬"改"寻乌"等，这些地名用字，已作为附录收入 1986 年重新发表的《简化字总表》中。

②计量单位用字的统一

1959 年，国务院发布《统一我国计量制度的命令》，淘汰了一批表示计量单位的特造汉字。1977 年 7 月，文字改革委员会、国家标准计量局联合发出了《关于部分计量单位名称统一用字的通知》，淘汰了部分计量单位的旧译名及代表旧译名的生僻字或复音字，共废除了 20 个复音汉字。

③大众传媒用字规范

1987 年 4 月 1 日，国家语言文字工作委员会、广播电影电视部公布了《关于广播、电影、电视正确使用语言文字的若干规定》，指出：广播、电影、电视使用语言文字应做到规范化，对全社会起积极的示范作用；尽量使用普通话，减少方言的使用；使用文字要合乎规范，不应使用已经简化了的繁体字、被淘汰了的异体字和不规范的简化字，消灭错别字；使用普通话要合乎规范，应避免读音差错，等等。

④商业用字规范

1987 年 4 月 10 日，国家语言文字工作委员会、商业部、对外经济贸易部、国家工商行政管理局公布了《关于企业、商店的牌匾、商品包装、广告等正确使用汉字和汉语拼音的若干规定》，指出：企业、商店的牌匾、商品包装、广告等具有广泛的社会性用字必须合乎规范，并就繁简字问题、异体字问题、字形问题作出规定，并指定了遵循标准：书写行款一般应采用左起横排；使用汉语拼音，要求以普通话语音为标准，提倡分词连写；在商品包装、广告等上面出现企业名称、地址时，应当使用汉字，或汉字与拼音并用，不得仅用汉语拼音；企业、商店的牌匾应采用规范字书写，等等。

⑤出版物有关用字规定

1987 年 1 月 1 日，国家语言文字工作委员会、国家新闻出版署、国家标准局、国家计量局、国务院办公厅秘书局、中宣部新闻局、中宣部出版局联合公布了《关于出版物数字用法的试行规定》，对出版物在涉及数字（如表示时间、长度、重量、面积、容积和其他量值）时使用汉字和阿拉伯数字的体例做了统一的规定。总的原则是：凡是可以使用阿拉伯数字而且很得体的地方，均应使用阿拉伯数字。遇特殊情形，可以灵活变通，但应力求保持相对统一。重排古籍、出版文学书刊等，仍依照传统体例。

（三）汉字信息处理

1. 什么是汉字信息处理

所谓信息，一般指消息、情报或知识，它可以通过文字、声波、图像等多种形式传播和存在，其中应用最广泛的是语言文字信息。文字信息处理，就是用电子计算机等先进技术，对文字资料编号、记录、印刷、检索、传输、翻译，进行机械化、自动化的高速加工处理。汉字信息处理就是对汉字信息用计算机进行处理。

2. 汉字信息处理的意义

人类社会已进入信息化的时代，信息化社会的一个最主要特征就是利用电子计算机之类的现代化技术和设备对语言文字信息进行各种处理，使之得到最充分、最快捷的利用，发挥其最大效能。汉字如果不能进入计算机，汉字信息就谈不上用计算机进行处理，那么，以汉字信息处理系统作为关键部分的汉语书面语处理系统也就不可能建立，计算机在涉及中文的各种领域的应用，如中文印刷出版的现代化、中文科技情报检索的现代化、办公事务的自动化等，都难以实现。因此，汉字信息处理与我国的现代化建设密切相关，对我国社会的发展、科技的进步具有重大的现实意义和深远的历史意义。

3. 汉字信息处理过程

用电子计算机处理信息是从处理数字和拼音文字发展起来的，一般的计算机处理汉字必须装配汉字信息处理系统，把汉字变为计算机所能接受的符号，存储在计算机内，能对之进行编辑和传输，最后还要能把这种符号还原为汉字输出。所以汉字信息处理分三大部分：汉字输入、汉字存储和汉字输出。

（1）汉字输入

汉字进入计算机，可以有不同的方法和途径。就目前情况看，主要有以下几种：

①光电自动识别汉字。计算机依靠光学字符阅读器之类的装置，通过光电扫描等方法识别汉字，包括汉字手写体和印刷体，从而使汉字进入计算机。但这种方法的差错率较高，需要人工校对。

②语音识别输入。计算机利用配备的语音识别装置，自动辨别汉语语音，从不同音节中找出汉字，或从相同音节中判断出不同的汉字。这种方法对发音者的语音准确性要求极高，对方言区的人来说，有一定难度。

③汉字编码输入。按一定的编码方法给汉字编码，借助计算机的输入设备将汉字代码输入，使汉字进入计算机。目前较为广泛采用的就是这一方法。

（2）汉字编码

汉字编码是把一个个汉字变换成便于计算机使用的代码。各代码字经过键盘输入计算机以后，在计算机内转换成二进位码，找到对应的数字化的字模，输出整个汉字。

近十多年来，设计的汉字编码方案有数百种，其中通过上机试验或已被采用的也多达数十种。概括起来，主要有以下几种：

①全汉字编码。即通常所说的"笔触字表法"或"字表法"。

把常用汉字依据部首、音序、字义联想等，按纵横坐标排列成字表，每个汉字的代码由它在表中的位置决定。当电笔触及该字时，计算机自动将其代码输入。这种编码的优点是直观性强，操作方便，无重码；缺点是需特制键盘，输入速度慢。现在，一种新的"全汉字编码输入与字形输出技术"已取得突破性成果，可用 26 个拉丁字母对见诸字典的数万汉字字形进行编码，在计算机中综合汉字总集的编码输入、字形结构数据分类、解码检索和字形产生等功能为一体，比较先进。

②字形分解编码。字形分解法有多种方法，有的把汉字的形体分解成笔画，有的则根据字的笔画类别把一个个字编成一组组数码。部件分解方案把汉字的部件归纳成几百种，分配在几十个键位上，分拆每个字的部件，把这些部件转换成相应的数字或拉丁字母，就构成这个字的编码。这一编码的优点是不涉及字音，不认识的字也可编码输入。缺点是分解标准不易统一，为了适应汉字字形复杂的情况，需要制定较多规则，不便于非专业人员掌握。

③全拼音编码。也有多种，有一种是以各个字的汉语拼音为各个字的编码，还有"拼音——汉字变换法"。采用汉语拼音输入，通过机内软件变换，也即通过查机器词表，输出汉字。它的优点是不受字形影响，操作便捷。缺点是不认识的字无法输入，要借用以词定字、显示选择或加形码等办法处理同音字问题。

④形音结合输入法。一种是以字音为主、字形为辅的编码法，通常是在拼音码的前面或后面加上一定的字形码，目的在于利用一定的字形信息区分同音字；还有一种以字形为主、字音为辅的编码方法，常以字形码为基础，附加一定的字音码，利用一定的字音信息，以简化字形码的编码规则，缩短字形码的码长。

为了适应不同的需要，不同的编码法可以并存并用，但要有统一的标准，为此，国家统计局 1981 年公布了《信息交换用汉字编码字符集基本集》（分两集，共 6763 字），简称"汉字标准交换码"，作为计算机的内部码，为各种输入输出的设计提供了统一标准，可以使各种系统之间的信息交换具有一致性，以保证信息资源的共享。用字量超过基本集的，《信息交换用汉字编码字符集辅助集》可以满足其需要。

当前的任务是尽快在多种汉字编码方案中进行优选，选出供不同用户需要使用的几种定型化的方案。理想的汉字编码方案应该无同码字，操作方便易学，输入和处理效率高，存储节约，传输可靠，设备经济实用，便于分清词的界限，组词能力强等。

（3）汉字存储与输出

汉字存储主要指字库，又称汉字发生器。由于汉字字形复杂、数量众多，在汉字信息处理系统中，必须把成千上万的汉字图形转换成光和电的信息系统，存入计算机内，需要时，再把这些汉字图形提取出来。目前，字库的存储方式主要有两种：数字式（即电存储式）和模拟式。数字式用点阵组合来显示汉字字形，模拟式则是用激光全息照相的办法把汉字图形存储在字库版上。

汉字输出主要通过汉字的显示设备、印字设备进行，通过这个装置，把经计算机加工处理的汉字信息打印出来，或者在屏幕上显示出来。目前我国计算机的输出方式主要是用点阵方式。

4. 汉字信息处理在社会生活中的应用

虽然电子计算机的历史不长，利用计算机处理汉字信息的时间更短，但已广泛应用到社会生活的各个领域中。概括起来，主要有以下几方面：

（1）情报的检索、贮存和传输。利用计算机编制索引系统，使情报检索高速化、自动化，可以在十几分钟甚至两三分钟内迅速而准确地从几十万篇文献中找出所需要的材料；资料贮存缩微化，把原始资料拍成缩微胶片或胶卷，可使贮存的体积小、易保存，使用方便，一张 10×15 厘米 2 的缩微平片，可贮存 $1000 \sim 3000$ 页文字资料，把各地的计算机检索系统连接起来，形成远距离情报检索网，可充分利用信息资源，实现资源共享。我国目前许多图书馆已经采用计算机进行资料的检索和贮存。

（2）出版、印刷方面。把计算机技术与印刷技术结合，可制成计算机照相排版系统。美国、日本等国在 20 世纪 70 年代末就开始采用自动照相排版印刷，淘汰了以铅字为中心的旧式印刷设备。我国在 80 年代，研制成功了计算机中文照排系统，已在全国范围内广泛推广使用，有效地提高了出版印刷的速度和效率，效果也更加理想。

（3）机器翻译。即利用电子计算机根据一定程序自动进行翻译，把一种语言译成另一种语言，可分书面翻译和语音翻译两种。书面翻译已取得很大进展，语音翻译还处于试验阶段。我国的机器翻译最初在俄译汉方面进行，后把英译汉放在首位，现基本可以使用，正确率还有待提高。日译汉、汉译英的研制也陆续开始进行。

总之，汉字信息处理的研究和实践正处于方兴未艾的阶段。几年来汉字信息处理方面所取得的成果，证明了古老的表意性方块汉字完全能够适应信息处理的需要。但同时也要看到，目前的汉字信息处理还处在研究和探索阶段，还存在种种困难和障碍。如前所述的汉字输入，至今还没有理想的编码方案；由于汉语不分词连写，带来了词的自动切分、自动标注等问题，都未获圆满解决。这一方面是由于目前我国的计算机发展水平不高，存在许多技术上的问题；另一方面是由于现行汉字本身的种种缺陷，标准化程度不够；对汉字属性的研究不深入、不彻底，没有针对计算机自动处理汉语信息的特点。因此，汉字信息技术的发展，很大程度上将取决于对现行汉字的进一步深入研究，这也是现代化社会所赋予的语文现代化的主要内容之一。

四、防止写错字、别字

错字和别字统称错别字。错字是指字的笔画、偏旁、结构部位等写得不合标准的字。别字是指把一个字误写为另一个字，把甲字写成了乙字，这个乙字就是别字。

错别字的产生，主观上的原因是对正字法认识不足，不重视汉字的笔画结构，认为多一画少一画关系不大，因而草率从事，造成错误。客观原因是汉字数量众多，结构复杂，区别细微，比较难认、难记、难写，运用中难免出错。了解错别字的类型，有助于纠正错别字。

下面具体分析写错别字的主要原因及防止写错别字的方法：

1. 因字形相似相近而写错。例如：类，下面的"大"易多加一点，误写为"犬"；浇，"尧"的上面易误增一点；预，左边的"予"易多写一撇，误写为"矛"；初，左边的"衤"易少写一点，误写为"礻"。

在这类易错字中，形声字往往是声旁相同而形旁不同，因此辨析清楚不同形旁所表示的意义，对于辨别字形很有帮助。

有些形近字不是形声字，也应抓住特点，把形、音、义结合起来进行比较。如"灸"与"炙"，前者读 jiǔ，从火久声，针灸；后者念 zhì，会意字，从夕（肉）从火，像火烤肉。还可通过抓住形近字之间的主要差别，编出口诀，帮助记忆。如"戌"、"戍"、"戊"、"戎"和"戒"几个字的形、音、义都不同，根据形体差异编成口诀："横 xū（戌）、点 shù（戍）、wù（戊）中空，十字交叉就念 róng（戎），戎加一竖就是 jiè（戒）"。这样还把读音与字形结合起来了。

2. 受上下文影响，常结合在一起使用的双音节词中的一个字受另个字偏旁影响而误写，即偏旁同化的错误。如："狭隘"误写成"狭猛"；"编辑"误写成"编缉"；"安排"误写成"按排"；"模糊"误写为"糢糊"。

3. 由于音同、音近或意义相近而写了别字。要避免这类错别字，了解字义相当重要。例如：

阴谋诡计　　"诡"字的意思为"狡诈"，而非"鬼"

原形毕露　　"毕"字的意思为都，皆，不是"必"

不胫而走　　"胫"字的意思为小腿，不是"径"

墨守成规　　"墨"字的意思为墨子，不是"默"

有些成语出自古代寓言或历史故事，了解其出处，对于避免写错别字有极大的帮助。这类成语如"班门弄斧",掌握了"班门"指传说中木匠的始祖鲁班的家门口,就不会由"搬弄"一词联想,把"班"字误为"搬"了。又如"滥竽充数"之"滥"常被误写为"烂",但若了解来历,知道南郭先生所吹之竽并不破烂,而是他不会吹竽却混在里面充数,就知道"滥"为"没有限制"之意,就不会再写错了。

4. 有些字是由于读错了字音而随着就把字写成了别字,要纠正这类别字,首先就要读准字音。例如:

同仇敌忾 kài(不读气)　　如火如荼 tú(不读茶)

病入膏肓 huāng(不读盲)

毋庸赘 zhuì(不读熬)言　　狙 jū(不读阻)击敌人

入场券 quàn(不读卷)

5. 因弄错字的笔画而写错字。如把"卑"字中从"白"字撇出的斜撇误为竖、撇两笔;把"刊"字的第一、三笔都误为撇,写成"列"字。

要克服这种写错字的毛病,应在平时注意区分不太明确的笔画,在认识模糊不清时,不可粗心大意,而应及时查字典或向别人请教,否则可能永远弄不清楚某字的正确写法,在使用中出现似是而非的错误。

附:易写错的字词(括号里面的是错字)

A

暮霭(蔼)

B

脉搏(膊)、船舶(泊)、拨(拔)款、争辩(辨)、版(板)面、针砭(贬)、羁绊(拌)、憋(蹩)气、拌(绊)嘴、绊(拌)跤、刻薄(簿)、磕绊(拌)、濒(频)临、斑(班)点、部(布)署、弊(蔽)端、毕(必)竟、报(抱)复

C

璀璨(灿)、撤(撒)消、鞭笞(苔)、刍(诌)议、盖戳(戮)、

戳（戮）穿、河槽（漕）、沧（苍）桑、拼凑（揍）、悱恻（测）、纯粹（碎）、催（摧）促、精粹（萃）、座舱（仓）、篡（纂）位、粮仓（舱）、松弛（驰）、怅（伥）然、范畴（筹）、人才（材）、惆（稠）怅、精彩（采）、醇（淳）香、补偿（尝）、偿（尝）命、催（摧）眠、辍（缀）学、何尝（偿）、机舱（仓）、清澈（彻）、刹（霎）那、从（怂）容

D

耽（担）搁、档（挡）案、河堤（提）、通牒（谍）、更迭（叠）、掂（惦）量、订（钉）书、耽（眈）误、穿戴（带）、高档（挡）、真谛（缔）、诋（抵）毁、垂钓（钩）、装订（钉）、订（钉）书、钉（订）扣

E

噩（恶）耗、金（经）额

F

辐（幅）射、赋（付）予、妨（防）害、浪费（废）、砝（法）码、反（返）光、返（反）工、妨（防）害、分（份）内、本分（份）、福分（份）、股份（分）、份（分）额、气愤（忿）、抱负（复）、覆（复）灭

G

渔竿（杆）、灌（贯）输、粗犷（旷）、气概（慨）、钓竿（杆）、桅杆（干）、苇秆（杆）、树干（杆）、站岗（冈）、贡（供）献、瑰（魁）丽、诡（鬼）计

H

强悍（焊）、震撼（憾）、缺憾（撼）、憾（撼）事、遗憾（撼）、颔（含）首、涵（函）养、亨（享）通、火炬（矩）、问候（侯）、候（侯）鸟、武侯（候）、圆滑（猾）、刻画（划）、膏肓（盲）、撒谎（慌）、涣（焕）散、融会（汇）、教诲（悔）

J

麦秸（桔）、陷阱（井）、光景（境）、针灸（炙）、狙（阻）击、规矩（距）、篮（蓝）球、蓝（篮）本、倔（崛）强、竣（峻）

工、冷峻（俊）、骏（俊）马、绊跤（绞）、永诀（决）、诀（决）窍、船桨（浆）、神经（精）、竞（竟）赛、通缉（辑）、亟（急）待、伎（技）俩、嘉（佳）奖、皎（姣）洁、矫（娇）健、草菅（管）、收捡（拣）、检（拣）字、节（截）选、秘诀（决）、崛（掘）起、抉（决）择

K

刻（克）苦、青稞（棵）、开垦（恳）、楷（揩）模、楷（揩）书、犒（搞）劳、恳（肯）切、慷慨（概）、垮（挎）台、昏聩（馈）、匮（馈）乏、勘（堪）误

L

行李（旅）、两（俩）口、锻炼（练）、简练（炼）、坐（座）落、了（嘹）望、镣（僚）铐、清洌（冽）、葱茏（笼）、拉拢（扰）、简陋（漏）、玲（伶）珑、灵（棂）柩、孪（挛）生、山峦（李）、痉挛（孪）、毒辣（刺）、熟练（炼）、锻炼（练）、干练（炼）、老练（炼）、简练（炼）、提炼（练）、锤炼（练）、篮（蓝）球、高粱（梁）、桥梁（粱）、缭（了）乱、撩（了）乱、缭（撩）绕、潦（僚）草

M

缅（湎）怀、漫（慢）谈、谩（漫）骂、蔓（漫）延、前茅（矛）、神秘（密）、奥秘（密）、泄密（秘）、萎靡（糜）、羁縻（靡）、糜（靡）烂、勉（免）励、绵（棉）软、缅（腼）怀、沉湎（缅）、扫描（瞄）、泯（抿）灭、诬蔑（篾）、观摩（磨）、按摩（磨）、临摹（摩）、拇（姆）指、招募（幕）

N

苦恼（脑）、恼（脑）怒

O

讴（呕）歌、呕（沤）吐、怄（沤）气、殴（欧）打

P

扒（趴）手、赔（陪）偿、敬佩（配）、帐篷（蓬）、脾（睥）气、扑（朴）灭

Q

证券（卷）、默契（挈）、分歧（岐）、汽（气）水、气（汽）球、接洽（恰）、道歉（谦）、击磬（罄）、身躯（驱）、驱（趋）使、趋（驱）势、痊（全）愈、证券（卷）、蜷（倦）缩、商榷（确）

R

杂糅（揉）、蹂（揉）躏、偌（诺）大、睿（曹）智

S

传诵（颂）、诵（颂）读、霎（刹）时、晌（响）午、赏（尝）罚、骚（搔）乱、树梢（捎）、慑（摄）服、怂（纵）恿、背诵（颂）、漱（濑）口、部署（暑）、宽恕（怒）、卫戍（戌）、酥（苏）软、苏（酥）醒、繁琐（锁）、闪烁（铄）、矍铄（烁）、教唆（梭）、作祟（崇）、厮（撕）杀、姿势（式）、赡（瞻）养、自恃（待）、去世（逝）、仙逝（世）

T

拖沓（踏）、糟蹋（塌）、袒（坦）护、搪（塘）塞、请帖（贴）、字帖（贴）、体贴（帖）、妥帖（贴）、誊（誉）写、荼（茶）毒、唾（垂）弃、蜕（脱）化

W

惋（婉）惜、委婉（惋）、诬（污）告

X

祥（详）和、报销（消）、询（寻）问、通讯（迅）、好像（象）、就绪（序）、酗（汹）酒、渲（宣）染、宣（渲）泄、熄（息）灭、嬉（嘻）笑、流泻（泄）、宣泄（泻）、威胁（协）、胁（协）从、协（胁）助、舷（弦）梯、通宵（霄）、九霄（宵）、逍（消）遥、行（形）踪、外形（型）、型（形）号、挑衅（畔）、戊戌（戍）、寒暄（喧）、潮汛（讯）、遐（暇）思

Y

笑靥（魇）、梦魇（靥）、逾（渝）期、圆（园）熟、幅员（圆）、赝（膺）品、谒（竭）见、肆（肆）业、快（秧）然、演绎（译）、游弋（戈）、含义（意）、尤（犹）其、犹（尤）如、圆

（园）满、圆（园）润、踊（涌）跃、晕（荤）车

Z

急躁（燥）、枯燥（躁）、鼓噪（躁）、敲诈（榨）、压榨（诈）、由衷（忠）、诅（阻）咒、眨（贬）眼、胀（涨）痛、赃（脏）款、销赃（脏）、贪赃（脏）、肮脏（赃）、择（摘）要、蛰（蜇）伏、缜（慎）密、震（振）撼、震（振）颤、震（振）荡、装帧（桢）、腰肢（枝）、神州（洲）、绿洲（州）、举箸（著）、诅（咀）咒、壮（状）实、坐（座）标、作（做）客、做（作）工、瞩（嘱）目

第四章　词　　汇

第一节　词汇概说

人们运动需要运动服、运动鞋、运动袜、运动器械等运动用品；人们建筑楼房，需要水泥、黄沙、砖头、钢筋等建筑材料；人们运用语言去说话、写文章，也需要语言的"构成材料"，语言的"构成材料"就是：词。

一、语素

（一）语素

不断地对词这个语言片段进行切分的话，得到的最小语言单位就是语素。

语素是音义相结合的最小的语言单位，是构成词的要素。也就是说，语素的功能是构词。例如，"我喜爱篮球运动"就有 7 个语素。

如"体育"、"学习"这两个词，就可以分成"体"、"育"、"学"、"习"共四个语素。它们都有自己的语音形式：tǐ、yù、xué、xí；都有自己的意义，都是汉语中最小的音义结合体。

通常是一个语素就是一个音节，书面上就是一个汉字，有时候还是一个词。但是，音节是从语音角度分析的结果，文字是书面记录的符号，语素则是语言中构词的基本成分，词是指音义相结合的能够独立运用的最小的语言单位。这四者并不是一回事儿，角度不同，我们要特别注意它们之间的区别。判断汉语语素，通常是从字形入手，同时结合字音和字义进行考察。它们的关系大体上有下面几种情况：

1. 汉语的语素绝大多数是单音节的，即一个汉字就是一个音节、一个语素，例如，"吃"、"他"、"多"、"才"、"对"等。但同一个汉字，可以代表不同的语素，具体表现为：

（1）汉字相同，读音不同。例如：

乐：快乐（lè）——音乐（yuè）

会：会（huì）议——会（kuài）计

间：中间（jiān）——间（jiàn）谍

角：角（jiǎo）球——角（jué）色

教：教（jiào）练——教（jiāo）书

打：打（dǎ）球——一打（dá）

（2）汉字和读音相同，词性不同。例如：

会：会（动词）篮球——会（助动词）打篮球——开运动会（名词）

老：老（形容词）人——老（词缀）虎——老（副词）

下：下（动词）雨——楼下（方位词）——等一下（量词）

（3）汉字、读音和词性相同，意义不同。例如：

公：gōng 区别词，属于国家和集体的，例如：公家、公物。

区别词，雄性的，例如：公羊、公牛。

2. 有时候，一个汉字并不代表一个语素，只代表一个音节，也就是说，一个语素也可以是两个以上音节，这主要有三种情况：

（1）联绵词，例如：窈窕、磅礴、逶迤、仿佛

（2）口语词，例如：哆嗦、溜达、尴尬、嘀咕

（3）音译词，例如：咖啡、芭蕾、雷达、坦克

因此，语素从音节数量的角度可以分为"单音节语素"和"多音节语素"两大类。

也有少量三音节以上的，例如："威士忌"、"康乃馨"、"奥

林匹克"、"布尔什维克"。

3. 同一汉字是否为语素还要因场合而异

一个汉字在不同场合，有的是语素，有的不是语素。例如：

马：马匹（语素）——马达（非语素）

沙：沙丘（语素）——沙发（非语素）

色：色彩（语素）——色拉（非语素）

（二）语素的类别

语素除了按照音节分为"单音节语素"和"多音节语素"以外，还可以从不同的角度进行分类，具体有以下的分类法：

1. 成词语素和不成词语素

成词语素指能够独立成为一个单词，包括实词和虚词。因此，除了实词"你"、"打"、"快"、"就"等，像虚词"呀"、"和"、"了"、"被"也都是成词语素。

不成词语素，指不能独立成为一个单词，也就是说，它只是合成词的一个组成部分，例如：伟（大）、贤（良）、历（史）、肃（清）、童（心）、（儿）媳、幻（灯）、朗（读）、（小）型、（事）务，括号内的是成词语素，括号外的是不成词语素。

2. 定位语素和不定位语素

从构词时位置是否确定的角度来说，语素分为定位语素和不定位语素。

定位语素指在跟别的语素组合时的位置总是固定的，例如，"老婆"、"老鼠"中的"老"总在前面，"瓶子"、"柱子"中的"子"总是在后面。

不定位语素指在跟别的语言单位组合时位置不固定，既可前也可后，例如"球"，可以组合"篮球"、"足球"、"排球"、"手球"、"网球"等，也可以组合成"球拍"、"球网"、"球鞋"、"球场"等。

（三）确定语素的方法

因为语素的分类很多，尤其是有的语素并不是和汉字、音节相对应的，所以，确定语素对分析词语、理解词义和正确使用词汇便显得尤为重要。

一般来说，确定语素通常采用"同形替代法"。例"礼貌"和"馄饨"这两个词，要鉴测它们到底有几个语素，就看能不能用别的有意义的语言单位来替换其中的一个成分，如果替换以后仍然有意义，那么被替换的单位就是一个语素，否则就不是语素。

鉴测单位	替换单位
体育	教育、养育、培育……
体育	体能、体格、体力……

以上的替换说明，"体育"一词中的"体"和"育"都可以替换且有意义，所以"体育"一词是由"体"和"育"两个语素构成。而"馄饨"一词中的"馄"和"饨"都不能被任何成分所替换，也没有独立的意义，所以它们不是语素。

运用"同形替代法"，要注意两点：

第一，如果这个语言单位可以分为两个成分，那么，这两个成分都要能被替换。假如只有其中一个可以替换，那么整个语言单位还是一个语素。例如"巧克力"，其中"克力"可以替换成：巧妙、巧合、巧计……但是"巧"却无法被替换，汉语中再也没有第二个"X克力"。所以，"巧克力"合起来才是一个语素。

第二，如果这个语言单位包括两个成分，其中一个成分被替换后，另外一个成分应保持原来的意义。例如"马达"，似乎两个成分都可以被替换：

鉴测单位	替换单位
马达	马匹、马车、马路……
马达	到达、下达、转达……

但是，"马匹、马车、马路"中的"马"真的是指马，而"马达"中的"马"根本不是指马，也没有任何意义；同样，"到

达、下达、转达"中的"达"是"达到"的意思，而"马达"中的"达"实际上没有任何意义；因此，"马达"合起来实际上只是一个语素。

二、词

（一）词

词是指一定的语音形式跟一定意向结合，并且可以独立运用的最小的语言单位。具体分析的话，词的定义包含以下四层意义：

第一，词是有固定的语音形式的。这不仅指一个词的声韵调是固定不变的，而且也指词的内部结合紧密，不允许有停顿出现，所谓"读破句"，就是破坏了词的结构状况。比如"参加入学考试"，应该读成"参加/入学/考试"，但是不能读成"参/加入/学/考试"。

第二，词都有与固定的语音形式相匹配的完整而明确的意义，比如"玻璃"是一个词，意义很明确，但是"玻"和"璃"单独都没有意义了，它们都不是词。

第三，词的所谓的"可以独立运用"，是指词具有一定的语法功能，不仅可以单独回答问题，或者单独成句，更是可以跟别的词语自由组合。

第四，词是最小的语言单位，这一方面跟短语区别开来；另一方面又跟语素区别开来。因此，词汇中所有的词原则上都可以从"语音"、"词义"和"功能"这三方面进行分析。例如：

"我爱巴西的足球。"

可以切分为"我/爱/巴/西/的/足/球"7个最小的语言单位，但是，只有"我"、"爱"、"的"三个才能够独立成词；"巴"和"西"、"足"和"球"结合起来才成词。另一方面，"巴西的足球"虽然符合前面三个条件，但是它并不是最小的语言单位，不是词，而是短语。

可以说词是最小的意义结合定型的造句单位。

（二）区别词与语素的方法

前面讲词和语素定义的时候已经谈到了二者的区别，这里再强调两点：

第一，词都有与固定的语音形式相匹配的完整而明确的意义，而语素的意义不太明确，也不太稳定。例如"亲切"，其中的"亲"和"切"单独的意义就不太好理解。

第二，词是"可以独立运用"，而语素不能独立运用，例如"美丽"和"人民"，其中的"民"和"丽"不能独立运用，也不能自由地跟其他词语组合；"人"和"美"似乎可以独立运用，其实，这时它们已经是词了，不再是语素。作为语素，它永远属于构词平面，一旦可以独立运用，就进入词汇平面。但是，由于古代汉语中以单音节的词为主，有些语言单位，在某些场合就很难确定了。例如："民"在现代汉语中应该是语素，不是词，但是在成语"民不聊生"、"民心所向"和固定短语"爱民模范"中，"民"又像个词了。

三、词汇

（一）词汇

词汇是语言的建筑材料，是词和语的集合体，是一种语言里所有的（或特定范围的）词和固定短语的总和。

词汇的主体是成千上万的单词，除此之外，还有一部分是"语"，所谓"语"，是指固定短语。固定短语是词与词的固定组合，在长期使用过程中固定了相对完整的意义，实际使用时作用相当于一个词。固定短语包括熟语和专用短语两类，其中的熟语包括成语、谚语、惯用语、歇后语等。所以，词汇有时候也叫"语汇"。

词汇是一个开放型的、不断在变化生成的、立体交叉的系统网络，它由其基本系统和多种组成成分构成。其中基本系统包括多义词和同音词、同义词和反义词、上下位词和类义词等。现代汉语词汇的重要组成部分是指其有多种来源，其中包括传承词、古语词、方言词、外来词、行业词和新造词语，也就是现今流行的网络语言等。

现代汉语词汇是现代汉语所有词和语的总汇。它的范围跟"现代汉语"一样，有广义和狭义两种理解。广义的现代汉语词汇包括现代汉民族各方言所有的词语，狭义只指现代汉民族共同语——普通话中的词语。

根据不同的需求，现代汉语普通话的常用词通常被分为常用词、次常用词和通用词，这样就分别形成 3000 词、5000 词和 8000 词等三个词表。

1. "核心词表" 3000 词，这是最常用的词，属于词汇的核心部分，覆盖面为一般语料的 86%。

2. "常用词表" 5000 词，是在 3000 个最常用词基础上再加上 2000 个次常用词，属于词汇的基础部分，覆盖面为一般语料的 91%。

3. "通用词表" 8000 词，即最常用词和次常用词，再加上通用词 3000 个，属于词汇的常规部分，覆盖面为一般语料的 95%。

（二）词汇的基本属性

不同的角度下，可以看到词汇的不同属性，但其基本属性仍然可以概括为以下三个方面：

1. 词汇的系统性

表面上看，作为语言建筑材料的词汇是杂乱无章的，而实际上，词汇在许多方面都表现出了很强的系统性。词汇作为语言的建筑材料，是语言系统中最基本的单位。

一种语言的词汇系统往往表现在词与词之间的联系、词自身内部的联系上，这些联系是复杂的。例如，一个或一类词汇成分是有序地组织在一起，形成相互作用、相互制约的联系的，从而构成一个个的同义、同音等聚合体。我们在使用词的时候，常常是用一个词是会联想到另外一个词，它们可能是语音上的联系，也可能是意义上的联系。

对于词汇的系统性，人们最容易感受到的是词义方面。例如"买与卖、来与往、往与返"，在意义上相反又相互依存。又如不同语言的颜色词、亲属称谓词都体现出了词汇的系统性。词汇的系统性还体现在词义的发展上。如在古代汉语里"耳听为闻"，"鼻闻为嗅"，由于语言的发展，"闻"发生了变化，"鼻嗅"为"闻"了，原来的"嗅"的使用范围缩小，"闻"的原职由新词"听"来代替。一个词的变化引起了几个词的变化。

2. 词汇的历史性

"一个时代有一个时代的词汇"的说法就充分反映出社会历史对词语的影响。词汇跟社会发展的历史进程有着相当密切的关系。20世纪中国社会发展的各个历史阶段都在词汇身上留下了明显的痕迹。如五四时期的"反对封建王朝"，追求"民主"和"自由"；土地革命时期的"反帝反封建反官僚资本主义"；抗日战争时期的"反对日本侵略者"；解放战争时期的"解放全中国"；到50年代初的"抗美援朝、保家卫国"，紧接着的"三反"、"五反"，以及后来的"合作社"、"人民公社"、"大炼钢铁"、"高产卫星"；60年代中期"文化大革命"的"两条路线"、"斗私批修"、"阶级斗争"；70年代末开始的"改革开放"、"个体户"、"脱贫"等，社会发展的每一次变化都造成了数以千计词语的生生死死。像"文革"时期曾经风靡一时的词语：工宣队、革委会、一片红、大串联、保皇派、上管改、五七指示、斗批改、背靠背、老三届、老三篇、回潮、臭老九、红宝书等，现在的年轻人已很少能领会它们的意思了。而80年代曾被看作新词而成为语言学家研究对象的词语，例如：彩电、立交桥、国格、生产线、面包车、挂历、万元户、音带、首日封、快餐、超市、离休等，现在又有谁会对它们感到陌生呢？随着时代发展的日新月异，如今网络时代的"网络语言"更是"给力"，许多词语"推陈出新"，如：粉丝、玉米、"打酱油"等等。

又如许多词，20世纪60年代的词典释义把它们看作是"旧社会"的，到90年代又把它们看作一般性的词语。例如：

财主：旧社会占有大量财产，靠剥削为生的人。（旧解释）

财主：占有大量财产的人。（新解释）

当铺：旧社会专门收取抵押品、放高利贷的店铺。借款多少，按抵押品的估价而定。到期不赎，抵押品就归当铺所有。（旧解释）

当铺：专门收取抵押品而借款给人的店铺。借款多少，按抵押品的估价而定。到期不赎，抵押品就归当铺所有。（新解释）

这种释义的变化实际上反映了这么一个事实：社会生活在历史进程中发生了变化，从而使人们的观念、对客观事物的判断也随之发生了变化，表达人们的观念、判断的词语也相应发生了变化。

3. 词汇的多源性

词汇的多源性体现在词汇的构成有不同的来源：有历史上传承下来的，有从外族吸收的，有从方言或专门行业吸收的，也有新创的等等。这种多源性使得词汇的构成显得很复杂。一方面，由于不同民族、地区或行业的特点，在词汇使用上会表现出许多差异，从而对现代汉语词汇产生种种影响；另一方面，词汇涉及社会的方方面面，量大类多，容易随社会的发展而发生变化，在社会生活急剧变化的时候尤其如此，而与此同时，词汇又必须保持相对的稳定，以保证不同群体的汉语使用者的交际得以正常进行。

例如，一些西方国家有"参议院"、"众议院"、"上院"、"下院"等，中国没有等同的事物（中国有"人大"、"政协"，但与之不同），这就需要吸收他们的词语，或者直接借用（例如来自俄语的"杜马"），或者造出相应的词来（如上院）。就是在汉语内部，不同的地域文化也会对词语产生影响，如"走私物品"在有着广阔海岸线的粤闽地区是称作"水货"，而在边境线是山脉连绵的西南地区则被称作"山货"，这种实同名异的情况是不同的地域环境所造成的。词汇的多源性也会造成名同实异现象，新加坡和马来西亚华人社会把西装上衣称为"大衣"就是有趣的例子。一些只使用于某个地区的词会随着使用的增加，传到其他地方，例如"炒鱿鱼"进入普通话就是如此。海外华人社会也会有自己的需要造出相关的新词，而这些通过媒体、人群等也会向另外的华人社会扩散。随着汉语国际传播速度的加快，汉语的区域变体会越来越多；而随着不同地区汉语使用者接触的增多，汉语词汇的多源性会更进一步表现出来。这是汉语词汇丰富的源泉，应引起充分重视。

（三）现代汉语词汇的特点

现代汉语词汇与古代汉语相比，主要有以下特点：

1. 语素以单音节为主，词则以多音节为主

根据《现代汉语频率词典》统计，使用度最高的前 9000 个词中，单音节词为 2400 个，多音节词为 6600 个，其中双音节词为 6285 个。词汇量越扩大，多音节词所占的比例就越大。在使用频率上，单音节词占优势。上面同样的材料显示，6285 个双音节词的使用频率平均为 60 次，2400 个单音节词则高达 350 次，而且越是常用词中，单音节词使用的频率越高。

2. 词语的双音节化趋势明显

古代汉语以单音节词为主，而现代汉语则以多音节词为主，特别是双音节词占大多数。其原因主要有以下三个：

第一，单音节词往往会造成大量的同音词，这样就会给交际带来困难，双音节词有助于避免大量同音词的出现。

第二，单音节词语义难以确定，往往是多义词，而双音节词就使得词义的表达更为细腻、精确，也有利于更加全面深入地表述概念。

第三，双音节词读起来往往带有一种乐感，轻音与重音之间形成一种节奏，悦耳动听。

一般来说，古代汉语的单音节词双音节化的主要途径是：

（1）以一个单音节语素为主，在前面或后面加上一个辅助性的相关成分。例如：

后加：月——月亮　　耳——耳朵

前加：唇——嘴唇　　发——头发

（2）单音节语素的前后添加没有实体意义的附加成分。例如：

后加：竹——竹子　　　石——石头

前加：师——老师　　　姨——阿姨

（3）意义相同或相近的单音节语素联合起来使用。例如：

学习　牙齿　联合　道路　刚才　皮肤　经历　解释

（4）三音节的词省略其中一个音节。例如：

落花生——花生　　　　　　照相机——相机

山茶花——茶花　　　　　　机关枪——机枪

（5）四音节以上的词语采用缩略法。例如：

化学工业——化工　　　　　文学艺术——文艺

超级市场——超市　　　　　彩色电视机——彩电

人民代表大会——人大　　　政治协商会议——政协

3. 合成词的内部构造跟短语（词组）的构造大体一致

双音节以上的合成词的内部构造基本上跟普通短语（词组）的构造是一致的，它们的构成方法主要是以下五种，请比较：

偏正式：单干——单独地干　　　狂欢——疯狂地联欢

　　　　壁画——墙壁上的画　　红旗——红色的旗子

述宾式：管家——管理家务　　　知己——知道自己

　　　　结晶——结成晶体　　　隔壁——隔着墙壁

联合式：语文——语言和文学　　珍宝——珍珠和宝石

　　　　答应——回答和应对　　广大——广阔和宽大

主谓式：地震——大地震动　　　军用——军队使用

　　　　性急——性子急躁　　　锋利——刀锋锐利

述补式：改正——改得正确　　　说服——说得服帖

　　　　缩小——缩得很小　　　提高——提得很高

当然，构词也有它一些独特的方法，例如量补式（花朵、房间）、重叠式（爸爸、宝宝）等等。

第二节　词的构造

一、构词法

由于现代汉语以双音节词为主，所以词的构造也是词汇研究的重点之一。

词都是由一个或几个语素构成的，构词法则是指用语素构成词的方法。

从构词法的角度看，现代汉语词可以分为两类：单纯词和合成词。合成词再区分为复合词、重叠词和派生词，复合词再区分为偏正、述宾、述补、联合、主谓等类型。

词是由语素构成的，从构词成分来说，语素也可以叫词素。词素分为两大类：词根和词缀。词根是词语结构体的基本构成部分，意义比较实在。例如"训练"中的"训"和"练"，"桌子"、"木头"中的"桌"和"木"；词缀是词语结构体的附加成分，没有具体的意义，主要起构词作用。词缀还可以根据它在构词时出现的位置，再分为前缀、后缀和中缀三类。例如"阿姨"、"桌子"、"来得及"中的"阿"、"子"、"得"。

二、单纯词

单纯词是指由一个语素构成的词。汉语中一个语素往往是一个音节，因此，单音节词都是单纯词。例如：

球、拍、动、跳、赢、输、长、香、很、最、不、从、于、但

单音节词都是单纯词之外，还有一些特殊的情况，那就是，一个语素可能有两个以上的音节。主要有以下三类：

1. 联绵词：是指单个音节没有意义的从古代汉语中流传下来的双音节词。大多数联绵词的两个音节有双声、叠韵或叠音的

关系。例如：

（1）双声：澎湃、弥漫、淋漓、忐忑、恍惚、伶俐、参差、崎岖、踌躇、惆怅

（2）叠韵：玫瑰、霹雳、从容、蹉跎、蓓蕾、绸缪、逍遥、叮咛、汹涌、窈窕、烂漫

（3）非双声非叠韵：蝴蝶、芙蓉、妯娌、玛瑙、蝙蝠

（4）叠音：潺潺、娓娓、猩猩、隆隆

2.口语词：即群众口头上习用、不能拆开来使用的双音节词。例如：

吩咐、嘀咕、磨叽、溜达、囫囵、蘑菇

3.音译词：是指以音译的方式直接从外语引进来的外来词。例如：

奥林匹克、俱乐部、可口可乐、引擎、迪斯科、克隆、咖啡、葡萄、沙发、拷贝、雷达、夹克、布丁、萨其马、三明治、海洛因、华尔兹、比基尼、布尔什维克、幽默、香波、基因、席梦思、乌托邦、黑客

三、合成词

合成词是指两个或两个以上语素构成的词。从构造上看，合成词主要有以下不同的类型：

（一）复合词

由词根和词根组合而成的词叫复合词。主要有以下几种类型：

1.联合式：是由两个意义相近、相关或相反的词根并列组合而成。根据两个词根之间的意义关系，可以分为以下四类：

（1）意义相近、相同，可以互为说明。例如：

器械 场区 教授 规则 技术 成绩（名词）

裁判 运动 损伤 训练 进攻 扣杀（动词）

快速 简便 高远 缓冲 灵敏 僵硬（形容词）

（2）意义相关、并列，构成一个新的词义。例如：

腿脚　腰髋　眉目　录像　矛盾　口舌　骨肉　笔墨　皮毛
手足　风浪　领袖　山水　江湖　尺寸

（3）意义相反、对立，但构成一个新的词义。例如：

输赢　高低　始终　收发　反正　开关　动静
往来　横竖　深浅　是非　东西　长短

（4）意义相关或相反，但其中只有一个意义起作用，又叫"偏义复词"。例如：

国家　窗户　兄弟　质量　人物　干净　忘记

2. 偏正式：前一个词根修饰、限制后一个词根，整个词义以后一个词根为主，前一个为副。这可以分为三类：

（1）名词性的，前后词根之间在语义上形成各种修饰与被修饰关系，有点像定语跟中心语的关系。例如：

篮球　体育　球鞋　步法　晚会　课桌　术科
黑板　广场　草图　新闻　烤鸭　爱情　存款

（2）谓词性的，可以分为动词和形容词两类，有点像状语跟中心语的关系。例如：

反抽　点杀　热爱　狂欢　朗读　微笑　空投
频繁　鲜红　狂热　雪白　高级　美观　难听

（3）虚词性的，例如：

马上　不论　刚巧　何必　十分　岂不　还是

3. 述宾式：前一词根表示动作、行为，后一词根表示动作、行为支配的对象。前后词根之间的关系是支配和被支配的关系。它主要构成谓词（动词和形容词），也可以构成名词。例如：

选手　投篮　得罪　革命　带头　放心　毕业
比赛　挂钩　伤心　动员　示威　播音（动词）
提纲　司令　顶针　理事　化身　知己
护腕　垫肩　管家　绑腿　扶手　主席　围腰（名词）
肿胀　动人　逼真　及时　过瘾　开心　合法（形容词）

4. 述补式：后面一个词根作为一种结果状态补充说明前面一个动词性词根，这类构造的复合词大都是动词。例如：

抢攻　扩大　降低　削弱　推动　揭露　改正

推翻　压缩　说服　打倒　提高　放大

5. 主谓式：前后词根是陈述和被陈述的关系。例如：

面熟　雪崩　耳鸣　心虚　地震　口红

胆怯　性急　眼花　肉麻　年轻　霜降

6. 量补式：后面一个词根作为计量单位补充说明前面一个名词性词根。这类构造的复合词都是名词不能受数量词的修饰。例如：

书本　人口　花朵　船只　车辆　马匹

布匹　物件　枪支　纸张　米粒　钢锭

三个或三个以上语素结合而成的复合词结构比较复杂，要注意内部的层次关系。例如：

健美操　三角尺　试验田　人造棉　说明书

（二）重叠词

是指词根重叠而成的词。它有两种情况：

1. AA 式。例如：

渐渐　明明　偏偏　刚刚　仅仅　常常　恰恰

爸爸　叔叔　妈妈　姐姐　宝宝　弟弟　星星

重叠词与音节重叠式单纯词的区别在于：

叠音单纯词，如"隆隆、娓娓、潺潺、猩猩"中的"隆、娓、潺、猩"没有意义，也不能单独成词，而重叠词中所举例子中的"爸、妈、宝、星、仅、常、明、偏"都有意义，也可以单独成词。同时，"爸爸、妈妈"这类重叠往往只是为了满足音节上的需要，并没有产生附加语法意义。因此这类重叠也不同于"动动"、"吃吃"、"看看"，这属于语法上的重叠（构形）变化，没有产生新词。

2. AABB 式。例如：

轰轰烈烈、大大咧咧、形形色色、花花绿绿、密密麻麻、

这类 AABB 重叠式复合词，其特点是没有 AB 式与之相对应，属于重叠式构词。而"漂亮、整齐、快活、大方"的重叠形

式"漂漂亮亮、整整齐齐、快快活活、大大方方"则有"程度加强"的语法意义，因此属于语法上的重叠构形变化，没有产生新词。

（三）派生词

又称附加词，是指由词根和词缀组合而成的词。它主要有以下三类：

1. 前缀＋词根：老师、阿姨、老虎、老板、老鹰、老婆

2. 词根＋后缀：上头、下头、前头、后头、木头、石头、苦头、甜头、年头、念头、花儿、鸟儿、盖儿、活儿、根儿、味儿、伴儿、劲儿、玩儿、火儿、椅子、柱子、绳子、梯子、瓶子、棍子、盘子、胖子、矮子、瘦子等

3. 词根＋中缀＋词根：来得及、来不及、对得起、对不起、土里土气、古里古怪

"阿、老"是典型的前缀，"子、儿、头"是典型的后缀。

还有叫作"类前缀"和"类后缀"的一些类似于前缀或后缀的成分，它们的语义虚化，但是，还没有达到真正的词缀那样的虚化程度。例如：

可：可喜、可耻、可观、可怜、可笑、可悲、可靠、可信、可恶、可行、可疑、可憎、可恨、可爱、可惜、可取、可口、可心、可意

非：非常规、非卖品、非法、非礼、非凡、非金属、非晶体、非导体

反：反冲力、反科学、反作用、反人性、反比例、反革命、反批评

泛：泛美、泛神论、泛太平洋、泛非

超：超时代、超音速、超人、超阶级

性：流行性、创造性、一次性、记性、慢性、急性、党性、弹性、刚性、惰性、理性、磁性、原则性、可行性、开放性、可读性、经营性、指导性

者：长者、读者、作者、记者、学者、患者、笔者、编者、

使者、劳动者、先行者

员：运动员、教练员、教员、学员、通讯员、船员、职员、会员、伤员、店员、病员、雇员、海员、委员、议员、译员、专员、演员、人员、要员、官员、阁员、研究员、售货员

家：作家、画家、专家、冤家、名家、企业家、思想家、政治家、艺术家

手：选手、对手、射手、旗手、鼓手、新手、老手、国手、歌手、敌手、舵手、副手、好手、号手、扒手、猎手、能手、生手、熟手、凶手、枪手、坦克手、吹鼓手

巴：哑巴、下巴、尾巴、嘴巴、盐巴、泥巴、眨巴

然：当然、竟然、突然、必然、忽然、决然、虽然、超然、井然、哗然、安然、黯然、岸然、断然、果然、愤然、昂然、盎然、淡然、陡然、悍然、涣然、焕然、默然

化：美化、丑化、磁化、淡化、老化、腐化、毒化、恶化、僵化、净化、孵化、钙化、电脑化、多极化、规范化、自动化、集约化、股份化、都市化、一体化

于：勇于、等于、位于、善于、便于、敢于、用于、濒于、长于、急于、处于、归于、基于、居于、苦于、乐于、利于、属于、限于、陷于、易于、寓于、在于、忠于

以：足以、难以、得以、给以、予以、加以、借以

词缀虽然是从词根演变而来的，但典型词缀的意义已经明显虚化。例如："老虎、老师"的"老"并没有"年老"义，因此可以说"小老虎、小老师"，显然不同于"老人、老大娘"中表示年龄大的"老"。"棍子、帘子"的"子"也不同于"儿子、莲子"的"子"，"花儿、尖儿"的"儿"也不同于"孤儿、男儿、幼儿、女儿"的"儿"，"木头、砖头"的"头"不同于"白头、点头"的"头"。而且典型后缀"子"、"头"、"儿"跟作为词根的"子"、"头"、"儿"在语音形式上也是明显不同的。

还有一些类词缀的意义没有完全虚化，或多或少和词根有些许联系，语音形式上也与词根相同。例如："党性、刚性"的类

后缀"性"不同于"男性、女性"表示"性别"的词根"性";"美化、电气化"的类后缀"化"不同于"焚化、冰消雪化"表示"变化"的词根"化"。值得注意的是,近几年新兴的类后缀还有:

～热:托福热、出国热、股票热、琼瑶热、寻根热、反思热、文凭热

～度:能见度、保鲜度、知名度、透明度、开放度

～坛:泳坛、体坛、羽坛、棋坛、影坛、歌坛、诗坛、画坛

～感:自豪感、紧迫感、节奏感、立体感、失落感、危机感、分寸感

～风:宴请风、抢购风、搭配风、吃喝风、条子风、摊派风、排队风

～户:钉子户、动迁户、个体户、万元户、关系户、专业户、承包户

小～:小动作、小金库、小环境、小社会、小皇帝、小商品、小气候

大～:大马力、大动作、大跨度、大容量、大气候、大环境、大酬宾

高～:高强度、高品位、高性能、高保真、高效能、高层次、高浓度

多～:多方位、多渠道、多侧面、多层次、多子女、多视角、多弹头

第三节　词的意义

一、词义

(一) 词的内容

词是由一定的语音形式和意义内容构成的。语音形式是词的

物质外壳，词义是词的意义内容，包括词汇意义和语法内容。如"大学生"这个词，语音形式是 dàxuéshēng，这是这个词的物质外壳，它的意义内容是："在高等学校读书的本科生、专科生"，这也就是"大学生"的词义。

词汇学讲的词义通常是指词汇意义，即狭义的词义、广义的词义，还包括词的语法意义即词性，这将在本书第五章"语法"部分讲解。例如，"体育"这个词的形式是语音 tǐyù，它的内容有二：一是词汇意义，即"以发展体力、增强体质为主要任务的教育，通过参加各项运动来实现。"二是语法意义"体育"的词性是名词。

（二）词义的性质

1. 词义的概括性

一般的词都是指整类事物或现象。例如"体育"便包括竞技体育、群众体育、学校体育等各种各样的体育。为了准确地反映这个词所表示的对象的范围，词义须舍弃各种"体育"的具体的个别的特征，概括出共同的、本质的特征。这就是词义的概括性。

例如，"球"这个词指的是各种各样的球：篮球、羽毛球、排球、网球、皮球……形状不一，颜色各异，从这些各种各样的球中概括出来的共同的本质的特征，那就是"以半圆的直径为轴，使半圆旋转一周而成的立体"。凡词所表示的对象都应该有这种共同的本质的特征，而该词所不能表示的对象都没有这种特征，只有这样，词义才能准确地把词同相应的事物联系起来。

任何一个词的意义都具有概括性，即使专有名词也不例外。例如"刘翔"虽然指的只是当今的一位优秀的田径运动员，却也是概括了不同时期（童年、少年、青年、中年、晚年）的刘翔，虽然在各个时期他的外貌、习惯等可以有所不同，但总有一些共同的东西足以表明他是同一个刘翔，而这些共同的东西便是从不同时期概括得来的。地名也是这样的，"北京"的词义也是对这个城市历史和现状的各种特征的概括。

2. 词义的模糊性

大多数的词义都能够准确地反映这个词所表示的对象的范围，比如反映体育比赛的"胜"、"负"、"输"、"赢"等词。但也有的词如"中午"同"上午"、"下午"之间便没有一个明确的界限，我们不知道几点几分钟到几点几分钟是中午。这就是词义的模糊性。

词义的模糊性指的是词义的界限有不确定性，它来源于词所指的事物边界不清。例如即使我们能提炼出百分之百的金子来，在语言中却仍然把含有杂质的"金戒指"、"金项链"等算作"金"的；至于几成算"金"的，几成不算"金"的，也还是模糊的。作为颜色词"金"的词义也是模糊的，"金红"、"金黄"的"金"的界限也是不清楚的。

词义的模糊性是客观事物连续性的反映。事物的核心部分一般来说还是比较明确的，但它与邻近事物的差异是逐步扩大的，其间本不存在明确的界限，例如，时间是一分一秒地过去的，并没有中午与上午的明确界限。但是"中午"的核心还是明确的，这核心部分乃是人们注意的重心，是词义所要概括的主要对象。至于边缘部分则有意无意地加以忽略。

模糊与精确是相对而言的。列车时刻表规定 12 点开的火车，实际开车时间在 11 点 59 分 59 秒或 12 点 0 分 5 秒，都可以认为正常，但比起火箭发射的时间，则火车开车的时间表也还是很模糊的，因为火车只精确到分，火箭发射必须精确到秒，而从天文钟的角度看，以秒计也还是模糊的。要求不同，所用词语模糊的程度便不同。

3. 词义的民族性

不同民族的语言有不同的特点，同类事物在不同的语言里用什么词、用几个词来表示可以不同，词义概括的对象范围也可以不同，它体现了词义的民族性。例如，汉语用"哥哥、弟弟、姐姐、妹妹"表示同一父母所生的子女，而英语只用 brother 表示哥哥或弟弟，用 sister 表示姐姐或妹妹。英语的 car 一经借到现代汉语便成了"卡"有了现代汉语的特点，语音上有变化，词义上也有变化。car指汽车、电车以及车厢等，现代汉语的"卡"则专指载重的大汽车，如"十轮卡"（单用时还得说成"卡车"）。

词义不仅在理性意义上有民族性，在附加色彩上也可以显示出民族性。例如"狗"虽然汉族与英吉利民族对这种家畜都是喜爱的，但用于指人时，褒贬就大不相同。汉语中的"癞皮狗、走狗、疯狗、巴儿狗、狗腿子、狼心狗肺、人模狗样"都是有贬义的，而英语中的这类词语除一部分因受外来语影响而具有贬义外，大都没有贬义，甚至有褒义，例如 dogfight（激战）、doggish（泼辣、华丽），而 to work like a dog 是"拼命地工作"的意思，a lucky dog 则指"幸运儿"。

二、词义的分类

词义是由多种因素构成的。实词都有一种与概念相联系的核心意义——理性义，此外还可能有附着在理性义上面的色彩义。

（一）理性义

理性义也叫概念义、主要意义，是指词义中同表达概念有关的意义部分，我们日常使用的词典对词目所作的解释，主要是理性义。例如：

体　　　身体，有时指身体的一部分。

体操　　体育运动项目，徒手或借助于某些器械进行各种动作操练或表演。

体魄　　体格和精力。

发布　　宣布（命令、指示、新闻等）。

阐释　　阐述并解释。

理性义就是给词所联系的事物划一个范围，凡是该词所指的事物都包括在内，凡不是该词所指的事物都不包括在内。例如"体操"的理性义就在于说明该词所指的是体育运动项目，徒手或借助于某些器械进行各种动作操练或表演。因此，健美操以及其他操类都不在"体操"之列。

（二）色彩义

色彩义是附着在词的理性义之上表达人或语境所赋予的特定感受。主要有以下几种：

1. 感情色彩

一般来说，根据附着在词的理性义之上表达人或语境所赋予的特定感受的不同，把词分类为褒义词、贬义词和中性词。

（1）褒义词：是指词义中具有褒义色彩的词，表明说话人对有关事物的赞许、褒扬的感情。例如：

奉献　拼搏　英雄　雄伟　公正　康复　烈士　解放　牺牲
健康　忠诚　大方　慷慨　漂亮　敦实　壮丽　和气　安慰

（2）贬义词：是指词义中具有贬义色彩的词，表明说话人对有关事物的厌恶、贬斥的感情。例如：

黑哨　假球　霸道　沉沦　叛徒　走狗　倒爷　邪门儿
小人　推诿
巴结　虚伪　马虎　小气　肮脏　勾结　奉承　吹捧
小报告　懒惰

（3）中性词：是指词义中既没有褒义色彩、也没有贬义色彩的词。例如：

比赛　运动　队员　球迷　成绩　跳　跑　山脉　河流
个体　集体　理由　结论　士兵　牛黄　马匹　松树　手套
油漆　左　中　东　来　去　高　低

另外值得注意的是，有一些词造成短语或句子之后，可以使整个语句产生褒义或贬义的感情色彩。例如，"他在比赛中年轻了点儿"、"这名队员的动作有点硬"中的"年轻"、"硬"里，都有不太好的意思，有贬义色彩，但"年轻、硬"本身都不是贬义词。又如"有水平、是地方、够朋友"在特定的句子里，可以有令人满意或合乎标准化的意思，有褒义色彩，但"水平、地方、朋友"本身都是中性词。

2. 语体色彩

语体色彩是指有些词语由于经常用在某种语体中使用，便带上了该语体所特有的色彩。语体色彩又叫文体色彩，主要包括书面语色彩和口语色彩。

　　选择具有语体色彩的词，固然同使用的场合有关，也同说话人的文化修养有关，更与不同的语体色彩的特点有关。书面语色彩词一般比较庄重、文雅，多用于比较正式、严肃、庄重的场合；口语色彩词一般比较生动、形象、随意，生活气息较浓，多用于轻松、随便、非正式的场合。例如：

书面语	口语
明天	明儿
批评	数落
夫人	老婆
身体	身子骨
头颅	脑袋
捉迷藏	藏猫儿
谈话	聊天儿
期望	巴不得
疑惑	纳闷儿

　　3. 形象色彩

　　词的形象色彩是指一些表示具体事物的词使人有某种生动具体的感觉。这种形象感来自对该事物的形象的概括。具有形象色彩的词不限于"形态"方面，还可包括"动态、颜色、声音"等。例如：

　　美人鱼　喇叭花　鹅卵石　狮头鹅　云海　玉带桥　马尾松
蛇山　（形态）

　　碰碰船　垂柳　失足　上钩　牵牛花　攀枝花　钻山豹
（动态）

　　彩带　绿洲　碧空　黄莺　白桦　雪豹　墨菊　（颜色）

　　乒乓球　布谷鸟　知了　恰恰舞　（声音）

　　词的形象色彩往往在文学作品中得到充分的表现。古代的如：

> 两个黄鹂鸣翠柳，
>
> 一行白鹭上青天。

这两句诗用了几个具有色彩感的词构成了一幅色彩鲜明、形象生动的图画，至今脍炙人口。

三、词义的层次性

据《现代汉语词典》，"运动"一词的意义有 4 层：①物质的位置不断变化的现象。②指宇宙间所发生的一切变化和过程，从简单的位置变动到复杂的人类思维，都是物质运动的表现。③体育运动。④政治、文化生产等方面有组织、有目的而声势较大的群众性活动。

由上例可见，词义是具有层次性，而且是随着词义的发展而出现的。随着社会的发展，词义也会出现词义范围的扩大或缩小、义项的增多或减少等现象，或者一个单义词发展成一个多义词，这样形成的各个义项之间有层次区别。

随着社会的发展，人们已经渐渐淡忘很多合成词的字面意义，倒是广泛使用其引申意义，因此，需要运用这类词的字面意义时，还要重新发掘。如"露馅儿"，《现代汉语词典》的解释是："比喻不愿意让人知道的事暴露出来。"这个固定义是一个比喻义，不是字面意义。如果人们发现饺子、馅饼等食物的皮破了，里面的馅儿露出来了，说"饺子露馅儿了"，用的是其字面意义，或者幽默地用成双关，既指临时的字面意义，又含固定的比喻义。

也有的字面意义是一种具体意义，如"打倒"，《现代汉语词典》的解释是："①击倒在地；②攻击使垮台；推翻。打倒帝国主义！"其中第①项，是字面意义，是具体的，把具体可感的人或物打倒在地，如"一拳把他打倒"。第②项，是概括的意义，把抽象的地位、社会现象等推翻，使其失败。

因此可以说，词的各个意义，是在历史发展中形成的。有的意义原来就有，有的是后来出现的，它们之间有一定的联系，因此就有词的本义、基本义和转义。

（一）词的本义

一个多义词的几个义项中，最原始最古老的那个义项就是本义。词的本义是文献记载的词的最初意义，即词的本来意义，这是相对于引申义而言的。如"走"的本义是"跑"，在"奔走相告"、"走马观花"中，"走"是"跑"的意思，而现代体育运动中的"跑"不再用"走"表述。

有些词的本义只在古代汉语中使用，现代已经不用或基本不用。如"牢"的本义是"饲养牲畜的圈"，这个意义现代汉语已经不用，只保留在从古代沿用下来的固定结构中，如"亡羊补牢"的"牢"。而有些词的本义，古今通用，如"口"表示"人或动物进饮食的器官"。

（二）词的基本义

前面例词"走"的本义是"跑"，而"走"在现代汉语最主要最常用的意义是："人或鸟兽的脚交互向前移动"，如"走路"、"孩子会走了"。因此说，词的基本义是词在现代最常用的意义。

值得注意的是：本义和基本义是两个不同的概念。本义是从词义的来源上讲的，基本义是从词义在现代的应用上讲的，两者分析的出发点不同。有些词的本义和基本义是一致的，如"胜"本义是胜利，基本义也是；"切"的本义和基本义都是用刀把物品分成若干部分。有些词的本义也可能不同于基本义，如"走"，它的基本义已不是它的本义，在现代汉语中，"走"的基本义已经不是"跑"了。

（三）词的转义

词的转义也叫词的派生义，是指由词的基本义发展转化而来的意义，主要是通过引申和比喻两种方法产生的。

1. 词的引申义

词的引申义是在词的基本义基础上引申发展派生出来的意义。

有些词的引申义是从本义或基本义通过词义扩大发展出来

的。如"菜",本义和基本义都是指蔬菜,在此基础上引申为"经过烹调的蔬菜、蛋品、鱼肉等副食品"。又如"深",本义和基本义都是指从表到底的距离大,后来从这个意义发展出"深奥"、"深厚"、"浓重"、"时间长"等意义。

有些词的引申义是通过缩小词义的途径直接引申出来的。如"先生"的引申义有"丈夫"、"老师"、"医生"及对一般知识分子的称呼等,都是由"先生"这个词的基本义"尊敬"的词义缩小而直接引申出来的。

引申义也可以从某个已有的引申义再发展引申而来。如"笔杆子",本义是"笔的手拿的部分",引申为"笔"(通过部分代全体的借代手法),再引申"指写文章的能力"以及"指能写文章的人"。

2. 词的比喻义

词的比喻义是借用词的基本义来比喻另一种事物而产生的词的新的意义,是通过事物之间的相似性联系使词产生出新的意义。

比喻义和一般的引申义不同,比喻义是通过比喻手法产生出来的一种特殊的引申义,引申义包括比喻义。如"菜篮子",本义和基本义都是"盛菜的篮子",又借指"城镇的蔬菜、副食品的供应"。如:"经过几年的努力,本市居民的菜篮子问题已基本解决。"用的就是"菜篮子"的引申义,但这个引申义不是通过比喻手法产生的,而是借代手法产生的,它不是比喻义。

有的比喻义是从本义或基本义产生的。如"锻炼",基本义是"锻造和冶炼",比喻义是"通过体育运动使身体强壮"。又如"傀儡"kuǐlěi,本义是指"木偶戏里的木头人",由这个意义产生出比喻义:"比喻受人操纵的人或组织(多用于政治方面)"。"后台",本义是和基本义都是"剧场中在舞台后面的部分",从这个意义产生出比喻义,"比喻在背后操纵、支持的人或集团"。

有的比喻义是进一步从引申义发展出来的。如"网"的本义和基本义都是:"用绳线等结成的捕鱼捉鸟的器具"。从这个意义发展出引申义："用网捕捉"。从这个引申义又发展出比喻义："像网似的笼罩着"，如"眼里网着红丝"。

应该注意的是，词的比喻义和词在修辞上的比喻是不同的。比喻义已成为多义词中固定的引申义，即使离开了一定的语境仍保留该义，记录在词典中。而比喻手法产生的修辞义则是不确定的，离开了那个语境，该义就消失了。如"帽子、后台、傀儡、近视、结晶、包袱"都有比喻义，都是固定义；而像"鲜花"一词只有在"姑娘好比鲜花"这类句子中才有"姑娘"的修辞义，用的是临时的比喻用法。

四、单义词和多义词

（一）词的固定义和临时义

随着社会的变迁，词义也在发展，大多数词不止一个意义，特别是历史悠久的词或常用词，一般有多个意义。

如："规范"，《现代汉语词典》解释为：①约定俗成或明文规定的标准：语音～｜道德～。②合乎规范：这个词的用法不～。③使合乎规范：用新的社会道德来～人们的行动。

"大妈"，《现代汉语词典》解释为：①伯母，父亲的哥哥的妻子。②对年长的妇人的尊称。

上例中的两个词的意义。是习用已久的并且记录在词典中的意义，这就是词的固定义。固定义是使用这一语言的人们所共同理解的。

而与词的固定义相对的是词的临时义，是指人们为了表达的需要、通过各种修辞手段临时赋予词的意义。如"不拿公家一针一线"。"针"、"线"是临时的借代用法，以部分代全部，代群众的"财物"，这就是"针"、"线"在这个句子中的临时义。

临时义如果广泛使用，被人们广泛接受，就可以固定下来，就可以由词的临时义也发展为固定义。如"骨头"，常用来比喻人的品质，这个意义逐渐为人们所熟悉所接受，就成了固定义。"诸葛亮"，是三国时蜀汉政治家，字孔明，辅佐刘备建立蜀汉政权。人们常用来称"足智多谋的人",这个意义就渐渐固定下来了。又如"枪杆子",人们临时通过借代法指"武装"、"武装力量"、"武装斗争"等,如"枪杆子里面出政权"。(毛泽东《战争和战略问题》)渐渐地,这一意义也固定下来,在词典中有了记录。

(二)义项

一般来说,一个义项概括一个固定义。义项是词或语素在词典中的意义单位。词的固定义在词典中用"义项"的形式来概括。如"面子",《现代汉语词典》的解释是:①物体的表面:被~。②体面;表面的虚荣:爱~|要~。③情面:给~|碍于~,只好答应了。词典中记录了"面子"的三个意义,因此,我们可以说,"面子"有三个义项。

根据词的义项的多少,可以把词分为单义词和多义词两种。

(三)单义词

单义词是只有一个固定义的词,在词典中只有一个义项,意义固定、明确,不会有歧义。

单义词主要包括:

1. 科学术语概念。如:"汉字"、"语音"、"体重"、"解剖"……

2. 专有名词,鸟兽、草木、器物等常见事物的名称。如"沈阳"、"姚明"、"篮球"、"跳台"、"高低杠"……

单义词虽然只有一个明确的固定义,但可以通过比喻借代等手法,临时赋予新的词义,即另有临时义,有的临时义会逐渐固定下来。

(四)多义词

多义词是具有多个相关的固定义的词。它在词典中有多个义项,义项之间互相联系。现代汉语中,多义词多于单义词。如:

"铁",本义是指一种金属,又用来比喻"确定不移",如"铁的纪律"。它所包含的这两个义项虽然互不相同,但又互相联系。

"浅",本义指深度小,引申有"短暂"(如"相处日浅")、"淡薄"("浅颜色")等意义。包含的义项虽互不相同,但也是互相联系的。

汉语中,单音节的多义词,往往义项很多,如《现代汉语词典》中,"红"有 5 个义项,"一"有 9 个义项,"打"有 25 个义项。而多音节的多义词,一般只有两三个义项。

(五)词的单义性和多义性的关系

1. 从历史发展看

一个词在新出现时总是单义的,词的多义性是语言历史发展的必然结果。

随着客观事物的发展和人们对客观事物认识的深化,词义的区分越来越细致深入,人们会用现成的一些词来表示相近、相关、相似的其他一些事物现象,用原本的语音形式来表示相关的词义。这就造成了一词多义现象。这是一种普遍现象。

如果一个词的几个意义之间历史上曾经有联系,而今天这种联系已经不明显,很难看出,绝大多数使用者已经不知道这种联系,那么,它就演变成意义不相干的不同的词,成了一组同音词。

2. 从具体运用看

在具体运用中,多义词一次也只能使用其一种意义,仅有一个义项发挥作用,其他义项并未起作用。若孤立地静止地看一个多义词,那么我们会发现它具有表达多种意义的可能。在具体的上下文中,每个词绝大多数是单义的。词在具体运用中的意义,可以靠具体的语境特别是上下文来确定。可见多义词的存在,一般并不影响词义的准确表达和理解。

某些情况下,一个词也可以同时实现两个或两个以上的义项,以达到特定的表达效果,这就是修辞学上所说的一语双关(包括"一语三关"等)现象了。

五、近义词辨析

(一) 同义词及其类型

同义词是指意义相同或相近的词。同义词的类型有等义词和近义词：

1. 等义词

等义词是意义完全相同、在任何语境中都可以相互替换的词语。例如：

剪刀——剪子　　　　　铁道——铁路
电扇——电风扇　　　　　青霉素——盘尼西林

2. 近义词

近义词是意义大同小异或者意义相同但附属色彩、用法、功能等不同的一组词，词之间存在种种细微差别，也称"相对同义词"或"条件同义词"。近义词互相应用时不能任意相互替换，若换用，就会发生语义上的、色彩上的一定变化。

现代汉语的近义词非常丰富，近义词的存在，有其积极的意义和作用，是词汇学研究的重要对象。学习近义词，扩大自己的词汇量，也是人们学习语言、提高语言运用能力的重要途径。

一般来说，近义词之间常有以下形式方面的特点和联系：

1. 语音相同。如：做——作，必需——必须，年轻——年青，发愤——发奋，功夫——工夫，企求——乞求，反映——反应。

2. 语素相同而次序不同。如：健康——康健，代替——替代，灵魂——魂灵，粮食——食粮。

3. 各词有相同语素也有不同语素。如：成果——结果——后果，保护——庇护——维护，例如——比如，错误——失误，延误——耽误，显露——披露——裸露——表露——透露，愚昧——愚蠢。

4. 当然，也有各词语素都不相同的，如：干脆——索性，卓越——杰出，仿佛——好像，鲁莽——冒失，劳累——疲倦，广泛——普遍。

近义词在语言系统和语言运用中的作用主要有如下几点：

1. 有助于人们选择最恰当的词来尽可能准确地表达思想感情。

2. 有助于避免用词重复。运用一组近义词，可以使表达准确生动而富于变化。

3. 可以满足人们修辞上的讳饰、婉曲等的需要。

4. 同义词连用可以加重语气，达到修辞上强调的目的。

（二）近义词的辨析方法

近义词之间的词义往往大同小异。大同好分，小异难辨。学习如何辨析同义词，要点就是掌握同中求异的内容和方法。一般可以从如下三个方面加以分析。

1. 意义辨析

根据词义的性质和范围，可以从以下几个方面加以辨析。

（1）表示事物现象的近义词，一般有范围大小的不同，或者集体和个体的区别。

①范围大小不同

有些近义词所指的虽然是同一种事物，但其中语义所包括的范围有大有小。例如：

木材——木料 时期——时代 边疆——边境
战斗——战争 城市——城区

②集体和个体的不同

有些近义词虽然都是指同样的事物，但有的所指的是具体的、个别的，有的则专指概括的、集体的。例如：

树木——树 湖——湖泊 船——船舶 书籍——书

（2）表示动作行为的近义词，所表示的动作行为特点有同有异，所表示的动作行为的施事和受事有同有异。

①语意轻重程度不同

有些近义词在某些特征或程度方面表现出语意的轻重区别。例如：

轻视——藐视——蔑视——鄙视　　失望——绝望

用力——竭力　　优良——优异

②所表示的动作行为的特点不同。例如：

拿——捏　　　　　　　掩盖——掩饰

爱惜——爱护　　　　　整理——整顿

③所表示的动作行为的施事不同。例如：批准——许可

④所表示的动作行为的支配或涉及的对象不同。例如：

喂养——饲养　　达到——到达

⑤所表示的动作行为和动作行为的施事、支配对象都不同。

例如：指导——领导

（3）表示性质状态的近义词，可能所表示的性质状态有同有异，可能它们的适用对象也有同有异。

①所表示的性质状态的特征不同，侧重点不同，或语意的轻重程度不同。例如：

亲密——亲昵　　精细——精确

②性质状态的适用对象不同。

标致——好看　　优良——优秀　　美丽——漂亮

③所表示的性质状态的特征和适用对象都有同有异。例如：

懦弱——软弱

2. 句法功能辨析

一般来说，词性相同的同义词，充当句法成分的能力也相同。如"懦弱"和"软弱"都是形容词，都能作谓语、定语。但同义词之间也有句法功能不同的情况。

（1）词性相同，充当句法成分的能力和组合能力有同有异。如：

阻碍动词，能带宾语，如"阻碍交通"；也能做宾语，如"冲破重重阻碍"。

阻止动词，能带宾语，但自身不能做动词的宾语。

（2）词性不同，充当句法成分的能力和组合能力有同有异。如：

　　"突然"有"来得迅速而出乎意料"的意思，能做状语，如"突然下了一场雨"。"突然"还能做谓语，如"这场雨太突然了。"还能做补语，如"这场雨来得太突然了。""突然"是形容词。

　　"忽然"也有"来得迅速而出乎意料"的意思，也能做状语，如"忽然下了一场雨"。但不能做谓语和补语。"忽然"是副词。

　　又如"刚刚"和"刚才"，词义相近，但词性不同。"刚刚"是副词，"刚才"是名词。都可以做状语，但组合能力有不同之处："刚才"前面可以加介词"从""在"等构成介词结构，而"刚刚"不可以。

　　3. 附属色彩辨析

　　词义除了理性意义、概念意义之外，还有感性意义附属色彩，如感情色彩、语体色彩等比较重要的方面，也有时代色彩、形象色彩等。

　　(1) 感情色彩

　　某些近义词所包含的基本意义相同，但感情色彩不同。表达、体现说话者对某种对象所持的主观态度，或称赞，或贬斥，或者既不褒扬也不贬斥，这在词中表现为感情色彩的褒义、贬义和中性，这样的词分别是褒义词，贬义词、中性词。当然并不是每组近义词都有褒义、贬义和中性的区别。请看下面四组近义词：

感情色彩		例	词	
褒义	果断	教诲	成果	
中性		教训	结果	依靠
贬义	武断	教唆	后果	依赖

　　(2) 语体色彩

　　某些近义词之间的细微差别体现在语体上，有的只适用于某一种语体，有的则适用于另一种语体，从而形成了近义词之间在语体色彩上的差异。这主要表现在：

①普通话（普通词）——方言（方言词）：如"知道——晓得"，"什么——啥"。

②口语——书面语：有的多适用于口语，同时带有通俗的语体色彩；有的则适用于书面语，同时带有庄重、典雅的语体色彩。如：生日——诞辰，奶奶——祖母，妈妈——母亲，挖苦——讥笑。

③普通用语——特殊用语：有的是普通用语，有的则只适用于某种特定的语体和场合，别的语体、场合中不用。如：

见面（普通用语）——会晤（用于外交）食盐（普通用语）——氯化钠（用于化学）

现在（普通用语）——兹（用于公文事务）

④音译词——意译词：

马达（motor）——电动机

维他命（vitamin）——维生素

盘尼西林（penicillin）——青霉素

莱塞（laser）——激光——镭射

这几组词中，意译词已代替了音译词，被确立为规范用法。

（3）形象色彩

有的词，词义是语素义的比喻或借代用法，带有鲜明的形象色彩，而有的词则比较抽象概括。如：

桃李——学生，前者是比喻用法，有形象色彩；后者是一般的表达，无形象色彩。

揭晓——公布，前者有形象色彩，后者无。

草包——饭桶，都有形象色彩，但形象不同。"草包"，比喻无能的人；"饭桶"，比喻只会吃饭而不会做事的人。

第四节 熟 语

一、熟语

（一）熟语

熟语是人们常用的定型化了的固定短语，是语言中相沿习用的固定结构。汉语熟语作为一种特殊的词汇单位，在汉语词汇系统中形成了一个颇具特色和规模的子系统。

熟语是民族语言特有的词汇单位，比起一般的词汇单位来，熟语受到各民族的文化传统的影响特别深刻，具有丰富的内容与精炼的形式，大都源远流长，运用普遍。

现代汉语的熟语系统主要包括：成语、谚语、惯用语和歇后语。其中，成语、惯用语和歇后语的语言形式一般是固定短语，谚语一般是句子。

（二）熟语的特点

作为语言的建筑材料来使用的熟语，与词一样具有结构的定型性、语义的融合性以及功能的整体性等特点。

1. 结构的定型性，指的是其构成成分和结构关系都是固定的，不能随意替换结构成分或改变其结构关系。

2. 语义的融合性，指的是熟语的意义不等于构成成分意义的简单相加，而是表达一个新的完整的意义。熟语内部各部分的意义互相制约、互相依赖，并在其他许多因素的作用下，融合在一起。

3. 功能的整体性，指的是熟语也是词汇系统的最小单位。也就是说，熟语一般总是作为词的等价物来使用的，同词一样，都可以用一定的语法规则把它们组织起来，构成句子去同别人进行交际。

二、成语

（一）成语

成语是一种相沿习用、含义丰富、具有书面色彩的固定短语，是指历史上沿用下来或群众中长期流传、见解精辟并含有特定意义的固定短语。例如：

登峰造极　排山倒海　炉火纯青　忠心耿耿　大刀阔斧
华而不实　井底之蛙　一衣带水　光明正大　天涯海角

具有悠久的历史渊源的成语是汉语词汇的一个宝库，其文化蕴藏量极其丰富，有很高的使用频率，为广大人民群众喜闻乐用。

（二）成语的来源

作为现代汉语词汇宝库一分子的成语，极大部分是来自历史故事、神话寓言或者古典诗文的，不少是典故性的，经过近千年人民群众的使用和流传才约定俗成广为人知的。

一般来说，成语主要来源于以下几种情况：

1. 来源于神话寓言。例如：

画蛇添足　（《战国策·齐策》）

望洋兴叹　（《庄子·秋水》）

炼石补天　（《淮南子·览兵训门》）

一人得道，鸡犬升天　（《论衡·道虚门》）

黄粱美梦　（唐·沈既济《枕中记》）

黔驴技穷　（唐·柳宗元《柳河东集》）

2. 来源于历史故事。例如：

纸上谈兵　（《史记·廉颇蔺相如列传》）

夜郎自大　（《汉书·西南夷列传》）

投笔从戎　（《后汉书·班超传》）

城下之盟　（《左传·桓公十二年》）

洛阳纸贵　（《晋书·左思传》）

口蜜腹剑　（《资治通鉴·唐纪》）

3. 来源于古典诗文语句。例如：

文质彬彬（《论语·雍也》）

进退维谷（《诗经·大雅·桑柔》）

亦步亦趋（《庄子·田子方》）

扑朔迷离（古乐府《木兰辞》）

子虚乌有（汉·司马相如《子虚赋》）

寸草春晖（唐·孟郊《游子吟》）

4. 来源于民间口头俗语。例如：

呆头呆脑　半斤八两　大手大脚　七嘴八舌　三心二意

头重脚轻　有板有眼　鸡毛蒜皮　乱七八糟　说三道四

（三）成语的特点

1. 意义的整体性

成语是历史的产物，或来源于神话寓言，或来源于历史故事，或来源于古典诗词，或来源于民间俗语等，像"胸有成竹"、"刻舟求剑"、"杯弓蛇影"、"守株待兔"这样的成语都是有出典的，因此理解一个成语的意义，决不能望文生义，成语表层意义的背后，往往隐藏着深层意义。这也就是成语意义的整体性特点。

除此之外，为了正确理解成语的意义，还应注意以下两点：

（1）注意成语中古代语素的准确意义

我们应该借助词典的帮助弄清成语中包含的现代汉语已不用的古代语素的准确意义，以此来真正透彻地理解成语的意义。例如：

叱咤风云（怒斥声）　　　　风流倜傥（洒脱，不拘束）

大放厥词（其；他的）　　　一蹴而就（踏）

万籁俱寂（孔穴中发出的声音）始终不渝（变更）

成语中还有相当多的现在也常用的语素在成语中用的是古义，所以，理解成语的意义时不能用今义去代替古义。例如：

短兵相接（兵器）　　　　　功败垂成（接近）

洞察一切（深入地）　　　　走马观花（跑）

求全责备（苛求完备）　　　屡试不爽（差错）

休戚相关（欢乐和忧愁）　　摧枯拉朽（折断）

异曲同工（巧妙）　　　　　明察秋毫（视力好）

（2）注意成语中的特殊语法现象。

①名词活用成动词

不胫而走　　门可罗雀　　春风客人　　箪食壶浆

②使动用法的

以理服人　　高枕无忧　　斗鸡走狗　　安民告示

③以动、意动用法

鱼肉百姓　　草菅人命　　文人相轻　　安居乐业

④名词作状语

道听途说　　风驰电掣　　日积月累　　口诛笔伐

⑤定语替代定中结构

扶弱抑强　　送往迎来　　救死扶伤　　为人作嫁

⑥前置宾语

一以当十　　何去何从　　唯命是听　　时不我待

2. 结构的凝固性

成语的结构是凝固的、定型的，具体体现在以下几方面：

（1）大部分成语是四个字的，所以也叫"四字格成语"。如实事求是、否极泰来等。但也有些成语不限于四个字的，仍然可以看作成语。如：

五个字成语：坐山观虎斗　　小巫见大巫　　物以稀为贵
　　　　　　水火不相容　　依样画葫芦

六个字成语：迅雷不及掩耳　　五十步笑百步
　　　　　　化干戈为玉帛　　风马牛不相及

七个字成语：四海之内皆兄弟　　此地无银三百两
　　　　　　山雨欲来风满楼　　近水楼台先得月

八个字成语：知己知彼，百战百胜　　不入虎穴，焉得虎子
　　　　　　不鸣则已，一鸣惊人　　青出于蓝而胜于蓝

（2）成语结构关系稳定，不能随便改变次序。例如"虎踞龙

盘"、"知己知彼"不能说成"龙盘虎踞"、"知彼知己"。当然，也有一小部分联合式的成语例外，客观上存在着两种次序的成语形式。例如：

正大光明——光明正大　　背井离乡——离乡背井

天涯海角——海角天涯

自不量力——不自量力　　得意洋洋——洋洋得意

一团漆黑——漆黑一团

（3）成语成分也不能轻易改换。例如"有的放矢"、"削足适履"不能随便改为"有的放箭"、"削脚适履"或者"有靶放矢"、"削足适鞋"。但是，也有个别成语由于原来个别字意义比较生僻，已经改成现在比较容易理解的成分。例如：

覆车之鉴——前车之鉴　　揠苗助长——拔苗助长

3. 成语的民族性

成语在内容和形式两个方面都表现出了汉语成语的民族性。内容素材都跟汉民族的历史息息相关，体现出中国悠久而丰富的历史底蕴。例如：

与春秋战国息息相关的价值连城、怒发冲冠、完璧归赵、负荆请罪等。

与楚汉之争息息相关的破釜沉舟、四面楚歌、约法三章、取而代之等。

（三）成语的作用

1. 言简意赅

大部分成语四字格形式就可以表达出相当复杂的意义和思想内容，语言简练且增强了修辞效果，能够运用于各种语体，言简意赅，表现力极其丰富。例如：

未雨绸缪　防患未然　我国灾害性天气预报水平居世界前列（新闻标题）

2. 整齐匀称

成语不仅在表达概念、意义上言简意赅，而且在语音上整齐匀称、起伏跌宕、富有韵律美，简洁凝练、风趣幽默，而且具有较强的音乐美。例如：

在我们民族的文化中，玉是美好的象征，玉洁冰清、璞玉浑金和宁为玉碎，不为瓦全等词语，就含有高贵、纯洁、坚定之意。

3. 生动形象

成语结构关系稳定、不能随便改变次序的特点让成语成为熟语中定型性最强的一种，然而越是不易改变的结构体，一旦进行巧妙的改换就越能造成特殊的生动形象修辞效果。例如：

近年一幅讽刺不讲卫生随地吐痰现象的漫画以"无所不'痰'"为标题，巧妙地把成语"无所不谈"所形容的轻松自在的神态与随地吐痰不以为耻的神态联系在一起产生了深刻的讽刺效果。

三、惯用语

（一）惯用语

惯用语是指口语中短小定型的表达一种习惯含义的短语，结构上大多为三音节，例如：

单打一　耍花招　吃鸭蛋　挖墙脚　开绿灯　磨洋工

泼冷水　倒胃口　走后门　扣帽子　开夜车　吹牛皮

钻空子　碰钉子　穿小鞋　打游击　马后炮　下马威

还有非三音节其他格式的惯用语，例如：

打马虎眼　　揭不开锅　　吃定心丸

捅马蜂窝　　唱对台戏　　吃大锅饭

好戏在后头　八九不离十　蚂蚁啃骨头　花岗岩脑袋

生米煮成熟饭　八竿子打不着　不管三七二十一

（二）惯用语的特点

与成语相比，惯用语的突出特点是：

1. 惯用语大多数是三字格，通俗词语特别多，简单、明快、形象、风趣，口语色彩浓。如：炒鱿鱼、拉后腿、翘尾巴、嚼舌头、夹尾巴等。

2. 惯用语灵活多变，常可插入一些词语，或者颠倒其中成分的次序而它所表达的习惯意义不受影响，如："碰钉子"可以说成"碰了一个大钉子"，"走后门"可以说成"走某某人的后门"、"没有后门可走"等。

3. 许多惯用语善于抓住事物特征，贴切地运用比喻、夸张、借代等手法进行传神描述，准确、生动、形象、概括地反映了某些社会现象和某种行为，通俗、形象而又色彩鲜明。例如："泼冷水"、"摸老虎屁股"、"胡子眉毛一把抓"用的是比喻；"鼻子都气歪了"、"喝凉水都塞牙"用的是夸张；"揭不开锅"、"说曹操曹操就到"用的是借代；"锁将军把门"用的是比拟等等。

四、歇后语

（一）歇后语

歇后语是一种由前一半近似于谜面、后一半相当于谜底两个相关部分组成的带有隐语性质的口头固定短语。

歇后语能把一般的词义表达得特别形象生动、风趣幽默、引人入胜，除了运用比喻、双关的手法之外，最根本的原因是其先借用各种手段隐晦、曲折、委婉地加以暗示，启发听者发挥想象力去"猜"出下文。这种"谜面"的设计，既要巧妙地暗示出"谜底"即理性意义，又要尽量关照到整个歇后语的感情色彩、语体风格等，这就为人们发挥形象思维、展示文学创作能力拓展了广阔天地，可以在已有的形象基础上，发挥想象力，构拟出各种新鲜有趣的形象。例如：

老鼠替猫刮胡子——拼命巴结

耗子给猫拜年——挣钱不要命

墙头上的草——风吹两边倒

狗拿耗子——多管闲事

十五只吊桶打水——七上八下

梅兰芳唱霸王别姬——拿手好戏

猪八戒照镜子——里外不是人

孙猴子的脸——说变就变

花生的壳，大蒜的皮——一层管一层水

狗咬吕洞宾——不识好人心

刘备摔孩子——收买人心

门缝里看人——把人看扁了

沙锅捣蒜——一锤子的买卖

马尾拴豆腐——提不起来

大水冲了龙王庙——自家人不认识自家人

（二）歇后语的分类

根据歇后语前后两个部分的关系，可以把歇后语分为两类：

1. 喻意类

喻意类歇后语，前部分是比喻，后部分是对前部分的解释。

例如：

洗脸盆里扎猛子——不知深浅

大路上的电线杆——靠边站

王八吃秤砣——铁了心

大海里捞针——无处寻

哑巴吃黄连——有苦说不出

王八吃西瓜——滚的滚，爬的爬

飞蛾扑火——自取灭亡

螃蟹过马路——横行霸道

老牛追兔子——有劲使不上

高射炮打蚊子——大材小用

骑驴看唱本——走着瞧

木头眼镜——看不透

大姑娘坐轿——头一回

快刀切豆腐——两面光

黄鼠狼给鸡拜年——没安好心

石碑上钉钉子——硬碰硬

徐庶进曹营——一言不发

　　屋檐下的冰凌——根子在上头

　　芝麻开花——节节高

　　聋子拉二胡——胡扯

　　雨后送伞——假人情

　　哑巴吃馄饨——心里有数

　　瞎子点灯——白费蜡

　　丈二的金刚——摸不着头脑

　　2. 谐音类

　　谐音类歇后语，后部分是借助与前部分音同或音近的关系表达意思，达到"言在此而意在彼"的一语双关的效果。例如：

　　孔夫子搬家——尽是书（输）

　　下雨天出太阳——假晴（情）

　　膝盖上钉掌——离蹄（题）太远

　　老九的弟弟——老十（实）

　　腊月里的萝卜——冻（动）了心了

　　窗外吹喇叭——鸣（名）声在外

　　梁山的军师——吴（无）用

　　外甥打灯笼——照舅（旧）

　　蛤蟆跳井——扑（不）通

　　纸糊的琵琶——弹（谈）不得

　　小葱拌豆腐——一青（清）二白

　　飞机上挂暖壶——高水瓶（平）

　　打破沙锅——璺（问）到底

　　老鼠爬秤钩——自己秤（称）自己

　　（三）歇后语的运用

　　恰当地运用歇后语可以使语言饶有趣味、生动活泼、风趣幽默，给读者留下深刻鲜明的印象，收到较强的表达效果。例如：

　　你们也太门缝儿里看人（把人看扁）了，我们也是经过了几年训练的网球强队呢！

　　我们也不是孔夫子搬家（尽是输），拼了！

但运用歇后语应注意以下两点：

1. 运用歇后语要选取内容健康的，抛弃庸俗落后的。

2. 歇后语不宜在庄重、严肃的语境中使用，尤其不能在政论文、科学论文、公文中使用。

五、谚语

（一）谚语

谚语是产生于民间、流传于百姓口头、形象通俗而含义深刻的固定语句。例如：

三百六十行，行行出状元　　　三个臭皮匠，顶个诸葛亮

留得青山在，不怕没柴烧　　　不怕不识货，就怕货比货

一年之计在于春　　　来得早不如来得巧

情人眼里出西施　　　失败是成功之母

瘦死的骆驼比马大　　　跑得了和尚跑不了庙

天下乌鸦一般黑　　　有理走遍天下，无理寸步难行

善有善报，恶有恶报，不是不报，时候未到

（二）谚语的分类

谚语一般按内容分为：

农谚：白露早，寒露迟，春分种麦正适时

气象谚：一九二九不出手，三九四九冰上走

讽颂谚：鱼找鱼，虾找虾，乌龟找王八

规诫谚：良药苦口利于病，忠言逆耳利于行

风土谚：早穿皮袄午穿纱，围住火炉吃西瓜

生活常识谚：饭后百步走，活到九十九等类型。

（三）谚语的特点

谚语突出的特点是：

1. 内容上，谚语是人们长期生活实践的经验总结，是人们对自然界、社会客观规律的认识，凝结着群众智慧，充满了生活气息，极富有智慧哲理和道德的色彩。例如：磨刀不误砍柴工、清官难断家务事等。

2. 形式上，谚语的句式整齐、音调和谐、形象生动、语言简练、讲究修辞，便于口耳相传和记忆，为老百姓所喜闻乐见。例如：种瓜得瓜，种豆得豆；吃人的嘴软，拿人的手短等。

3. 使用上，谚语既可以作为独立的引用语，也可以进入语句中充当主语、谓语、宾语、定语、状语和分句。它可以用"常言道"、"俗话说"等话标明，成为"明引"，也可以直接融入语句，成为"暗引"。例如：

说来也有些难开口，可是人情归人情，公道归公道。看来我不提，你们好像忘了这回事似的。

"人无头不走，鸟无头不飞，只要你肯挺身而出，领个头，掌起舵，下龙潭，入火海，我们跟着你。"

用长材料写短篇小说并不吃亏，因为要从够写十几万字的事实中提出一段来，当然是提出那最好的一段，就是宁吃鲜桃一口，不吃烂杏一筐了。

第五节　词汇规范化

一、词汇规范化的任务

现代汉语词汇的规范化涉及两个方面的问题：

第一是语言的词汇系统本身还不够完善，还存在着这样或那样的缺点或不足，比如异形词、异读词，这都需要有关部门研究以后，定出一定的标准予以规范，以便所有使用者有法可依。

第二是语言使用中出现的不合规范的问题，这主要是使用者语言素养不够或态度不认真造成的，比如生造词和误用词，这就需要大家提高语言运用的自觉意识，尽量避免出现类似的问题。

二、词汇规范化的原则

语言是人类最重要的交际工具，是一种社会现象，它随着社会的产生而产生，随着社会的发展而发展。在语言发展的历史进程中，词汇中的一般词汇对客观现实的各种变化最为敏感，新事物的出现，原有事物的变化以及旧事物的消失，都通过一般词汇反映出来。因此一般词汇永远处于经常不断的变动之中。

在语言发展中，新词语不断产生，丰富了我们的词汇库；旧词语不断地消亡或被淘汰，使语言更加健康。新词新语的产生是语言发展的积极因素，但同时，新词新语新用法也对语言规范化产生了巨大的冲击。因为语言是一个不断发展变化的活的体系，使用语言的人又是形形色色的社会全体成员。在这个新旧交替的过程中，某些不太规范的新词新语或新用法以及即将退出历史舞台的旧词旧义或旧用法总是不断冲击着已有的、通行的规范。没有这种冲击，词汇就不能丰富多彩，语言也就像一潭死水。所以，我们要肯定这种冲击对语言规范产生的积极作用。

规范化和标准化是一种理想的境界，任何语言在任何时候恐怕都不会达到完全的规范化和标准化。但是我们还是要大力提倡词汇规范化，促进语言健康、积极地发展。

判断新词新语新用法是否符合规范，主要依据以下两大原则：

1. 交际需要的原则

(1) 表意的需要

判断一个词语是否符合规范化的要求，首先要看是否满足表意的需要。具体来说，就是看是否表达了新事物、新概念，或有新的修辞色彩的用法。比如"护发素"、"微波炉"、"扫描仪"、"磁悬浮"、"等离子电视"、"数码相机"等都是最近若干年才出现的新事物，特别是科技的高度发展，信息化时代的来临，更是为新词的产生创造了必要的条件。例如：

硬件、软件、因特网、黑匣子、加速器、流水线、反馈、终端、酸雨、同步、信源、手机、电脑、数据库、生物钟、潜意识、信息港、记忆库

普通话词汇在历史发展过程中吸收了一些有特色的方言词，

比如"搞"来自西南方言，"垃圾、瘪三、噱头、尴尬"来自吴方言，近年来还吸收了一些粤方言词，如"炒鱿鱼、打工"等。但是，诸如"揾食"这样的粤方言词，并没有表达独特的意义，这个词一般人连怎么读都不知道，就不可能被普通话所吸收。与此类似，有人放着"抱怨、如果、跋涉、施行"这样规范的词语不用，故意替换语素或颠倒语素顺序，生造出"怪怨、若果、涉跋、行施"，既没有表达新义，也没有新的修辞色彩，我们理所当然应该予以拒绝。

（2）经济的需要

社会交际要求语言日趋精确细密，但在交际中，出于省时省力的需要，人们又要求在不影响交际的情况下语言尽量简洁明了，于是大量因简缩造成的新词就产生了。比如"调研、彩电、挖潜、集资、研制"等。但同样是用简缩造成的"体惜、刚始"则属生造词。那么，根据什么说"彩电、研制"是新词，"体惜、刚始"是生造词呢？在确定一个简缩形式是新词还是生造词，或者说看一个语言片段是否有必要简缩成词时，必须考虑两点：

第一，使用频率。使用频率与词语长度成反比。使用频率越大，词语长度要越短。这是语言发展经济原则的一条很重要的规律。使用频率越高的词语，人们越要求其简短。

第二，凝固程度。凝固程度与简缩可能性成正比。词语之间的凝固程度越高，它简缩成词的可能性就越大。如果几个词语经常组合在一起使用，甚至已经成为一个相对固定的结构，那么它就非常有可能简缩成一个词。

由此可见，使用频率高构成了简缩的价值，凝固搭配则为人们的准确理解提供了条件。对社会上新出现的一些简缩或缩略语，应该观察一段时间，进行"冷处理"。比如 20 世纪 80 年代刚刚出现"超市"时，有人就坚决反对，认为是不规范的，应该取消，但是这些年下来，"超市"已经进入老百姓的千家万户，看来已经在汉语中扎根了。

（3）修辞的需要

交际中，人们不仅要求语言准确明白，而且要求语言尽可能生动、活泼，或者有意识地回避一些有刺激性说法，寻求比较委婉的说法，以追求一定的修辞效果。由此也会造出一批新词来。例如：

失业→待业　　　涨价→调价　　　低能→弱智
残废→残疾　　　高价→议价

人们在表达中刻意追求节奏美，有时也会造出新词。一个单音节词与另一个具有相同或相近意义的词组合在一起，就构成一个双音节的新词。比如把"流"和"淌"结合在一起构成"流淌"，可以适应表达上的节律需要。音节整齐以及声调起伏使汉语带有明显的音乐性。但不是所有的单音节词都有必要变成双音节词。比如"揍"和"打"常在口语中使用，就没有必要合成"揍打"。与此相反，为了某种音律的需要，把双音节词强行减为单音节词，也会导致生造词的产生。

2. 表义明确的原则

由于汉字的表意作用，大多数新词都可以"望文生义"，这也是许多新词可以被人们很快理解掌握的重要原因。汉语中的新词绝大多数是用汉语中的固有语素重新排列组合而形成的，其中以用复合和简缩的方式造出来的新词为多。然而也有一些所谓的"新词"，不能给人以明晰准确的含义，因此很难为人们所接受，比如"哑静、急义、楞生"等，而"纤敏的作家和评论家"中的"纤敏"，到底是"纤弱敏感"、"纤巧敏锐"还是别的什么意思，也叫人难以确切把握。

三、词汇规范化的标准

词汇规范化的标准是一个绝对性与相对性相结合的矛盾统一体。绝对性标准要求词汇有一个比较严格的标准，相对性标准强调言语表达的灵活性。

语言的规范不是一成不变的，不同语体之间也存在着差异性。因此，判断词语是否规范要结合语体进行，生造词语的问题，如果离开语体的具体要求，往往不容易说清楚。比如"太阳那么灿烂、春光那么妩媚、花圈那么凄艳"，其中的"凄艳"在词典里未必找得到，现有词汇中还找不出一个词可以代替它。但如果不用这个词，就要用较多的语词，那样既不凝练，也使句子失去了均衡美。"凄艳"这个词在谈话语体中也许表义不够显豁，但在文艺性书面作品中，却是可以接受的。

另外，对所谓"生造词语"（包括简缩词语）应有不同的规范要求。一般说来，科学语体应当尽量避免生造词语，而艺术语体、谈话语体在一定情况下，可以出现特定语境中的简称、临时词等。当然，对谁也不懂的影响交际效果的词语，是任何语体都应排斥的。

四、词汇规范化的内容

（一）异形词的规范

所谓异形词，是指语音相同、语义相同而词形（汉字书写形式）不同的词。现代汉语的词汇系统中客观地存在着不少异形词。这大致可以分为三种情况：

1. 同素颠倒词，即语素相同但次序相反的词。例如：

（1）A 健康/B 康健　词语/语词　蔬菜/菜蔬　直率/率直
　　　　　　　　　　士兵/兵士　介绍/绍介　寻找/找寻
　　　　　　　　　　凌驾/驾凌

（2）A 代替/B 替代　离别/别离　力气/气力　忌妒/妒忌
　　　　　　　　　　讲演/演讲　山河/河山　响声/声响
　　　　　　　　　　伤感/感伤

（3）A 感情/B 情感　发挥/挥发　路线/线路　负担/担负
　　　　　　　　　　计算/算计　裁剪/剪裁

2. 异形等义词。即其中一个语素字形相同，而另一个是不同的词。例如：

（1）统帅/统率　师傅/师父　工夫/功夫　本分/本份　融化/溶化　笔画/笔划

　　(2) 美元/美圆　人才/人材　马虎/马糊　制服/制伏　跟斗/跟头　词典/辞典　风韵/丰韵　红运/鸿运　红装/红妆　原配/元配　把势/把式　腻味/腻歪　黑糊糊/黑乎乎/黑忽忽　含糊/含胡/含乎/含忽　笑眯眯/笑迷迷/笑咪咪　滴答/嘀嗒/的答　孤孤叫/呱呱叫　气呼呼/气乎乎　红彤彤/红通通

　　3. 异形外源词。这有两种情况：

　　(1) 由于采取音译或意译不同的引进办法。例如：

　　派对/晚会　的士/出租车　德律风/电话　司的克/手杖

　　卡通/动画

　　水门汀/水泥　太妃/奶糖　维他命/维生素

　　盘尼西林/青霉素

　　镭射/激光　幽浮/飞碟　布拉吉/连衣裙　麦克风/扩音器

　　现在基本上以意译词占优势，音译词已经或者正在淘汰。

　　(2) 由于从不同的地区引进，即使都是音译，也可能采用不同的字形。例如：

　　爱滋病/艾滋病　迪斯科/的士高　桑那/桑拿/桑纳

　　这类情况在内地跟台湾、香港等地区的反映最为突出。例如：

　　沙发/梳化（香港）　色拉/沙律（香港）

　　好莱坞/荷里活（香港）

　　做秀（台湾）/做骚（香港）　麦克风/咪高峰（香港）

　　马达/摩打（香港）

　　新西兰/纽西兰（台湾）　里根/雷根（台湾）

　　盎司/安士（香港）

　　显然，大量这样的不同字形的外来词的存在既不利于学习，也不利于信息化的处理。目前我们可以先做一些调查研究的工作，等到条件成熟的时候再进行规范。

　　(二) 生造词的规范

　　语言中的词汇系统是最具有活力的，新的词语不断产生，旧的词语不断消亡。在新词产生的过程中，不可避免地也会出现一些"生造词"。所谓生造词，就是指这些新造出来的词语，既没有表示新事物或新概念，也没有表达社会变革、社会心理的特殊效果，而且词义含糊不清，纯粹是个人的一种标新立异。例如：

　　体惝（体贴惝记）　　狡奸（狡猾奸诈）　　生救（生产自救）
疏薄（稀疏且薄）

（三）简缩词的规范

短语，特别是一些常用短语，由于语言的精简原则，常常会简缩，而且重要的是按照双音节化来简缩，有相当一部分已经"词化"。例如：

　　1. 高中（高级中学）　　衣架（衣服架子）
　　　 扫盲（扫除文盲）　　科技（科学技术）
　　2. 环保（环境保护）　　调研（调查研究）
　　　 审干（审查干部）　　节能（节约能源）
　　3. 超市（超级市场）　　挖潜（挖掘潜力）
　　　 家电（家用电器）　　国企（国家企业）

1. 这类简缩词已经定型，基本上可以当作一个词来使用。2. 这类词的组合还比较新鲜，还可以明显地感觉到原有短语的形式。3. 这类词则更是近期才出现的，还只是在一定的场合中使用。

简缩，要有一定的原则。最重要的一点是词义要明确，不会引起误解，例如下面的简缩就显然不合适：

　　遇难（遇到困难）　　心病（心脏病）
　　越迷（越剧迷）　　　容色（容貌颜色）
　　遗物（遗失物品）　　奋迅（振奋迅速）

（四）误用词的规范

即词语本身没有什么错误，只是由于对词义、词的色彩义不太理解，或受到词形或字音的影响而误用，造成搭配不当。例如：

1. 凡高等学校本科毕业或具有同等学历，思想进步，业务优秀，身体健康，年龄在三十五岁以下者……均可报考。

2. 母亲年轻时有一头丰满的黑发，面容清秀，心灵手巧。

3. 要说其是史实的话，必需拿出史料为据，揣测之词是难以服人的。

4. 世界强队秣马厉兵觊觎桂冠。

1. 例的"学历"应为"学力"；2. 例的"丰满"是形容身材的，这里应该用"浓密"；3. 例的"必需"应该用副词"必须"；4. 的"觊觎"是个贬义词，显然用错了。

（五）方言词的规范

1. 普用方言词

方言词是指限于某一方言地域内使用的词语，它与普通话词汇的最主要区别在于使用范围大小的不同。当一个方言词在全社会而不再是某一地域流通时，它就具有普通话词语的性质；如果进一步流传并稳定下来，就会成为普通话词汇中的一员。为了跟一般的方言词相区别，我们把已经进入普通话的这些少数的方言词叫做"普用方言词"。如"念叨"、"旭忧"等。现代汉民族共同语的基础方言是北方话，北方话的词汇是现代汉语词汇的主体部分。但并不是所有的北方话词语都属于普通话词汇，如徐世荣编纂的《北京土语辞典》（北京出版社，1990 年 4 月）就收了北京话方言词一万余条。李荣主编的《现代汉语方言大词典》（江苏教育出版社，1999 年 3 月）41 卷中有 18 卷属于北方方言区，18 个方言点每卷都收了 8 千条左右的方言词。可见每个方言都有自己的词汇系统，有许多自己特有的词语。例如北京方言中的"就筋"（肢体久不活动而伸展不开，动作不灵）、"煳爷爷"（比喻烧烤过头变为黑色的食物）、"憋糟"（不宽舒通畅）。广州方言的"老窦"（父亲）、"好彩"（幸运），上海方言的"交关"（许多）、"拆烂污"（捣乱、拆台），东北方言的"唠嗑"（聊天），闽方言的"目珠"（眼睛）、"洗汤"（洗澡）、"电光"（电灯）、"盾"（房子），都是富于地方特色的方言词。有的方言词的词形与普通话相当，但词义内涵和使用范围却与普通话不同。如"抒"在普通话中的含义是"用手指顺着抹过去，使物体顺溜或干净"，而在北京方言中它还有"顺路走过去"的意义，如"你就顺着铁道捋，不到二里地，就是李村"；还表示"顺序进行或阅读"的意思，如"为了找这个字，一行一行地捋下去"。又如"脸热"在北京方言中指"阅历浅、勇气差，不能板起面孔拒绝人"，如"这孩子脸热，人家叫他干什么就干什么"。"早晨"一词在广州话里用在早晨见面时，所表达的是"早晨好"的意思。"床"在福建莆仙话里可指"桌子"。

2. 方言词的影响

方言词根据交际的需要，不断地有选择地被吸收到普通话里来。方言词进入普通话词汇的速度与数量，与方言背后的经济、文化、政治等方面的因素都有着密不可分的关系。某一方言地区在全社会的影响越大，该方言词进入共同语词汇系统的可能性也就越大。20 世纪 60—70 年代的上海话，80—90 年代的广州话，都曾有一些方言词进入普通话词汇。特别是 80 年代，许多粤方言词，比如"酒楼"、"埋单"、"打的"、"曲奇"、"爆棚"、"炒鱿鱼"、"水货"、"打工"等，都迅速在全国流传开来。这些词语的广泛使用，使普通话原有的"饭店"、"结账"、"乘出租小汽车"、"饼干"、"客满"、"解雇"、"走私货"、"干活"等词语在使用范围和使用频率上都受到很大影响。再如感叹词，人们原来多用普通话的"啊"，后来好用广州话的"哇"，道歉时原来多用普通话的"对不起"，后来好用广州话的"对不住"。这都是方言词对普通话词语的影响。

方言词对普通话的影响程度可分为三种情况。第一，临时涉足普通话，不久就退回到方言中去了。第二，正处于进入普通话的渗透过程中，这时方言词在普通话中的使用范围已相当广，但方言词的色彩仍较浓，人们很容易分辨出它的方言词身份。第三，方言词的地方色彩已经淡化，在普通话中稳定下来并成为其中一个成员。《现代汉语词典》是现代汉语词汇的规范词典，第二版收了 4 万 5 千余条复音节词，其中有 1820 条词语后面标注了"［方］"，这部分词语大部分实际上就是属于第二种方言词，也有小部分已经属于第三种词语。例如：

碍难、熬心、巴望、笆篱、把势、自嘴、摆谱、板实、半彪子、傍边、帮衬、棒冰、棒子、包谷、备不住、背时、鼻头、臂膊、瘟三、蹩脚、埠头、不打紧、不赖、菜码、犀头、糙粮、草鸡、拆白、扯淡、成日、冲凉、瞅见、出溜、触霉头、瓷实、从先、凑份子、撮箕、打谎、打零、打牙祭、大拇哥、歹人、电棒、电转、定规、笃定、多咱、多沉、二百五、发毛、反水、胳肢、挂气、掼交、光火、号丧、耗子、横直、虎势、活络、霍闪、脚踏车、较真、抠门、肋条、愣神、撂荒、溜号、事体、台秤等。

当方言词在全社会使用的范围越来越广，使用频度越来越高时，它就可能最终会成为普通话词汇。像 1990 年出版的《北京土语辞典》中的许多词语，现在人们都已相当熟悉，很少有人再把它们看做是方言词了。例如：

板上钉钉、摆弄、摆谱儿、败家子、般配、板着脸、帮腔、不舒服、不起眼、插嘴、差劲、成色、出息、出月子、凑合、撮合、打哈哈、打退堂鼓等。

再像《现代汉语词典》的初版曾认为下面词语是方言词：

真格的、樟脑丸、浴缸、夜猫子、眼屎、外公、上火、老板、狠命、踮脚、捣鼓、搭腔、扯淡、不赖等。

但 1996 年的修订本则不再标明是方言词。可见，方言词色彩在程度上存在着差异，进入普通话的时间越长，它的方言色彩越淡，最后还有可能基本上消失，成为普通话词汇中的一员。可见，方言词汇是普通话词汇的另一个重要来源。

（六）外来词的规范

1. 外来词的特点

外来词是指来自非汉语的其他语言的词语。当两种不同语言接触时，词语的相互借用是经常发生的。汉语发展历史上曾有过几次大规模的外来词借入，如两汉时西域诸国的事物类词语、汉末魏晋南北朝至唐宋时的佛教词语和近代西方的科学技术、政治哲学类词语。当代中国自改革开放以来的二三十年，可以称之为汉语发展历史上的第四次大规模外来词借入时期。

当代汉语外来词的借入具有数量多、涉及面广的特点。有科学技术、思想文化、政治经济类，也有生活娱乐、饮食穿着、艺术体育类，呈现词汇的多方位渗透、多层次引进的态势。引进的语言多为英语，因为英语是当今世界上最流行的强势语言。例如：

科学技术类：基因、厄尔尼诺现象、B超、艾滋病、克隆。

思想文化类：托福、霹雳舞、迪斯科。

政治经济类：欧佩克、WTO。

生活娱乐类：巴士、桑拿浴、的士、BB机、波音、奔驰、桑塔纳。

饮食穿着类：麦当劳、肯德基、百事可乐、雪碧、迷你裙、比基尼、克力架。

艺术体育类：好莱坞、保龄球、呼啦圈、奥运会、冬奥会、高尔夫球。

当代的汉语外来词中，还有一部分是来自日语。例如：

卡拉OK（一种有音乐伴奏自唱形式）、料理（烹调）、屋（小型专卖店）、洗手间（厕所）、量贩（批发）、写真（照片）、新干线（快速通道）、刺身（一种食品）、寿司（一种食品）、物语（故事、传说）、速达（特快专递）、展示（展览）、放送（播放、演播）等。

汉语也吸收了不少我国境内少数民族语言的词汇，如"萨其马"、"八角鼓"来自满语，"手鼓"、"坎土曼"、"坎儿井"来自维吾尔语，"冬不拉"来自哈萨克语，"芦鳖"来自苗语侗语，"哈达"、"锅庄"、"毡子"、"堪布"来自藏语，"敖包"、"马头琴"、"那达慕"、"堪达罕"来自蒙古语，"枷椰琴"来自朝鲜语。

外来词与社会政治有着较密切的关系。当社会处于开放、与外部世界来往较多的时期，语言一般也会表现出较多的相互渗透、相互借用，这是因为其他国家的观念意识、科学文化、物质商品都会随着各种途径传进来。外来词的多少还与语言地位的高低与影响力的大小有关，一般会表现出强势语言对其他语言有着较大影响力的特点。

汉语外来词通常以下面几种形式出现：

（1）音译词：用汉字来译写外语词的读音，这类外来词最多。例如：

巴士（bus）、麦当劳（McDonald's）、比基尼（Bikini）、的士（taxi）、克隆（clone）、派司（pass）、摩登（modern）、沙龙（salon）、扑克（poker）、蒙太奇（montage）。

（2）部分音译部分意译。例如：

华尔街、新西兰、冰淇淋、摩托车、迷你裙、浪漫主义、丹宁酸。

（3）音译加汉语类名。例如：

啤酒、卡车、酒吧、艾滋病、芭蕾舞、道林纸、沙丁鱼、迷你裙、吉普车。

（4）音意兼译词。同时具有表音和表意的功能，即在用汉字译外语词读音的同时，又能通过汉字原有的意义联想到外语词义。例如：

基因（gene）、多美丽炸鸡（Do and Me Fried chicken）、伟哥（Viagra）、乌托邦（Utopia）、俱乐部（club）、幽默（humour）、安琪儿（angel）、逻辑（logic）、浪漫（romantic）。

（5）借音借形词。通常称字母词。例如：

OK（行）、WTO（世界贸易组织）、UFO（不明飞行物）、WIN98（Windows98 操作系统）、VCD（影碟）、e－mail（电子邮件）、MBA（工商管理硕士）、GDP（国内总产值）、INTERNET（国际互联网）、SOS（求救信号）、BP 机、X 光、TDK 包房、IP 卡。

或是纯粹引用英文词，例如：

SOS，MBA，WTO、IC、IP、UFO、BBC、CD、CT、FAX、LD、VCD、DVD。

从日文中直接借的只用汉字字形，但不借它的读音。例如：

经济、革命、交通、教授、干部、美术、引渡、组合、茶道、人选、浪人、手续。

要注意的是单纯的意译词不是外来词。部分词语可能有音译词和意译词两种形式。例如：E—mail（写成"电子邮件"是意译词，写成"电邮"是意译词的缩略形式，写成"伊妹儿"是音译词）、镭射（laser，写成"激光"是意译词，写成"莱塞"是音译词）。又如：

马达——发动机　　　休克——虚脱

盘尼西林——青霉素　　吉他——六弦琴

维他命——维生素　　　布拉吉——连衣裙

2. 外来词与汉语的相互影响

外来词对汉语词汇产生了多种影响。当汉语没有类似词语时，外来词就起到补充词汇的作用，如"麦当劳"、"厄尔尼诺现象"。如汉语已有类似的词语，在外来词和已有词语之间就会出现相互适应、相互制约的运动，或是二者并行不悖，如"的士"与"出租汽车"。或是取代已有词语，如"审问"在汉语中原为"仔细考、分辨"义（《礼记·中庸》中的"博学之，审问之"），后来日语中指审讯义的"审问"传进汉语，最终取代了原有的词义。或是为汉语所淘汰，如迷你表、迷你收音机、迷你裙等"迷你（mini—）型"词语，现在人们已很少使用它，用得更多的是汉语原有的"小型"、"微型"、"超短"的词语。

汉语外来词随着时间的迁移，往往表现出较明显的意译化趋势，这表现了汉语对外来词的影响。如对英语的 Cement，汉语使用过的音译词有"西门土、水门汀、士敏土、泗门汀、赛门脱、塞门脱、塞门德、塞门土"等。可现在通行的是意译词"水泥"。Telephone，使用过的音译词有"德利风、独律风、爹厘风、德律风"等，现在通行的是意译词"电话"。"布拉吉"是来自俄语的音译词，现在通行的是"连衣裙"。这种意译化趋势实质上是汉语对外来词同化作用的表现。

汉语对外来词的影响的另外一个趋势，是其中某个音节"语素化"：本来由于这个词语采用的是全部音译的办法，后来使用长久了，其中某个音节似乎可以替代整个词语，也好像获得了某种意义。例如美利坚（合众国），美国、美元、美钞、中美会谈；奥林匹克（运动会），奥运村、奥运会；的士（出租汽车），打的、的哥、面的；巴士（公共汽车），大巴、中巴、小巴；酒吧（西餐馆中卖酒的地方），水吧、陶吧、茶吧、网吧。这是外来词汉语化进程中的一种特殊表现。

（七）新词语的规范

社会总是不断变化的，表示新事物、新概念的词语也在不断涌现。20世纪70年代末开始的改革开放，引起了当代中国社会的政治、经济、文化、思想多方位的急剧变化，每一发展阶段的变化，都产生了一大批的新词语。特别在经济领域反映得最为明显。例如：

承包、包产到户、责任田、合资、独资、台资、日资、引进外资、人治、法盲、公共关系、企业文化、国际大循环、保税区、两头在外、宏观调控、软着陆、适度从紧、三角债、国企、房改、下岗、待业、复关、入关、世贸。

其次，是大量科技新词语的产生。随着科技的发展，尤其是信息学科的兴起，一大批新词新语涌现。例如：

互联网、网络系统、网虫、网友、电脑、微机、硬件、软件、光盘、激光、扩容、液晶、反馈、光缆、加速器、中子弹、兼容、内存、数据库、白色污染、生态平衡、赤潮。

教育的不断改革，特别是高等教育的迅速崛起，有关的新词语也在不断涌现。例如：

扩招、保送生、定向生、代培生、特聘教授、长江学者、自考、函大、电大、职大、业大、职高、高职、推荐生、定向、代培、函授、刊授、面授、学分制、博士后、在职生、终生教育、远程教育、网上教育。

在社会生活方面也出现了许多新词语。例如：

反腐倡廉、官倒、权倒、盗版、扫黄打非、清污、走穴、载体、外星人、著作权、寻根文学、后现代主义、解构主义、休闲服、美发厅、微波炉、电子琴、方便面、绿色食品、数码相机、可视电话、手机、摆平、保健操、信用卡、超标、充电器、立交桥、度假村、高速公路、地铁、轻轨、悬浮列车。

新词语的产生与社会生活有着密切的关系，一般都可以在新词语的背后直接找到某一具体的社会生活事件。社会变迁越急剧，新词语的产生也就越频繁。有的新词语会随着人们的广泛使用而进入普通话词语，成为词汇体系中的一个新成分，有的则会在人们不再关注它们时而逐渐消亡。新词语有的可以是整个词形是新的，有的可以是旧词新义，有的还可以是旧义新用，总之，只要一个新的词语形式或是旧有的词语表达了新的意义内涵，都可以算是新词语。新词语的产生成为现代汉语词汇的另一个重要来源，而且可以说，是最重要的来源。

第五章　语　　法

第一节　语法概说

一、语法

我们都知道，语言的物质外壳是语音，语言的构成材料是词汇，但简单地把有音、有义的词语符号任意地组合起来就可以正确地表达一定意义吗？分析"我、把、网球拍、打、折、了"六个词语的八种组合：我把网球拍打折了、网球拍把我打折了、网球拍打折了我把、我网球拍打折了把我、我网球拍打折了把、我网球拍把打折了、折打网球拍了把我、打折把网球拍了我，只有"我把网球拍打折了"符合现代汉语的表达习惯。因此，就像每项运动都有其运动规则一样，语言表达除了需要语音、词语外，还需要音义结合的规则，而语法就是语言单位之间的组合规则。

语法单位可以分为语素、词、短语、句子四级。语法则是语素、词、短语、句子等语言单位的结构规律。语素怎样组合成各种结构的词，词怎样组合成各种短语，短语或词怎样形成各种句子，小单位用什么手段、方式组成种种大单位，其中都存在着一定的语法规律。

语法分词法和句法两个部分，词法是指词的分类和各类词的构成、词形变化（形态）。句法是指短语、句子的结构规律和类型。每个句法成分总是跟另一句法成分相依存，发生一定的语法关系。如下表：

句法成分	句法成分	成对发生的关系	举例
主语	谓语	陈述关系（主谓关系）	他勤奋
动语	宾语	支配或关涉关系（动宾关系）	打篮球
定语（　）	中心语	修饰限制关系（定中关系）	（新）球拍
状语〔　〕	中心语	修饰限制关系（状中关系）	〔都〕看
中心语	补语〈　〉	补充说明关系（中补关系）	看〈完〉

二、语法的特征

语法和语音、词汇以及后面要讲到的修辞相比，具有很明显的抽象性、稳固性、民族性和系统性特征。

（一）抽象性特征

语法的抽象性特征又叫概括性，是语法的最基本特征。具体地说，语法就是从众多的语法单位里抽象出其中共同的组合方式或类型及如何表达语义的规则，是对一种语言中各种语法单位的组合关系、聚合关系、功能类型等等的抽象概括。

例如：汉语里有"跑跑、跳跳、写写、学习学习、讨论讨论"这一类词的重叠现象，反映出词的变化规律，即有些动词可以用重叠的方法来表示动作的某一语义类型。又如汉语里有"打篮球、跳健美操、参加比赛、买饭、说英语"这些短语，它们表达得意义各不相同，但是结构是相同的"述语＋宾语"，都是动词在前，名词在后，直接组合，表示支配和被支配的关系。由此可见，语法是在无限多的个别具体的语句中抽象出来的共有的公式，而舍弃了个别的、具体的内容。因此说，语法学的任务是描写、解释组成词、短语和句子的规则和格式。

（二）稳固性特征

语言是随着社会的发展而发展的，语法也不例外。但是，语法的变化比起语音、词汇来要相对缓慢得多，因为语法是一个由各种抽象规则构成的，许多语法手段和语法范畴历经千百年而很少变化，例如：虚词和语序是古代汉语和现代汉语共有的语法手段；主语在谓语前、修饰语在中心语前也都是古代汉语和现代汉语共有的语法规则等。旧的语法规则的消除和新的语法规则的出现都需要漫长的过程，因此语法便具有稳固性的特征。

（三）民族性特征

尽管语法是对语言的共性特点的抽象概括，但研究语言的语法规则也不能因有共性而忽略了语法的民族特点，因为每种民族语言在语音、词汇、语法上都有明显的民族特点，例如：英语用词形变化（形态）表示词的语法功能，而汉语里的词没有明显的表示语法功能的形态变化，词在句子里充当什么成分，主要靠语序来表示。又如同是重语序的语言，其表达形式也可能不同：汉语说"我打球"，藏语说成"我球打"；汉语说"两个球"，傣语说成"球两个"。词的组合手段，各种语言也有差异。现代汉语的"两本书"是名词和数词组合，其间要用相应的量词。而英语的"two books"没有加量词这条规则，但数词在前，名词在后这个语序，两种语言又是共同的，凡此等等。

（四）系统性特征

语法作为语言的结构规则并不是孤立的，语法系统是由其四级语法单位即语素、词、短语、句子的组合、聚合关系构成的严整有序的规则系统。

语法系统中的各个语法单位子系统是相互联系的，其组合关系是指语法成分之间在应用中前后发生的结构关系，决定了语法结构的方式和类型，如主谓关系：我想……；述宾关系：……看比赛；偏正关系：乒乓球运动队……等。而语法单位的聚合关系则是指能够在相同的功能位置上出现的语言单位，例如："老师打羽毛球"和"王伟去学校"两个句子里，主语位置的"老师"、

"王伟"都是名词，谓语位置的"打"、"去"都是动词，而宾语位置的"羽毛球"、"学校"都是名词。

三、现代汉语语法的特点

不同语言表示意义的语法手段不尽相同，现代汉语语法呈现的特点是：

（一）现代汉语词法、句法结构是一致的，也就是说，现代汉语的词、短语、句子的构造基本一致。例如：

结构关系	合成词	短语	句子
主谓关系	体屈	步法移动	他篮球技术好。
偏正结构	羽毛球	网球训练	多么精彩的比赛呀！
述宾结构	杀球	美化校园	禁止吸烟！
述补结构	进攻	打得明白	跳高点儿！

（二）现代汉语词类呈现多功能性，严格意义上缺乏形态变化，也没有词的构形变化。

现代汉语不像英语那样有构词方面和数、级、时态等形态变化，但现代汉语的词类却呈现出多功能性，就是说同一个词类可以作多种语法成分，如名词可以作主语、宾语、定语等，有的时候还可以具有动词性作谓语。

例如：篮球可以玩出很多花样。

他始终带着那个已经破旧的篮球。

篮球运动是一项非常酷的运动。

（三）语序和虚词是现代汉语中的重要语法手段，语序的变化和虚词的有无都可以导致语法结构和语法意义的变化。

例如：篮球运动（偏正结构）——运动篮球（述宾结构）

我把他赢了。——他把我赢了。

第二节 词 类

一、词类的划分

词类是词的语法性质的分类，划分词类的目的是为了说明语句的结构和各类词的用法。词的分类就是依据词的语法功能、形态和意义，而主要的是依据词的语法功能，主要表现为：词的造句能力、词的组合能力、词的形态变化和词的类别意义。

（一）词的造句能力

词的造句能力是指词的职务，即词能否单独充当句法结构成分（以下简称句法成分）。根据这一语法特征，可以把词分为两大类：实词和虚词。能充当句法成分的词是实词。不能充当句法成分的词是虚词。例如"老师和学生配合得很好。""老师、学生"作主语，"配合"作谓语，"很"作状语，"好"作补语，因而它们都属于实词。"和"、"得"不能单独充当句法成分，属于虚词。

只要有了实词，我们就可以简单造句了。而只有虚词则是不能造句的。比如，有了"你"、"打"、"篮球"这三个实词就可以组合成"你打篮球"这个句子。而"了"、"吗"、"吧"这些虚词是无论如何不能组合成句的。但是，实词若有了虚词的帮助就可以表达更多的意思。如"你打了篮球。""你打篮球吗？""你打篮球吧！"

（二）词的组合能力

词的组合能力是指词能跟一些什么词语发生组合关系、不能跟一些什么词语发生组合关系的能力。

一般来说，能单独充当句法成分、能受形容词修饰而不能受"不"修饰的词是名词。如可以说"新的赛季"，不可以说"不赛季"，所以"赛季"是名词。又如"从奥运会"中的"从"不能单独充当句法成分，只能附着在名词"奥运会"之前，不能单独充当句法成分，只能附着在名词性词语前面的词是介词。根据词的组合能力，可以把实词分为名词、动词、形容词、副词、数词、量词、代词、区别词、叹词、拟声词十类；把虚词分为介词、连词、助词、语气词四类。

（三）词的形态变化

词的形态变化是指具备什么样的形式标记和变化方式，具体分为两种：构形形态和构词形态。

有些词不用去考察它们的组合关系而从形态上就可以知道它们属于哪一类词。如前缀"老"是名词的标记，因而带有前缀"老"的词都是名词。"老外、老板、老师、老李"等便是。能与"们"组合的是名词性词语。"A—A"是单音节动词的重叠方式，AABB是双音节形容词的重叠方式。在给词分类时，词的形态变化只可以作为一项参考标准，因为汉语只有部分词有上述变化方式。

（四）词的类别意义

所谓词的类别意义不是指具体的某一个词的意义，而是指概括了的某一类词的意义。如名词是人或事物的名称，形容词是表示性质状态的词等。词的类别意义在辨别词性上也不失为一项参考标准。

一般来讲，根据词的类别意义就可以确定其词类。比如，有人问你"球"是什么词？你根据它属于"事物名称"一类，很快就能判断它是名词，而用不着去讨论它的语法特征——经常充当主语或宾语，不受"不"的修饰。但有的词从类别意义上看没有明显的差异，如"偶然"和"偶尔"，"打仗"和"战争"，从类别意义上就很难看出它们的词性，这时必须依据它们的语法特征来确定它们所属的词类。"偶然"能作定语、谓语和状语，如"偶然的发现"、"这件事情很偶然"、"偶然听到"，可确定为形容词。"偶尔"只可作状语，如"偶尔听到"，是副词。"打球"能受副词修饰，不能受数量词组修饰，如可以说"不打球"，不可以说"一场打球",因此"打球"可确定为动词。

二、实词

根据词的组合能力,可以把实词分为名词、动词、形容词、副词、数词、量词、代词、区别词、叹词、拟声词十类。

(一)名词

1. 名词的意义和种类

名词是表示人或事物的名称,包括表示时间、处所、方位的词在内。

(1)表示人或事物的名称的,如:同学、姚明、奥运会、项目、道德、篮球等。

(2)表示时间的,如:夏天、现在、晚上、今年等。

(3)表示处所的,如:体育场、亚洲、北京等。

(4)表示方位的,如:上、下、前、后、左、右、东、西等。

2. 名词的语法特点是:

(1)主要充当主语、宾语和定语,如:"我们正在打校际羽毛球赛。"但决不能作补语,除了少数名词,一般不能作状语。

(2)大多数可以受数量短语的修饰,如"一个足球"、"一场比赛"等。

(3)不能受否定副词"不"的修饰,如:"不篮球"、"不体操"等。

(4)一般不能重叠,如:"同同学学"。

3. 名词的特殊小类:

(1)方位词。

方位词一般附着在其他名词之后,组成方位短语,表示方向、位置和处所,有的也可以独立使用。方位词分为单纯方位词、合成方位词和特殊方位词三类。单纯方位词有 14 个:上、下、前、后、左、右、里、外、东、西、南、北、内、中。合成方位词有两类:一是在单纯方位词后边加上"边"、"面"、"头"

构成；二是在单纯方位词前面加上"以"、"之"构成。

	～边	～面	～头	以～	之～
上	上边	上面	上头	以上	之上
下	下边	下面	下头	以下	之下
前	前边	前面	前头	以前	之前
后	后边	后面	后头	以后	之后
左	左边	左面			
右	右边	右面			
里	里边	里面	里头		
外	外边	外面	外头	以外	之外
东	东边	东面	东头	以东	之东
西	西边	西面	西头	以西	之西
南	南边	南面	南头	以南	之南
北	北边	北面	北头	以北	之北
内				以内	之内
中					之中

单纯方位词单用，要对举时才行，例如"上有天堂，下有苏杭"，"内有贤妻，外有好友"。由"边"、"面"、"头"构成的合成方位词可以独立使用，由"以"、"之"构成的合成方位词除了少数（以上、以下、以前、以后）可以独立使用外，一般必须跟名词组合成方位短语后才能使用。

特殊方位词有四类：一是由单纯方位词相互组合而成，例如：东南、东北、西南、西北；二是由正反义的方位词构成，例如：前后、左右、上下、里外；三是单纯方位词跟别的语素组合而成，例如：南方、北方、东方、西方、当中、中间、其中、背后、跟前、面前、内部、外部；四是"边"、"面"、"头"跟别的语素组合而成，例如：这边、那边、旁边、这面、那面、对面、这头、那头。

另外，能够独立使用的方位词是处所词，主要有两个小类：

①表示处所的名词，例如：明处、暗处、高处、低处、附近、近处、远处、周围等。

②表示地名、机构的名词，例如：沈阳体育学院、北京体育大学、宿舍、商店、邮局等。

处所词的语法特点是：

①能用在动词"在"、"到"或"往"的后面作宾语。如"在运动场"、"到网球馆"、"往比赛驻地"等。

②能用"哪儿"提问。

③能用"这儿"、"那儿"指代。

表示地名、机构的名词具有二重性：既是一般名词，又是处所名词。例如"邮局有一辆车"，可以理解为邮局这个机构拥有一辆车，也可以理解为邮局里停着一辆车。

（2）时间词。

时间词表示事情发生的时间，有：现在、过去、将来、未来、现代、古代、从前、以前、以往、以后、今后、后来、最近、今年、去年、前年、明年、往年、今天、昨天、明天、后天、刚才、平时、平日、往常等。

时间词的语法特点是：

①能用在动词"在"、"到"、"等到"的后面作宾语。

②能用"什么时候"提问。

③能用"这个时候"、"那个时候"指代。

（二）动词

1. 动词的意义与种类

动词表示动作、行为、心理活动或存在、变化、消失等。

（1）表示动作行为的，如：跑、跳、投、掷、学习、训练等。

（2）表示心理活动的，如：喜欢、讨厌、爱、恨等。

（3）表示存在、消失、变化的，如：有、在、发展、发生、死亡、消失等。

（4）表示判断的"是"等。

（5）表示意愿的，如：愿意、能、敢、会、要等。

（6）表示趋向的，如：进、出、来、去、起来、上、下等。

2. 动词的语法特点是：

（1）主要作谓语。如：我掷铁饼。

（2）多数动词（及物动词）能带宾语。如：我打网球。

（3）能受否定副词"不"修饰，如：我不踢足球；除了心理动词，一般不能受程度副词"很"修饰。

（4）动作动词多数能够重叠。如：我打打乒乓球。

（5）绝大多数动词可以带"了"、"着"或"过"。如：我打了篮球。

3. 动词的特殊分类

动词是一个比较复杂的类，可以从以下不同的角度进行分类：

（1）按照能不能带宾语分类

①及物动词：只要能带宾语，不管带的是受事宾语、施事宾语还是处所宾语，都是及物动词。例如：

吃、喝、拿、摸、打、来、去、走、坐、跑、取得、推广、发扬、选举、团结、修改、搜集、尊敬、服从、免得、惯于、进行、禁止、开展、受到、防止、觉得、感到、懒得、认为、以为、主张、打算、停止、继续、能够、可以、应该、愿意、敢于、值得等。

②不及物动词：不能带任何宾语的动词是不及物动词。例如：

游行、呕吐、接吻、鼓掌、散步、迟到、转弯、奔跑、前进、起身、躲藏、发抖、休息、休养、生长、死亡、接头、恋爱、结婚、工作、开幕、奋斗、旅行、上学、考试、毕业、赛跑、生气、觉悟、咳嗽、流动、播音、失败、点名、充电、放假、睡觉、理发等。

有的动词只能带施事宾语或者处所宾语，因为带了宾语，就应该归为及物动词，例如"来了一个人"、"回武汉"。有的动词不同的义项应该归入不同的小类，例如"她笑了"的"笑"是"露出愉快的表情"的意思，为不及物动词；"她笑你"的"笑"是"讥讽"的意思，属于及物动词。

（2）按照意义并参考功能分类

传统上，可以分为以下八类：

①动作动词，例如：拍、打、跳、进攻、扣杀

②使令动词，例如：叫、派、请、逼、要求

③心理动词，例如：爱、想、恨、了解、羡慕、妒忌、相信

④存现动词，例如：在、有、减少、增加

⑤趋向动词，例如：去、来、回来、过去、上来、下去

⑥能愿动词，例如：能、敢、会、肯、可以、能够

⑦判断动词，例如：是、姓、叫、如、等于

⑧形式动词，例如：给以、加以、致以、予以

（3）动词的特殊小类

①趋向动词。趋向动词有两个小类：单纯趋向动词和复合趋向动词。单纯趋向动词主要是以下 10 个："来、去"以及"上、下、进、出、回、过、起、开"。复合趋向动词由"来"、"去"分别与其他 8 个单纯趋向动词组合而成。例如：

	上	下	进	出	回	过	起	开
来	上来	下来	进来	出来	回来	过来	起来	开来
去	上去	下去	进去	出去	回去	过去		开去

趋向动词的语法特点是常用在另一个动词后作补语，表示动作的趋向，例如：跑上、踢进、跳回、翻过、爬起、揭开、滑下来、掷出来、拿回去、游过去、散开去。但有的语义已经虚化，

例如：跳起来、蹦下去。复合趋向动词也可以单独作谓语，例如：他回来了、我们马上上去。

②能愿动词。能愿动词也叫助动词，表示可能、必要或意愿。语法特点是只能带动词性宾语，可以构成"不 V 不"格式。

a. 表示可能：会、能、可、可以、可能、能够

b. 表示必要：该、应、得（děi）、应当、应该

c. 表示意愿：要、想、愿、敢、肯

（三）形容词

1. 形容词的意义和种类

形容词是表示性质、状态的词

形容词包括性质形容词、状态形容词和不定量形容词三类：

（1）性质形容词

能够前加"很"的形容词叫性质形容词。单音节形容词重叠口语中经常儿化，双音节形容词的重叠方式是 AB→AABB，如"干净→干干净净"。性质形容词重叠以后就变成了状态形容词，例如：大、小、多、少、高、低、长、短、远、近、轻、重、快、慢、好、坏、冷、热、新、旧、强壮、细致、干净、热闹、整齐、成熟、正确、美好、重要。

（2）状态形容词

状态形容词表示程度比较高的意义，也叫形容词的生动形式，因而前面不能再加"很"，使用时后面一般要加"的"，可比较自由地充当谓语、补语和状语。

状态形容词除了 AA（儿）和 AABB 之外，还包括以下几小类：

①单音节性质形容词前面加一个表示程度的语素，例如：

雪白、血红、金黄、冰冷、冰凉、蜡黄、碧绿、漆黑、笔直、飞快、火热、通红、鲜红、煞白、死沉、稀烂、稀软、铁青、滚烫、崭新、溜圆、喷香。

②单音节性质形容词以及少数单音节名词加上重叠后缀。例如：

黏糊糊、汗津津、乱哄哄、清灵灵、慢腾腾、湿淋淋、乱糟糟、红彤彤、绿油油、黑压压、香喷喷、甜滋滋、酸溜溜、冷冰冰、亮晶晶、赤裸裸、恶狠狠、懒洋洋、静悄悄、响当当、血淋淋、水灵灵、毛茸茸、泪汪汪、雾蒙蒙。

③性质形容词（也有个别名词）后面加上三个非重叠音节，例如：

滑不唧溜、黏不唧溜、湿里呱叽、软里咕囊、黑不溜秋、灰不溜丢、白不呲咧、花不棱登、酸不溜丢、美不滋儿、甜不丝儿、脏不拉叽、傻里呱叽、稀里糊涂、黑咕隆咚。

④双音节形容词的一种贬义变式。例如：

流里流气、糊里糊涂、马里马虎、邋里邋遢。

（3）不定量形容词。如：全、多、少等。

2. 形容词的语法特点是：

①多数能够受否定副词"不"和程度副词"很"的修饰。如：球速不（很）快。

②常作谓语、定语和补语。

如：他的篮球技术好。（作谓语）

这是一场热闹的比赛。（作定语）

他的身体练得很强壮。（作补语）

③不能带宾语。

④部分形容词能够重叠。

（四）数词

1. 数词的意义和种类

数词是表示数目和次序的词，包括基数词和序数词两类。

（1）基数词

基数词是表示数目的词。包括：

①系数词：一、二、三、四、五、六、七、八、九、十。

②位数词：十、百、千、万、亿。

系数词可以单用表示十以内的数目，也可与位数词组合成复合基数词表示较大的数目，如：二十、五百、四千、七万、六亿。位数词一般不单用表示数目，只有当其前面的系数为"一"时，"一"有时可以省略，如：百岁老人、千年古树、万人大会。"十"既是系词，如：十个人；又是位数词，如：三十。作为系词，"十"只能与"万、亿"这两个位数词组合。

（2）序数词。

序数词是表示次序的词。现代汉语典型的序数词由系词或复合基数词前加助词"第"构成，例如：第一、第二……第十、第十一、第三十、第一百零一……

此外还有以下两种表示次序的方式：

①直接由基数词表示，例如五组、七行、三层、八列、一百页、两千年，这时就可能有歧义，其中的数词既可以表示数目，也可以表示次序。

②也可用"A、B、C、D"等英文字母或"甲、乙、丙、丁"等天干名称来表示次序。

2. 数词的语法特征

（1）数词一般不能单独作句法成分，和量词组成数量短语作句法成分。如：两位教练。

（2）数量短语通常作定语、状语和补语。

如：一双（定语）球鞋。

看了一眼（补语）。

一拍（状语）杀死。

（3）一些数词有固定的用法。如：增加了、增加到、减少了、减少到等。

（五）量词

1. 量词的意义和种类

量词是表示计量单位的词。量词包括名量词和动量词两类。

（1）名量词。名量词也叫物量词，表示人或事物的单位。包括以下几类：

①个体量词。主要指称单个事物，例如：个、位、只、头、口、匹、件、条、校、根、颗、块、枚、张、面、本、台、架、

座、辆、页、篇。其中"个"最常用，是通用量词。有的量词指称集体事物，例如：双、对、打（dá）、副、套、帮、伙、群、队、组、排、窝、串、堆、批、捆。还有个别量词指称不定量事物，例如：些、点。

②度量词。表示度量衡单位的量词，包括长度、重量、体积、时间、货币等。例如：厘、分、寸、尺、丈、里、石（dàn）、斗（dǒu）、升、斤、两、钱、米、亩、克、吨、元、角、分、秒、分（分钟）、公里、公斤。

③借用的名量词。主要由名词充当，如口、头、盒、桶、床等，直接出现在数词或指示代词之后。例如：一架子书、两口袋面、这床被子、那箱子衣服。

（2）动量词。动量词表示动作的次数。例如：遍、次、趟、回、场（chǎng）、场（cháng）、下、番、通、气、阵、顿、把。借用的动量词包括五类：

①时间量词，例如：小时、钟点、年、月、日、分钟、秒钟；

②器官量词，例如：踢一脚、打两拳、看一眼；

③工具量词，例如：放一枪、砍一刀、敲一棍子、洗一水；

④伴随量词，例如：走一步、唱一曲、转一圈、喊一声；

⑤同形量词，例如：走一走、看一看、摸一摸、敲一敲。

2. 量词的语法特征

（1）量词是不单独使用的，而是和数词组合成为数量短语作定语、状语和补语。

（2）单音量词大多可以重叠作定语、状语、主语、谓语，不能作补语。

（六）代词

1. 代词的意义和种类

代词是具有替代和指示作用的词。代词包括以下三类：

（1）人称代词。替代人或事物名称的词。例如：我、咱、你、您、他、她、它、我们、咱们、你们、他们、人家、别人、自己、自个儿、大家、大伙儿。

（2）指示代词。用来指示相区别人或事物的代词。分为近指和远指两种：

"这"类为近指代词，例如：这、这儿、这里、这边、这么、这会儿、这样、这么样、这些、这么些。

"那"类为远指代词，例如：那、那儿、那里、那边、那么、那会儿、那样、那么样、那些、那么些。

（3）疑问代词。疑问代词是用来表示疑惑并提出问题的词。例如：谁、什么、哪、哪儿、哪里、多会儿、几、多少、怎么、怎么样、怎样。

2. 代词的语法特征

（1）人称代词主要用来指称人，只有"它"用来指物。"我、咱、我们"是第一人称代词，代表说话一方。"咱们"一般包括说话人和听话人双方，叫做"包括式"。"我们"一般只指说话人一方，叫做"排除式"。有时"我们"也可以兼指听说双方。

（2）代词实际上并不是按照语法功能划分出来的词类，只是在"指代"这一点上有共同点。有的代词相当于名词，例如：谁、我、你、他、这、那；有的代词相当于动词或形容词，例如：这样、那样、怎样。有的代词相当于副词，例如：这么、那么、怎么。也有的代词相当于数词，例如：几、多少。还有的是兼类的，例如：什么、哪儿。

（3）代词可以活用。比如疑问代词不表示疑问。例如：

①谁有事都找他帮忙。（任指）

②怎么方便怎么做。（承指）

③不知道他去了哪儿。（虚指）

④什么张三李四，我都不认识。（例指）

人称代词和指示代词也可以活用。例如：

⑤你看看我，我看看你，大家都不说。

⑥这儿瞧瞧，那儿看看。

（七）区别词

1. 区别词的意义

区别词是表示事物属性、有分类作用的词。区别词往往都是成对儿或成组的。

单音节的区别词有：男、女、单、双、正、副、金、银、雌、雄、公、母、荤、素等；

双音节的区别词有：首要、次要、超级、特级、中级、初级、长期、短期、活期、双边、多边、木本、草本、简装、精装、彩色、黑白、有偿、无偿、公立、私立、军用、民用、万能、西式、中式、男式、女式、老式、旧式、新式、洋式、大型、中型、小型、新型、恶性、良性、急性、慢性、中性、酸性、碱性、上等、中等、下等、高等、低等、优等、劣等、次等、高档、中档、低档、远程、中程、袖珍、课余、业余、孪生、独生、野生、亲生、立体、后起、现行、稀有、潜在、无私、唯物、实足、人造、国产等。

多音节有：流线型、综合性、多功能、多渠道等。

2. 区别词的语法特点

（1）只能单独作定语，例如：男同志、雄激素、金项链、正处长、木本植物。

（2）和"的"构成"的"字结构，例如：次要的、上等的、中性的、女的、素的。

（八）副词

1. 副词的意义和种类

副词是表示程度、范围、时间等意义的词，常限制、修饰动词、形容词性词语，按照其主要义项大致可以分成以下几类：

（1）程度副词：最、顶、更、很、极、太、挺、好、怪、稍、略、极其、尤其、比较、非常、多么、格外、特别、十分、更加、相当、稍微、略微、越发、越加。

（2）范围副词：只、仅、全、就、都、单、光、共、齐、净、几乎、一概、统统、一共、总共、一齐、一道、一律。

（3）时间副词：正、将、刚、才、就、老、总、已经、曾经、刚刚、将要、马上、赶紧、赶快、立刻、立即、常常、时常、经常、当即、时时、不时、顿时、霎时、立时、永远、始终、向来、从来、一直、一贯、一向、素来、历来、随时、渐渐、偶尔、间或、忽然。

（4）肯定副词：必、必须、准、的确、不、没、甭、别、没有。

（5）语气副词：倒、却、一定、也许、大约、难怪、难道、到底、偏偏、幸亏、多亏、何尝、居然、究竟、索性、简直、未必、果真、果然、敢情。

（6）处所副词：随处、四处、处处、到处。

2. 副词的语法特征

（1）副词都能作状语，程度副词"很、极"还可以作补语。

（2）副词一般不能单说。

（3）部分副词兼有关联作用。如："打得赢就打"，"又说又笑"。

（九）拟声词

拟声词是用来模拟自然界声音的词，例如：喵、汪、叽、嗖、呼、轰、当、咣、嘎、咪、喔、哞、呛、咕咚、咔嚓、轰隆、扑通、咕噜、当啷、刷啦、咣啷。

单音节和双音节的拟声词都可以重叠，例如：呼呼、汪汪、滴滴答答、滴答滴答。双音节拟声词还有一种重叠变式，四个音节构成交叉的双声叠韵关系。例如：滴里嘟噜、咪里麻啦、乒零乓啷、噼里啪啦、叽里咕噜、稀里哗啦。

拟声词可以单独成句，在句中主要作状语，重叠式加"的"，还可作谓语、补语和定语。

（十）叹词

叹词是表示强烈感情如感叹和呼唤、应答的词。

表示感情的有：嗨、咦、嗯、啊、唉、哟、呸、哎呀、哎哟。

表示招呼应答的有：喂、啊、嘿、唉、哼。

叹词的语法特点是：一般不进入句子结构，独立成句。有时可以作谓语或定语，重叠以后也可以作状语。

三、虚词

虚词是不能单独成句、不能单独作句法成分、不能重叠、只有依附于实词和语句表示语法意义的词。根据词的组合能力，可以把虚词分为介词、连词、助词、语气词四类。

（一）介词

介词是依附在实词或短语前面，标明和动作、性状有关的时间、处所、方式、原因、目的、施事、受事、对象等的词。

介词的主要语法作用是引进跟谓词有关的对象，跟名词组合成介词短语，主要作状语，也可以作补语。例如：

从：从北京（来）　　用：用笔（写）

对：对比赛（有利）　　比：比他（高超）

在：（坐）在看台上　　向：（走）向世界

常见的介词可以分为：

1. 所构成的介词短语表示跟动作有关的对象，例如：跟、同、和、把、被、让、叫、拿、将、连、替、给、比、论、关于、对于、至于。

2. 所构成的介词短语表示动作的方式，例如：据、用、以、照、依、凭、靠、通过、为了、根据、按照、遵照。

3. 所构成的介词短语表示动作的处所、时间，例如：自、从、在、于、当、临、向、朝、趁、到、由、打、住、沿、顺。

（二）连词

连词是用来连接词、短语、分句和句子的表示并列、选择、递进、转折、条件、因果等关系的词。连词可根据其所连接的对象分为以下三类：

1. 只连接词和短语的有：同、与、和、跟、及、或。

2. 只连接分句和句子的有：因此、因而、可是、但是、只要、不过、然而、即使、既然、尽管、宁可、要么、如果、尚且、虽然、与其、否则、那么、况且、从而、所以。

3. 既能连接词或短语，又能连接分句或句子的有：而、而且、并、并且、因为、或者、还是、只有、由于、不管、不论、无论。

（三）助词

助词是附着在实词、短语或句子上面表示结构关系或动态等语法意义的词。

助词共同的特点是：黏着在词或短语上面，表示附加意义，附着在后面的一律读轻声。助词主要有以下三类：

1. 结构助词：的、地、得

"的"的主要作用有两个：

（1）定语的标志，例如：伟大的祖国、工作的时间、生产的经验、战胜困难的勇气。

（2）附加在实词或短语的后面构成"的"字短语，它的语法功能相当于名词。例如：妈妈的、同学的、练的、打球的、强壮的、大型的。

"的"还有一些特殊的用法。例如：别影响我的训练、昨天打的比赛。

"地"是状语的标志。动词或动词短语、名词或名词短语作状语往往要加"地"，如：客观地看球赛、兴奋地说、充满深情地望着。

"得"是补语的标志，补充表示动作的状态。如：跳得很高、投得准、训练得刻苦。

2. 时态助词：了、着、过

"了"用在动词或形容词后面，表示动作的完成或状态、变化的实现。例如：跑了三圈、打了两场、矮了一截。

"着"用在动词后面，表示动作的进行或状态的持续。例如：跑着、跳着、打着、练着、坐着、躺着。

"着"也可用在部分单音节形容词后面表示性状的持续，例如：忙着、空着、闲着、黑着、亮着、凉着。

"过"用于动词或形容词后面，表示经历过某种动作或变化，例如：练过、唱过、吃过、穷过、年轻过。

3. 其他助词：似的（一样）、所、给、看、来、把、们、第、初、等、等等。

"似的（一样）"是比况助词，用在比喻句中喻体的后面，表示一种比喻，经常和"跟"、"像"搭配使用，例如：跟玩儿一样、像画儿似的。

"所"的作用有两个：一是跟介词"被"、"为"相照应，用在动词前构成被字句。例如：被学院所发现、为众人所不齿。二是用在及物动词前，构成名词性短语，表示动词的受事，如：所闻（听到的东西）、所见（见到的东西）。

"给"用于被字句或把字句中主要动词前，与前面的介词相照应，如：被对手给骗了、让大风给刮跑了、把朋友给气哭了。

"看"用于重叠式动词后，读轻声；表示尝试，例如：踢踢看、跳跳看、商量商量看、切磋切磋看。

"来"用在"十"或末位为"十"的多位数之后，表示概数。一般表示略多于数词所表示的数量，例如"二十来个人"、"五十来岁"，也可以表示略多或略少于这个数目，例如："六百来人"、"一千来人"。

"把"用在"百、千、万"后面，表示说话人认为数量不大，如：个把人、万把斤粮食、万把块钱。

"们"用在指人的名词或短语后面，读轻声，表示不定量的多数，例如：选手们、同学们、老师和学生们、队友们。动物、植物，甚至事物在拟人手法中也可以用"们"，例如：小狗们、小猫儿们、石头们。当名词前面有数量短语时不能再用"们"。

"第"、"初"用在序数词之前，表示次序，例如：第一、第二、初一、初二。但是"初"只限于"十"之内。

"等"有两种用法：第一，表示列举未尽，例如："我院有篮球、足球、健美操等专项"；第二，表示对以上所列举的总计，例如："我国有北京、上海、天津、重庆等四个直辖市"。

"等等"只表示列举未尽，不能用在专用名词之后，后面也不能再有名词，例如："今年校运会的比赛项目有田径、游泳、射击、体操等等。"如果表示还有许多没有列举，可以重复使用，例如："我们买了不少水果，西瓜、苹果、葡萄，等等。"

（四）语气词

语气词是在句尾表示种种语气或在句中表示停顿的词，永远黏着、后附、轻声。根据其所表示与其的不同分为以下四类：

1. 表陈述语气：吧、呢、啊、的、了、嘛、呗、着、啦、嘞、喽、也好、也罢、罢了、着呢。

"了"表示一种变化的新情况的出现，"呢"表示提醒，"来着"表示刚刚发生过，"着呢"表示对事实的确认。例如：

（1）训练了。（刚才还没训练。）

（2）教练还没有研究呢。（你怎么就知道了？）

（3）他刚才还在网球馆这儿来着。（怎么转眼就没影儿了？）

（4）领队说话厉害着呢。（你可不知道。）

2. 表疑问语气：吗、么、呢、吧、啊

"吗"和"吧"都用在是非疑问句末，只是"吗"表示怀疑的程度比较大，疑大于信；"呢"用在特指问、选择问和正反问句末，表示深究的语气；"吧"表示怀疑的程度比较小，信大于疑。例如：

（1）这球到底是谁弄坏的呢？（特指问）

（2）今天是辽宁主场吗？（是非问）

（3）今天是辽宁主场吧？（是非问）

3. 表祈使语气：啊、了、吧

"啊"在肯定祈使句中有催促的意味，在否定祈使句中有强调劝阻的意味；"吧"口气比较缓和，有商量的意味。例如：

（1）比赛急，请你跑一趟吧。

（2）你还磨蹭什么，快练呀！

（3）教练千万可别这样想啊！

4. 表感叹语气：主要是"啊"，"呀、哇、哪"，都是"啊"的语音变体。例如：

（1）比赛好精彩啊！

（2）多么蓝的天哪！

语气词也可以出现在句中，主要用在主语之后，起显示"话题"的作用，并引起对下文的注意；也可以用在列举、举例的成分以及表示假设的成分之后。例如：

（1）这场比赛（呢、吧、么），我是看过了。

（2）你要说怕吃苦吧，怕受累吧，那倒不是。

第三节　短　　语

一、短语

短语又叫词组，是由两个或两个以上的词语按照一定的结构方式构成的句法结构单位。短语是意义上和语法上能搭配而没有句调的一组词，它是大于词而又不成句的语法单位。

现代汉语组成短语的语法手段是语序和虚词，语序和虚词不同，语法形式和语法意义也往往大不相同。例如："拼争四强→四强拼争"（述宾→主谓），是动词和名词组合时语序不同。又如："姚明的篮球→姚明和篮球"（偏正→联合），是虚词的不同形成不同的语法形式和语法意义。

二、短语的分类

从多种角度可以把短语分出各种不同的类别。最重要的有两种分类：结构类和功能类。

（一）短语的结构类

短语的结构类是根据短语的内部结构进行分类，其中短语结构和句子、词的基本结构相同的叫做基本短语，其他的为特殊短语。

1. 基本短语

(1) 主谓短语

由在前的主语和在后的谓语两个成分组成。其间的陈述关系用语序和词类表明而不用虚词表示。例如：

比赛‖胜利（名‖动）

技术‖娴熟（名‖形）

明天‖运动会（名‖名）

明天‖是运动会（名‖是｜名）

(2) 动宾短语

由在前的动语和在后的宾语两个成分组成。用语序表示动宾之间的支配、关涉关系而不用虚词表示。例如：

打｜网球（动｜名）

训练｜她（动｜代）

练｜三场（动｜数量）

攀登｜爬越（动｜动）

喜欢｜清静（动｜形）

(3) 偏正短语

由修饰语和中心语两部分组成，在前头的修饰语描写或限制后头的中心语，修饰语和中心语的关系是修饰、限制关系。具体还可再分为两种：

①定中短语

由定语修饰语和名词性中心语组成，定语修饰语和名词性中心语是修饰关系，有时用"的"表示。例如：

（他的）球拍（代·名）

（沈阳）人（名·名）

（比赛的）事（名·名）

（进攻的）步法（动·名）

（新）战术（形·名）

（田径）项目（区别·名）

（十个）排球（数量短语·名）

②状中短语

由状语修饰语和谓词性中心语组成，状语修饰语和谓词性中心语是修饰关系，有时用"地"表示。例如：

〔立刻〕回来（副·动）

〔明天〕回去（名·动）

〔网球馆里〕练（方位短语·动）

〔那么〕跳（代·动）

〔折返〕跑（动·动）

〔慢〕走（形·动）

〔一球一球地〕投（数量短语·动）

〔一起〕训练（副·动）

〔吱吱地〕叫（拟声·动）

〔为学生〕服务（介词短语·动）

〔特别〕爽（副·形）

〔那么〕酷（代·形）

〔三米〕宽（数量短语·形）

（4）中补短语

由中心语和附加在中心语后头补语的两个成分组成，中心语和补语是补充关系。有的补语之前有"得"。例如：

扣〈死〉（动·动）

投得〈准〉（动·形）

看了〈一次〉（动·数量短语）

走〈到海角天边〉（动·介词短语）

精彩〈极〉了（形·副）

（5）联合短语

由语法地位平等的、具有联合关系的两个或几个部分组成，一般是同一种词性的词语相连，可细分为并列、递进、选择等关系，整体功能同部分的功能一致。例如：

姚明和易建联（名＋名，并列）

羽毛球或者乒乓球（名＋名，选择）

十个或十五个（数量短语＋数量短语，选择）

批评和教育（动＋动，并列）

训练并且提高（动＋动，递进）

伟大而质朴（形＋形，并列）

2. 特殊短语

（1）连谓短语

由不止一个谓词性成分连用，谓词性成分之间没有语音停顿，也不用任何关联词语。例如：

去运动场跑步（动·动）　　　出国参赛（动·动）

练着心烦（动·形）　　　　　听了很开心（动·形）

怀着一丝希望去找教练打听比赛消息（动·动·动·动）

（2）兼语短语

由前一动词的宾语兼做后一动词或形容词的主语，即动宾短语的宾语和主谓短语的主语套叠，形成一个宾语兼主语的兼语。有兼语的短语叫兼语短语。例如：

请家长进来　　派代表去北京

有队员不赞成　　称他为球迷

（3）同位短语

大部分由两部分组成，两部分的词语不同但所指相同，语法地位一样，共作一个成分。例如：

首都北京（名·名）　　　　教练郭士强（名·名）

田径项目跳高（名·名）　　小张老师（名·名）

你们大家（代·代）　　　　我们学生（代·名）

他们几位（代·数量短语）　春秋两季（名·数量短语）

体育学院那里（名·代）　　"快速"这个词（形·定中短语）

篮球、排球等运动项目（联合短语·定中短语）

摔跤这种运动（动·定中短语）

（4）方位短语

具有名词性，由方位词直接附在名词性或动词性词语后面组成，主要表示处所、范围或时间（有符号的是方位短语）。例如：

<u>大门外</u>蹲着两条狗。（名·方，表处所）

<u>脑门上</u>有个惑。（名·方，表处所）

〔健美操馆里的〕大镜子印着她们的身影。（名·方，表处所）

〔三天前〕他来过。（数量短语·方，表时间）

〔喝酒以后〕不要运动。（动宾短语·方，表时间）

他走向那（比赛之前的）场地。（主谓短语·方，表时间）

由"东、西、南、北、左、右"组成的方位短语只表示处所，例如"教学楼北"。其余的既可以表示处所、范围，也可能表示时间。例如"礼堂前、吃饭前，一米以内、一年以内"。

方位短语也常常跟介词一起组成介词短语，例如"在场上"。

（5）量词短语

由数词或指示代词加上量词组成的统称叫量词短语。

其中由数词加量词组成的短语叫数量短语，例如：（两个）人、〔一拳〕打去、拉〈三次〉。由指示代词加量词组成的短语叫指量短语，例如：<u>那件</u>好、〔这次〕他没去。

（6）介词短语

介词短语由介词附着在名词等词语前面组成。

介词短语都可作状语，修饰谓词，主要用来表明动作的工具、方式、因果、施事、受事、对象等多种语义。例如：

〔用大杯〕接水（表示动作所凭借的工具）

〔比前几届〕好得多（表示性状的比较）

〔为身体健康〕而锻炼（表示动作的目的）

〔被对手〕盖帽儿（表示动作的发出者）

〔向奥运冠军〕致敬（表示动作的关涉对象）

少数介词短语可以作补语，例如：

〔从中国〕走〈向世界〉（表示动作的处所、方向）

有一些介词短语还能做定语，这时一定要后加助词"的"。例如：

（关于中国足球的）那些事儿（表示事物的范围）

（对刘翔的）评价（表示动作的对象）

（朝东的）球门（表示方位）

（7）助词短语

由助词附着在词语上组成。包括"的"字短语、"所"字短语和比况短语等。

①"的"字短语

由助词"的"附着在实词或短语后面组成，指称人或事物，属于名词性短语，能做主语、宾语。例如：

运动队里，大的要照顾小的。

该参赛的不来，不该参赛的来了。

醒来时，他首先听到的是音乐声，想到的是出早操。

②比况短语

由比况助词"似（shì）的、一样、一般"附在名词等词语后面组成，表示比喻，有时也表示推测，有多种句法功能，可以作定语、状语、谓语、补语，属形容词性短语。例如：

（暴风雨般的）掌声　　　（死一般的）寂静

〔木头似的〕站着　　　浇得〈落汤鸡似的〉

〔触电一样〕抖了一下

用来比喻的成分以名词为常，动词、形容词较少。这种短语因为主要是用来描写类似点，前面很容易用上动词"像、好像"等词，引进比喻的对象或表推测。例如：

〔好像火一样〕灼热（表比喻）

急得〔像陀螺一般〕（表比喻）

③"所"字短语

"所"是个文言词，"所"字短语多见于书面语，是由"所"字加在及物动词前面组成的，指称动作所支配或关涉的对象，是名词性短语。例如"所知、所听、所想"等。

"所"字短语在句子里一般要借助"的"字组成"的"字短语，或者借助"的"字修饰名词组成偏正短语。例如"王治郅在国家队所起的作用很大。"

（二）短语的功能类

短语有做句子成分和成句两方面的功能，根据短语的这两个功能，还可以把前面讲到的短语分为两类：名词性短语和谓词性短语。常做主语、宾语，功能相当于名词的叫做名词性短语；能做谓语，功能相当于谓词的叫做谓词性短语，通常以动词、形容词为中心。其中，主谓短语常做谓语，也可受副词修饰，它的谓语又是动词、形容词，可归谓词性短语。

具体归类见下表：

名词性短语		谓词性短语	
名词性联合短语	老师和同学	谓词性联合短语	干净利落
偏正短语（定中短语）	妈妈的书	偏正短语（状中短语）	不去
同位短语	小方老师	动宾短语	叫他
方位短语	运动场上	中补短语	快得很
量词短语（用名量词）	一个（人）	主谓短语	胳膊疼
"的"字短语	跑步的	连谓短语	去打球
"所"字短语	所看到的	兼语短语	叫我去
		比况短语	精灵似的

三、多义短语

单义短语是只有一个意义的短语，而多义短语则是指有不止一个意义的短语。词、句子和短语都有多义现象，根据短语的结构关系和语义关系可以分出如下类型的多义短语：

（一）结构关系不同的多义短语

1. 层次相同。例如：

（1）学习｜文件

        动宾   谓词短语

        定中   名词短语

（2）练　　|　　好
　　　　主谓　　　　　谓词短语
　　　　中补　　　　　谓词短语

（3）进口 | 运动 | | 器械
　　　　动宾　　　　谓词短语
　　　　　　　　定中

　　进口 | 运动 | | 器械
　　　　定中　　　　　名词短语
　　　　　　　　定中

2. 上面层次相同，下面层次不同。例如：

（1）打 | | 好 | 比赛
　　　　　　动宾　　　谓词短语
　　　中补
　　打 | 好 | | 比赛
　　　　动宾　　　　　谓词短语
　　　　　　　　定中

（2）关系 | 运动队 | | | 发展 | | 的计划
　　　　　动宾　　　　　　　　　　谓词短语
　　　　　　　　　　　定中
　　　　　　　　　主谓
　　关系 | | 运动队 | | | 发展 | 的计划
　　　　　　　　　　　定中　　　名词短语
　　　　动宾
　　　　　　　　　主谓

（3）两个 | | 学校的 | 学生
　　　　　　　定中　　　名词短语
　　　　　定中
　　两个 | 学校的 | | 学生
　　　　定中　　　　　名词短语
　　　　　　　　定中

（二）语义关系不同的多义短语。例如：

（1）老师的回忆。

施事　　动作　　表示老师回忆往事。

受事　　动作　　表示回忆老师。

（2）赞成的是张教练

动作　　受事　　表示别人赞成张教练。

动作　　施事　　表示张教练赞成别人。

（3）鸡不吃了

受事　　动作　　表示不吃鸡了。

施事　　动作　　表示鸡不吃食了。

语义关系不同的多义短语，不适合短语层次分析，要想分化它们，只能用语义分析标记出它们的不同。

（三）结构和语义关系都不同的多义短语。例如：

撞伤了｜对手的膝

　动作　　　　受事

　　　动宾　　　　　　动宾短语，表示膝被撞伤了。

撞伤了对手的｜膝

　动作　　　　施事

　　　　　定中　　　定中短语，表示对手被膝撞伤了。

在口语中，因有轻重音和停顿的不同，多义短语的情况比上面所说还要复杂。语境中可以消除多义，即由多义变成单义。有时候，语境不能消除多义，就容易使人产生误解，误入歧途，因此多义又称歧义。注意消除歧义现象，对正确运用语言，提高表达效果有积极意义。

四、短语层次分析

如果短语是由两个单词在一个层次上构成的，不需要进行层次分析，但是如果有三个以上的单词在两个以上层次上组合成短语，就需要进行短语层次分析。

（一）简单短语与复杂短语

所谓"层次"，就是指一些句法单位在组合时所反映出来的不同的先后顺序。短语按照它的内部结构层次，可以分为两类：

第一类是简单短语，是指词和词在一个层次上组合而成的短语。例如：

中国体育 运动训练 身体健康 语文数学外语 积极热情大方

第二类是复杂短语，是指三个或三个以上的单词在两个或两个以上的层次上组合而成的短语。例如：

中国体育图册 网球运动训练 身体相当健康 学习语文数学外语 非常积极热情大方

（二）层次分析法

分析复杂短语结构层次关系的方法就叫做"层次分析法"。

层次分析法的方法是逐层依次找出各层次的直接成分，并进一步说明直接成分之间的结构关系，目的是揭示一个句法结构隐藏在线形排列背后的固有的层次结构关系。例如：

健美操｜｜队｜来了｜｜新｜｜｜队员

主		谓	第一层
偏	正述	宾	第二层
偏	正		第三层

例句中，直接成分之间有一定的结构关系，第一层是主谓关系，第二层分别是偏正关系和述宾关系，第三层只有偏正关系。

（三）层次分析法的原则

1. 结构原则

短语层次分析切分出来的每个部分都必须是合法的句法结构体即合法的词语或短语，这也就是层次分析法首先要符合的"结构原则"。例如：

（1）一｜个新球

（2）一个｜新球

（3）一个新｜球

从理论上讲，"一个新球"可以有三种切分办法，如果按照（1）切分，分出的"一"固然是词，但是"个新球"却不是一个合法的短语，所以，（1）切分不能成立；如果按照（3）切分，分出的"球"虽然是词，但是"一个新"也不是一个合法的短语，所以，（3）切分也不能成立；如果按照（2）切分，分出的"一个"和"新球"都是合法的短语，所以只有（2）切分才是合理的。

2. 功能原则

"功能原则"是指短语层次分析切分出来的每个部分可以根据汉语句法的组合规律再重新组合起来。也就是说，切分出来的每个部分既要是合法的词语或短语，还要能根据汉语句法的组合规律重新组合起来。例如：

（1）刚｜买的球拍

（2）刚买｜的球拍

（3）刚买的｜球拍

按照（1）切分，虽然"刚"是个副词，"买的球拍"也是个合法的名词性偏正短语，但是根据汉语的句法组合规则，副词是不能修饰名词的，因此"刚"跟"买的球拍"无法重新组合，所以（1）切分是错误的；按照（2）切分，由于"的球拍"不是合法的短语，所以（2）切分也是不对的；只有（3）切分，"刚买的"和"球拍"，既符合结构原则，也符合功能原则，这样的切分才是正确的。

3. 意义原则

"意义原则"是指短语层次分析切分出来的每一部分语义上要符合逻辑常理。例如：

（1）一位无赖的｜私人医生

（2）一位｜无赖的私人医生

表面看来，无论（1）切分，还是（2）切分，都可以，但是，汉语的量词"位"是用于尊称的，用来修饰"无赖"是不合适的，不过可以用来修饰"私人医生"，因此（1）切分是错误的，（2）切分则是准确的。

4. 三个原则的综合运用

在实际运用时，短语层次分析所遵循的三个原则，往往是某一个原则起主要作用。但应该注意的是，不管哪种情况，任何一种合法的层次切分，都应该符合这三项基本原则。

另外，在具体进行短语层次分析时，我们最好应该是凭借自己的语感。因为语感是对语言运用是否准确和得当的一种直接的、本能的感觉，是人们在使用语言的过程中长期积累起来的知识和能力的一种集中反映。这就像一个游泳运动员长年累月浸泡在水中而养成的"水感"，一个足球运动员天天奔跑在球场上所获得的"球感"一样。例如：

(1) a. 新上市的进口｜电脑

b. 新上市的｜进口电脑

(2) a. 新上市的电脑｜功能

b. 新上市的｜电脑功能

那么，到底是 a 切分对，还是 b 切分对呢？对这两个短语进行层次分析的捷径，就是凭借自己的语感，判断"新上市"可以跟"电脑"搭配。但不能跟"进口"搭配。"新上市"不能跟"功能"搭配，但可以跟"电脑"搭配。这样，正确的层次切分就得出来了。

第四节 单 句

一、句子与单句

（一）句子

前面我们已经学习了语言的构成材料中的语素、词、短语，其实，只有由词和短语构成的句子才能够将人们认识世界、思维活动等的成果记载下来，也只有句子才能够使人类社会生活中的交流成为可能。因此可以说，句子是语言的基本运用单位。

那么什么是句子呢？

句子是由词、短语等语言单位构成的，能够独立表达一定完整意义的基本语言单位。句子前后都有停顿，带有一定的语调。例如：

体育馆到了。

我们开始比赛吧？

多么精彩的篮球比赛啊！

（二）句子的分类

句子是语言的使用单位，根据不同的标准可以对句子进行不同的分类。一般来说，有两种句子的分类：句子的语气类和句子的结构类。

句子的语气类也叫句类，是根据句子的语气分出的，具体把句子分为陈述句、疑问句、祈使句和感叹句。

句子的结构类也叫句型，是根据句子的结构特点分出的，具体把句子分为单句和复句，单句又具体分为主谓句和非主谓句等。

（三）单句

单句是汉语句子的基本句型之一，是由短语或单个词构成的、不可再分拆成分句的句子。

与汉语句子的另一个基本句型复句相比，单句的特点是：

1. 单句只有一套句法结构；

2. 单句句中没有停顿；

3. 单句句中没有关联词语。

二、句子成分

句法成分泛指短语和句子结构的组成成分，本节中的句子成分就是指单句句子结构的组成成分。

句子是有词或短语按照一定的句法规则组织起来的，组成句子的词、短语在句子中分别处于不同的位置、不同的层次并组成不同的结构关系，这不同的结构关系就确定出了不同的句子成分。句子成分包括句子的一般结构成分和特殊成分两种，一般句子结构成分包括主语、谓语、宾语、定语、状语、补语六大句子成分，特殊句子成分是包括插入语、称呼语、感叹语、拟声语在内的独立语。

（一）主语和谓语

汉语的句子多数都是由主语和谓语两个部分组成的，主语和谓语是相互依存的两个成分，主语是谓语陈述的对象，谓语是陈述主语的，两者之间是被陈述和陈述的关系，通常是主语在前，谓语在后。

1. 主语的构成材料

根据主语的构成，可以把主语分为名词性主语和谓词性主语。

（1）名词性主语

名词性主语由名词性词语包括名词、数词、名词性的代词和名词性短语等充当主语，多表示人或事物。主语作为被陈述的对象，在句首能回答"谁"或者"什么"等问题。这种句子叫名词主语句。名词性主语后头的谓语在词性上不受限制，只要语义能搭配，可以用各种谓词语充当。例如：

①沈阳体育学院啊，‖好地方。（名词）

②体育馆前面‖聚着一群人。（方位名词）

③六‖是三的二倍。（数词）

④明年这个时候，他们‖就毕业了。（代词）

⑤网球馆里‖静悄悄的。（方位短语）

⑥今天晚上‖特别热。（偏正短语）

⑦顽强的毅力‖可以战胜任何困难。（定中短语）

⑧1 米‖等于 100 厘米。（量词短语）

⑨观众们‖在赛场两旁，一个个‖看得眼花缭乱。（名词，数量短语重叠）

⑩他们几个‖一阵风似地跑过来。（同位短语）

·篮球、足球‖都赢了。（联合短语）

·小型的‖比大型的好得多。（"的"字短语）

（2）谓词性主语

谓词性主语是由谓词性词语包括动词、形容词、谓词性的代词、动词性短语、形容词性短语（含主谓短语）充当主语，表示以动作、性状或事情作陈述的对象，这种句子叫谓词主语句。谓词性主语句（含主谓主语句）的谓语总是由非动作性谓词（判断动词、形容词等）充当。例如：

①运动‖是世界通用的语言。（动词）

②骄傲‖是无知的产物。（形容词）

③这样‖行不行？这样‖好。（代词）

④练不练‖由你。（动词联合短语）

⑤严明公正‖是裁判人员行为的准则。（形容词联合短语）

⑥打输‖比打赢容易得多。（动宾短语）

⑦他不参加‖也好。（主谓短语）

⑧请他作报告‖已经不是个新事儿了。（兼语短语）

⑨认真地学习外语‖是对的。（状中短语）

⑩训练得认真‖是应该的。（中补短语）

⑪去图书馆查资料‖很必要。（连谓短语）

⑫两国比赛互访‖意义重大。（主谓短语）

2. 谓语的构成材料

根据谓语的构成，可以把谓语分为动词性谓语、名词性谓语、形容词性谓语、主谓谓语和代词性谓语等。

（1）动词性谓语

动词性谓语通常由动词或动词性短语充当，谓语的作用是对主语进行叙述、描写或判断，能回答主语"怎么样"或"是什么"等问题。例如：

①老师走了。

②学生逃课了。

③我们刚刚打过羽毛球。

动词单独作谓语是有条件的，或者用在对话里（例如"你瞧!"）；或者用在复句的分句里，特别是在先行句和后续句里（例如"她来，我就走!"）；或者用在对比、排比句里（例如"架不住，一个人干，八个人拆。"）；不然，常常要加上一定的语气词或动态助词（例如"秋天到了。"）。

（2）名词性谓语

谓语也可由名词或名词性短语充当，但名词性谓语很少见，有一定的限制。例如：

①明天，教师节。

②鲁迅，浙江绍兴人。

③今天，星期五。

④姚明高高的个子。

（3）形容词性谓语

形容词性词语或形容词性短语也经常作谓语。例如：

①李伟的运动成绩好。

②他的声音清脆洪亮。

③这双运动鞋特别耐用。

④教室干干净净。

形容词单独作谓语，也受一定的条件限制。在对话里，提问句和回答句都可以这样用，例如"哪个地方凉快?"用在复句的分句里，主要是对比句或者是先行句、后续句，例如"说有易，说无难。""道远，你多走一会不就得了!""多穿点衣服再出去，外头冷。"不然，句末也要有语气词，例如"我累了。""天晚了。"

（4）主谓谓语

主谓谓语句中的谓语是由主谓短语充当的。例如：

①运动员身体很壮实。

②健美操运动大家都喜欢做。

（5）代词谓语

代替动词或形容词的代词也可以直接做谓语，但大多是特殊语境下的，不多见。例如： "你怎么了?" "那边比分怎么样?"等。

3. 主语和谓语的语义关系

从主语所表示的人、事物和谓语所表示的动作之间的语义关系来说的，有施事、受事、当事三种。

（1）施事主语

主语是发出动作、行为的主体，主谓的语义关系是"施动者+动作"的关系。例如：

①蓝队‖打败了红队。

②两个孩子‖在水边嬉戏。

③运动员的表情‖抓住了每个观众的视线。

从语法关系上看，这里所说的施事，含义要宽泛一些，不妨看成广义的施事，既包括动作的发出者，也包括不能发出动作的事物。

（2）受事主语

主语是承受动作、行为的客体，也就是动作、行为所涉及的对象。主谓的语义关系是"受动者+动作"。例如：

①红队‖被蓝队打败了。

②这本书‖看完了。

③体育馆‖盖好了。

④运动服‖洗干净了。

⑤这样的比赛机会，‖你可别错过了。

这里的受事是广义的，含义比一般也要宽泛一些，只要从意义上看可以认为是动作、行为所针对的对象，包括动作的承受者、结果和对象，都是受事。

（3）当事主语

主语是非施事、非受事的人或事物。例如：

①妹妹‖只掉了几滴眼泪。

②我们‖跑丢了一只猫。

③她‖是我的美国朋友。

④这个买卖‖你是怎么当的家?

这类句子值得注意,其中的谓语或谓语中心有时用及物动词,有时用不及物动词,后面一定有宾语,主宾之间语义上有领属关系。这种主语有时像施事。其实,主语只是跟动作有关联的当事,宾语才是施事。也因此,这种句子的宾语可以移到动词前做主语或主语中心,例如"我们的猫跑丢了"。但是不能删去宾语而只用当事主语,否则句子不能成立或者改变了原义。

(二) 动语、宾语

动语也叫述语。动语和宾语是共现共存的两个成分,句内有宾语,就必有动语,有动语就必有宾语。动语由动词性词语构成,表示某种动作行为或心理活动,宾语是动词或动词性短语后受动语动词支配、制约、影响的对象。例如:

①网球馆出来两个打球的。(动词)

②他们相互交流过学术观点。(动词)

③体育学院的学生要学好用好运动技术。(联合短语)

④选手终于露出笑容。(中补短语)

⑤教练临走前交代下几句话。(中补短语)

⑥她昨夜哭湿了一个枕头。(中补短语)

1. 动语的构成材料

动语可以单独由动词充当。更常见的是由动词带上补语,如上例③④⑤⑤,或带动态助词构成。动语和动语中心通常用及物动词,在存现句里也可以是不及物动词。有时候,某些不及物动词必须带上补语之后共同带宾语,因为这里的宾语只跟补语发生某种语义联系。

2. 宾语的构成材料

宾语跟主语相似,也分名词性宾语和谓词性宾语两种。名词性宾语比比皆是,例如:我吃饭、我打球、我看书等等。

谓词性词语充当宾语有一定条件,只能出现在能带谓词性词语的动语后边。例如:

①赛场上最有效的防御手段是攻击。(动词)

②冠军理应受到尊重，但是她却受到伤害，这不能不使我感到震惊。（动、动、形）

③教师教育成功的秘密在于尊重学生。（动宾短语）

④夜色下的运动场，更显得空旷、寂寥。（联合短语）

⑤谁说女子不如男子？（主谓短语）

⑥早上一起床，大家发现风停了，浪也静了。（复句形式）

3. 动语和宾语的语义关系

宾语和动语的语义关系很复杂，这里大致分成三种：

（1）受事宾语

宾语表示动作、行为直接支配、关涉的人或事物，包括动作的承受者（如"打篮球""跳健美操"）、动作的对象（如"告诉老师""感谢父母"）、动作所产生的结果（如"跑出成绩""考了100分"）。

（2）施事宾语

宾语表示动作、行为的发出者、主动者，可以是人或自然界的事物。例如"来了一群学生、泄露了试题、脸庞上滚着汗珠、种子发芽了、天上飘着白云、一张床睡两个人"。这种句子的动词一般是不及物动词，动词后通常带动态助词或补语等才容易独立成句。这种宾语如果由于语用的需要（改变话题或语境）可能移位到动词前，充当主语，例如"学生来了｜白云在天上飘着"等。

（3）当事宾语

表示施事、受事以外的宾语，即非施非受宾语。细分起来其关系也是多种多样的：

①表处所：回学校、坐飞机（回到……、在……上坐）

②表时间：熬夜、过教师节（在……里熬着、在……时过）

③表工具：编赛程、喝大碗（用……编、喝）

④表方式：存死期、寄快递（用……的方式存）

⑤表原因：躲车、缩水（因……而躲避）

⑥表目的：交涉过比赛问题（为……而交涉）

⑦表类别：他当团支书，我是班长（他是团支书）

⑧表存在：那里有球（球在那里）

⑨其他：上岁数、出风头

（三）定语

1. 定语的构成材料

定语是名词或名词习惯短语的修饰语，定语和中心语的关系是偏正关系。例如：

①入队以后，（他）的运动技术水平不断提高。

②老师认真地听取了（学生们对课程）的意见。

③（教练）的指导非常有效。

实词和短语大都可以做定语。例如："体育世界、传奇色彩、网球队员、一片绿洲、微型电脑、戴眼镜的学生、水多的地方"等等。

2. 定语的语义关系

定语和中心语的语义关系多种多样，根据定语和中心语的语义关系，可以把定语分为描写性定语和限制性定语两大类。

描写性定语多用形容词性成分充当，作用主要是描绘人或事物的性质、状态，突出其中本来就有的某一特性，使语言更加形象生动。例如："运动气息、宽阔的运动场、鲜艳的健美操服、精准的投篮、律动的舞蹈"等。

限制性定语多是由名词性词语、动词性词语和区别词做定语，表示人或事物的领有者、时间、处所、环境、范围、用途、质料、数量等等。作用主要是给事物分类或划定范围，使语言更加准确严密。这种定语越多，中心语所指的人或事物的范围就越小。例如"沈阳体育学院的校园风光、冬季的阳光、教室里的光线、体操器械、练武术的女孩儿、石头房子、一块瑜伽垫"等。

3. 定语和助词"的"

结构助词"的"是定语的标志。"的"的作用有二：一是强调前面词语的修饰性、领属性和描写性，一是把偏正关系与其他关系区别开来。

定语和中心语的组合，有一定的灵活性。有的不能加"的"，有的必须加"的"，有的可加可不加。加不加"的"涉及定语的词类，也涉及定语或中心语的音节多少，以及其间的语义关系。具体情形如下：

（1）单音节形容词做定语，通常不加"的"。例如："新书、好球拍、黄花、绿草"。如果用"的"形成平行格式，就有强调的作用，例如"新的书、好的球拍、黄的花、绿的草"。

（2）双音节形容词做定语，常常加上"的"字，特别是用来描写状态的词。例如："开朗的性格、坚韧的毅力、年轻的心态、优美的旋律、凌厉的抽杀、动听的歌声、稀薄的空气、粉红的脸庞"等。当然，加或不加"的"，有时也取决于上下文音节的协调与否。在语境清楚、不致发生歧义的情况下，为了避免"的"用得太多，"的"也可以不用。

（3）名词做定语时，加不加"的"有多种情形：

有时名词可以直接修饰中心语，不需加"的"。例如："网球拍、羽毛球鞋、体育概论、篮球背心、体操器械"等。

一些单音节名词做定语必须加"的"。例如："花的颜色、人的品性、水的温度、树的形状"等。

双音节名词做定语而中心语是单音节的，也常常加"的"。例如"黄河的水、野地的花、大海的风、北极的冰"。

用不用"的"都可以的话，一般讲究音节的调整，看读起来顺口不顺口，例如"洪湖水，浪打浪、迎面吹过来大海风"其中的"洪湖水、大海风"就不再加"的"了。

有时候加不加"的"影响定语的性质和意思。加"的"表领属关系，不加"的"表性质、属性，试比较：

定语表领属	定语表性质、属性
王健的朋友很多	她有一个美国朋友
她是奥运冠军的母亲	她有个奥运冠军哥哥

一般来说，人称代词做定语表示领属者，大多都要加"的"。例如："我的球、你的朋友、他的书、他的运动服"的歌。

中心语是国家、集团、机关、亲属的名称，有时候也可以不加"的"，例如"我们学校、你们家、她哥哥"等。

亲属称谓如果是单音词，就不用加"的"了。例如"你叔、他爹、我哥"。

人称代词和名词一样，后面紧接着指示代词或表示时间、处所的定语，一般也不用"的"例如"我这件衣服、他上学期的成绩、你在上海的亲属、老张那些年的生活、老师五十年代的论文、哥哥在江心洲的家"。

（4）动词做定语，加不加"的"有两种情况：

一种情况是直接修饰中心语，组成一种名称，不用加"的"，常见的是跟烹调等有关的动词。例如"活虾、死鱼、剩菜、烧肉、烧豆角、慰问信、运动背心、体育器材、训练计划、应用情况"等。有一些从语义关系上看前后两部分很难构成动宾关系，特别是中心语为抽象名词的，有一些可能构成动宾关系而仍然不用"的"。例如："学习文件、参考文献"等。

另一种情况是一般要用"的"甚至必须用"的"的。例如："看的书、打的球、编的赛程、旋转的乒乓球、积累的经验、滚落的汗珠、飘扬的雪花"等。

（5）短语做定语，一般要加"的"。例如："非常精彩的比赛、有理想的学生、素质好的运动员、对老师的意见、运动场上的健将、一阵阵的歌声"。没有重叠成分的量词短语后面不加"的"。

4. 多层定语

当一个中心语前有几个定语时，就形成了多层定语，例如"新买的白色的运动服"里的"运动服"加上定语"白色的"就成了又一个定中短语，其中的"白色的"和"运动"是不同层次的两层定语，如再加定语"新买来的"成了"新买的白色的运动服"，就又多了一层定语，也是有多层定语的定中短语。

汉语的一种最重要的表达手段就是语序，如果一个多层定语的语序不清，就会使语言表达不清或有误甚至歧义，所以，正确地分析多层定语的排列次序便显得尤为重要。

一般来说，从离中心语最远的词语算起，多层定语的一般次序的是：

（1）表示领属关系的词语（表示"谁的?"）

（2）表示时间、处所的词语（表示"什么时候? 什么地方?"）

（3）指示代词或量词短语（表示"多少?"）

（4）动词性词语和主谓短语（表示"怎样的?"）

（5）形容词性词语（表示"什么样的?"）

（6）表示质料、属性或范围的名词、动词（表示"什么?"）

例如："教练的一件刚买的黑运动夹克也拿来了。"

按上述多层定语次序分析如下：

教练的——一件——刚买的——黑—— 　运动（夹克）

谁的——多少——怎样的——什么样的—— 　什么（东西）

领属——数量——性质——性状—— 　　质料

多层定语的次序总是按逻辑关系来排列，跟中心语关系越密切的定语就越靠近中心语。但是有一些词语也有灵活性，如数量短语和指量短语的位置就比较灵活。例如：

"两个朋友送的小花瓶。"可以说成"朋友送的两个小花瓶。"

"那位穿网球鞋的男孩。"可以说成"穿网球鞋的那位男孩。"等等。

（四）状语

1. 状语的构成材料

状语是动词、形容词或动词性短语、形容词性短语前面的修饰语，表示动作的状态、时间、处所、方式、条件、对象、数量、范围等，状语和中心语的关系是偏正关系。

状语不只是由副词充当，还可以由时间名词、能愿动词、形容词（特别是表示状态的形容词）充当；介词短语、量词短语和其他一些短语也可以做状语。例如：

①教练高兴地点点头。

②同学们在教室学习。

③为了学院的荣誉拼搏！

④我的同学今天从上海来。

⑤队员们十分激动地表示必胜的信心。

2. 状语的语义关系

根据状语的语义关系，可以把状语分为限制性状语和描写性状语两类。

限制性状语主要用来表示时间、处所、程度、否定、方式、手段、目的、范围、对象、数量、语气等。例如：十点开始、明天回来、非常高兴、网球馆见等。

描写性状语在语法结构上主要也是修饰谓词性成分的，在它的语义指向上有些是描写动作状态，指向谓词性成分，有些是描写动作者的情态，指向名词性成分，就是说语法结构关系和语义关系不都是一致的，从语义上看不全是指向谓词性词语，有的却指向名词性词语（主语或宾语）。例如：很兴奋地说、草草地写、慢慢地跑、充满激情地唱。

状语一般放在主语后面，一些表示时间、处所、范围、情态、条件、关涉对象或者语气的状语有时还可以出现在主语前面，特别是由"关于"组成的介词短语做状语，只能出现在句首。放在主语前的状语叫句首状语，修饰主谓短语或几个分句。例如：

①〔午后〕，天闷得很，队员们仍然在汗流浃背地训练。

②〔事实上〕，我心里一直惦记着你。

③〔在回家的路上〕，我兴奋得不得了。

④〔任何景物中〕，她都能发现美。

⑤〔对于学生〕，老师是决不会刺伤他的自尊心的。

⑥〔关于目前的就业形势〕，学院老师已经作了详细的分析。

那些可以有两种位置的状语，放在句首时常常有一些特别的作用，或者是强调状语，或者是照顾上下文的连接，或者状语较长、较多，放在句首可以使主语和谓语中心靠近，使句子结构紧凑，便于理解句意。

2. 状语和助词"地"

助词"地"是状语的标志。状语后面加不加"地"的情况很复杂。具体情形如下：

（1）单音节副词做状语，一般不加"地"，有些双音节副词加不加"地"均可。例如"非常冷、非常地冷"。

（2）形容词里，单音节形容词做状语比较少，也大都不能加"地"。例如：只能说"蛮干、苦练、慢跑、快走"。

（3）多音节形容词有相当一部分加不加"地"都可以。例如："热烈讨论、热烈地讨论；认真研究了半天、认真地研究了半天；痛痛快快喝一杯、痛痛快快地喝一杯"。也有少数不能加"地"。例如："不努力训练，肯定要输球"里的"肯定"。还有少数必须加"地"。例如："轻巧地跳着健美操。""亲热地嘘寒问暖。""欢喜地走了"。

（4）代词、表示时间或处所的名词、能愿动词、方位短语和介词短语做状语，都不加"地"字。那些可加可不加的，加上了，往往有强调意味，能够突出状语。例如：〔热烈〕欢迎新同学。

3. 多层状语

状语同定语一样，也有层次问题，当一个中心语前有几个状语时，就形成了多层状语。例如：老师上午在教室里热烈地和同学们讨论就业形势。

多层状语的语序问题比较复杂，哪种在前、哪种在后，取决于谓语内部的逻辑关系和表意的需要。大致的次序是：

（1）表示时间的名词（指明何时）；

（2）表示处所的介词短语（指明何地）；

（3）表示范围的副词（指明什么范围）；

（4）表示情态的形容词（指明怎样）；

（5）表示对象的介词短语（指明同谁）。

按上述多层定语次序分析如下：

老师　上午　在教室里　热烈地　和同学们　讨论就业形势。

——时间——处所——情态——对象

（五）补语

1. 补语的构成材料

补语是用在动词、形容词的后面对动词、形容词进行补充说明的成分。用来说明动作、行为的结果、状态、趋向、数量、时间、处所、可能性或者说明性状的程度、说明事物的状态等。补语主要由谓词性词语、数量短语和介词短语充当。

由谓词性词语充当的补语，有的直接加在中心语之后，有的要用"得"字；由数量短语、介词短语充当的补语都是和中心语直接组合的。

2. 补语的语义关系

根据补语的语义关系，可以把补语分为 6 种类型：

（1）结果补语

结果补语常用的是形容词，少数用动词，表示动作本身所达到的状态或产生的结果，与中心语有因果关系。例如：

①运动场上，站〈满〉了准备练团体操的学生。

②这个动作做〈错〉了。

③他因为输球很懊恼，哭〈红〉了眼睛。

④踢球，踢球，一个月踢〈坏〉了三双鞋。

⑤这种病真折腾人，人折腾〈瘦〉了，家也折腾〈穷〉了。

⑥快到比赛的时候，你可得叫〈醒〉我。（动词）

结果补语在结构上同中心语结合得很紧，其间不能加进别的成分，以致动态助词"了、过"只能加在补语后面。

（2）程度补语

程度补语大多用在形容词或表示心理活动的动词后面表示程度，一般很少，限于用"极、很"和虚义的"透、慌、死、坏"等，表示达到极点或很高程度，也可以用量词短语"一些、一点"表示很轻的程度。程度补语本身没有否定形式，语义直接指向谓语中心。如果谓语中心是形容词，也可以用某些前能加"很"的动词。例如：

①心里爽快〈极〉了。（必须加"了"）

②有一回，天已经黑〈透〉了，他还在练跑步。（同上）

③这位老人固执得〈很〉。（必须加"得"）

④这里闹得〈慌〉，孩子哭一夜不安生。（同上）

⑥赢球让这孩子激动得〈跳起来〉。

（3）状态补语

状态补语表示由于动作、性状而呈现出来的状态，有的用作评价，有的用作描写。状态补语可以是单个的谓词，也可以是各种谓词性短语，中心语和补语中间都有助词"得"。例如：

①他把这问题想得〈太简单，大浅〉。

②春天来了，校园内小树林的树叶变得〈翠绿翠绿〉的。

③那阵雨来得〈猛〉，去得〈快〉。

④唱的人唱得〈声情并茂〉，听的人听得〈津津有味〉。

⑤他兴奋得〈蹦起来了〉。

（4）趋向补语

趋向补语是用在动词的后面，表示动作的方向或事物随动作而活动的方向，由趋向动词充当，带趋向补语的动词短语还可以带补语。例如：

①他推开门，一阵风似地跑〈来〉。

②场内和场外，响〈起〉了欢呼声。

③远处传〈来〉了嘹亮的歌声。

④人们决不轻易把生命交〈出去〉。

⑤网球馆里走〈出〉一群运动员。

⑥教练跑了〈过来〉，把受伤的队员扶了起来。

动态助词"了"一般加在补语后面、宾语前面，如例②；有时候"了"加在补语之前，这时句子不会出现宾语，如例⑥。有些句子，如例③的动词和宾语不能直接组合，趋向补语能起成句的作用；在存现句里，这种情况较常见。

此外，趋向动词"起来"、"下去"也可以用在形容词后做补语，表示引申义。例如："哭起来"的"起来"表示开始，"笑下去"的"下去"表示继续，这种用法的趋向动词已经虚化了。

（5）数量补语

数量补语表示数量，包括以下两种：

一种是动量补语，由表动量的量词短语充当，表示动作发生的次数。例如："演了几遍、跑了几圈、聊了一会、看上几眼、打了我几下"。

另外一种是时量补语，由表时量、时段的量词短语充当，表示动作持续的时间。例如："练了俩小时、坐了一会儿"。或者表示动作实现以后所经历的整段时间，例如"挂了一个月、建了五年了、来了一天"。

（6）时间、处所补语

时间、处所补语多由介词短语来表示动作发生的时间和处所，表示动作的终止地点。例如：

①沈阳体育学院建〈于1954年〉。

②教练〈在看台上〉指挥比赛。

③两个孩子张罗着把爸妈的照片贴〈在大厅墙上〉。

（7）可能补语

可能补语表示能或不能。这种补语的中心语主要是动词，也有少数是形容词。可能补语共有两种：

一种是用"得"或"不得"充当，表示有无可能进行，或表示动作结果能否实现。例如：

①这比赛赢〈得〉赢〈不得〉？

②这考试再耽搁〈不得〉了，得立刻解决。

③训练上的事你要多操心，大意〈不得〉。

另一种是在结果补语或趋向补语和中心语之间插进"得/不"（轻声），表示动作的结果、趋向可能不可能实现。例如："教育得好、教育不好；说得明白、说不明白；买得来、买不来；拽得回来、拽不回来"。

状态补语和可能结果补语的肯定式形式相同（都有"得"），但意义不同。例如"这个球打得好"。其中"打得好"形式上可以是状态补语，也可以是可能补语。两种补语的否定式和提问式的形式都不同。试看下表：

问答形式		状态补语（补语可扩展）		可能补语（补语不能扩展）	异同
问话形式		简单式	他打得好吗？	他打得好打不好？	不同
		扩展式	他打得好不好？	（无扩展式）	不同
答话形式	肯定	简单式	打得好。	打得好。	相同
		扩展式	打得非常好。	（无扩展式）	不同
	否定	简单式	打得不好。	打不好。	不同
		扩展式	打得不怎么好。	（无扩展式）	不同

3. 补语和宾语的顺序

补语和宾语都在动词后面，两个成分同时出现时，就有个排列顺序问题。补语和宾语的位次有三种情况：

（1）先补后宾。补语在宾语前，这是最常见的顺序。例如：

①我在家门口，就闻〈到〉香味了。（结果补语＋受事宾语）

②他哪能猜得〈到〉你们的想法。（可能补语＋受事宾语）

③队员们走〈进〉了学院的体育馆。（趋向补语＋处所宾语）

④旁边寝室走〈出来〉一位同学，打量了我一下。（趋向补语＋施事宾语）

⑤教练扫了〈一眼〉新来的队员。（数量补语＋受事宾语）

⑥老师去了〈一趟〉学校。（数量补语＋处所宾语）

（2）先宾后补。补语在宾语后，这种情形很有限制。例如：

①他们在羽毛球馆等了你〈好几个小时〉！（限于代词、指人名词宾语＋数量补语）

⑧妈妈去过上海〈两次〉。（处所宾语＋动量补语）

⑨班长劝我回教室里〈去〉。（处所宾语＋趋向补语）

⑩给我拿个篮球〈来〉。（受事宾语＋趋向补语）

（3）宾语在中间。宾语在两个趋向补语中间，这时是两层补语。例如："打出球来"的"来"是"打出球"这个中心语的补语，"出"是"打"的补语，属不同层次。

4. 补语和宾语的辨别

一般说来，补语是谓词性成分，宾语多数是名词性成分，两者很容易区分。但是，宾语也可能是谓词性成分，补语也可能是表示时段的名词性成分。此外，宾语和补语都可以用量词短语充当，补语、宾语又都位于动词后，基于补语与宾语的种种相同之处，就有了补语和宾语的辨析问题。

辨析补语和宾语，可以考虑以下因素：

（1）看关系——看是动宾关系，还是中补关系。

"讨厌吵闹"和"考虑清楚"都是"动＋形"。前者的"吵闹"可以回答"讨厌什么"的问题，是宾语，是"讨厌"所支配的对象，有动宾关系；后者的"明白"不可能回答"考虑什么"的问题，只能回答"考虑得怎么样"的问题，是"考虑"的结果补语，有中补关系。

（2）看成分的词性。

量词短语里如果用物量词，一般是宾语；如果用动量词，就是补语。例如："看几本"和"看几遍"就是宾语和补语的分别。

（3）看是否能变换成"把"字句。

某些表示时间的成分既可能做补语，也可能做宾语，而做宾语时往往可以变换成"把"字句。例如："他浪费了两天时间"和"他干了两天时间"，前者可以变换成"他把两天时间浪费了"，其中"两天时间"是宾语；后者不能这样变换，其中"两天时间"是补语。

5. 补语和状语的位置及表意作用

有些词语既可以做补语，也可以做状语，两种位置有时基本句意差不多。例如："住在学校、在学校住；坐在看台上、在看台上坐着"。

其中表示处所的介词短语有两种位置，基本句意颇相似，但是位置不同，大都影响到所表达的意思。仍以介词短语为例，"跑到操场上、到操场上跑"其中的介词短语都表示动作的处所，而做补语时表示动作（跑）到达的终点，到操场之前已有跑的动作；做状语时表示动作发生的处所，到操场之前不跑。

再以形容词为例，少数形容词既可以做状语，又可以做补语。例如："跑快了、快跑吧；来早了、早来了一步"，做补语时表结果，做状语时表示一种状态。

再看量词短语"他拽了我一把、他一把拽住了我；教练没有去过一次、教练一次也没去过"。"一把"做补语，表动量；做状语，表方式，而且是说明取得动作结果所需的动作量。"一次"做补语，表动量；做状语时是往小型夸张，以说明动作没有发生。

（六）中心语

中心语是偏正（定中、状中）短语、中补短语里的中心成分，有的中心语是短语，有的是词。在有多层定语或状语的偏正短语里，每一层定语或状语所修饰的中心成分都是中心语。因此，中补短语里的中心语也如此。中心语根据同它相对的成分的不同可分三种：定语中心语、状语中心语和补语中心语。

1. 定语中心语

定语中心语通常由名词性词语充当，是指与定语配对的中心语。例如："体育界的主要注意力"一语里，两层中心语都是名词性的。谓词性词语也可以做定语中心语。例如：

①体育的振兴要靠全民健身。
②老师要始终重视学生能力的培养。
③放纵的结果是孩子的堕落。

2. 状语中心语

状语中心语通常由谓词性词语充当，是指与状语配对的中心语。例如："选手已经来了"。但在名词谓语句里，状语中心语可以由名词充当。例如："现在已经深夜了；教室里就我们俩；台湾海峡狭窄处才135千米"。

3. 补语中心语

补语中心语通常由动词或形容词充当，也可以由短语充当，是指与补语配对的中心语，例如："打扫得很干净；骄傲自满得厉害；紧张得像个孩子；淹死在一条小河里"。

（七）独立语

句子里的某个实词或短语，跟它前后别的词语没有结构关系，不互为句法成分，但又是句意上所必需的成分，这就是独立语。独立话可以出现在句首、句中或句末，以适应表达的需要，在句子里的位置非常灵活。根据其表意作用分为以下四种：

1. 插入语

插入语是插入句中辅助句子表达一定附加意义的语言成分，插入语的作用是使句子严密化，补足句意。插入语的作用是：

或表明说话者的态度，表示肯定或强调的语气，如"毫无疑问，明天是教师节"；

或提醒听话者的注意，加深听话者的印象，如"说真的，你打羽毛球真不错"；

或表对情况的推测和估计，如"据说，他赢了比赛得了冠军"；

或表示总括，如"总之，任何时候都要服从教练的指挥"；

或表示对语意的附带说明，如"不客气地说，他一辈子都不会有出息"等等。

2. 称呼语

称呼语是用来称呼别人或用来响应别人呼唤以引人注意的语言成分。例如：

①老师，你去哪儿？

②妈妈，我听见了。

3. 感叹语

感叹语是表示如惊讶、感慨、喜怒、哀乐等感情的呼声和应对的独立语言成分。例如：

①唉，我怎么就学不会游泳呢！

②啊，妈妈你怎么来了呀？

③嗯，我这就去练球。

感叹词后面如果用上了感叹号，就成了非主谓句；感叹词后面如果用逗号，不是一个句子而是独立语中的感叹语。

4. 拟声语

拟声语是模拟自然界声音的独立成分，以加强表达效果，给人以真实感。例如：

①各就各位！砰——砰——发令枪响了。

②哗——哗——水房的自来水不停地流着。

（八）句子成分分析

主语、谓语、宾语、定语、状语、补语是传统的成分分析法的六大成分名称。现在用层次分析，坚持成分对成分的做法，把中心词改为中心语，把动词改为动语，合起来共有八种一般句子成分，同时也是短语成分。另外还有一个特殊的句子成分，名为独立语，它不是短语成分。上述八种一般句子成分在一个句子或短语里出现时不是并列关系，而是具有上位、下位的层次关系或包容关系。因此，理解句子时，需要对句子进行句子成分分析。

传统语法在进行句子分析时，主要采用"中心词分析法"。

（一）中心词分析法的主要特点

1. 把主谓词组看成句子，而且认为句子总是由主谓词组组成的。因此，当主谓词组在句子中充当某个成分时，叫做"小句"或"句子形式"；而非主谓句，叫做"无主句"。

2. 碰到偏正词组时，首先找出他的中心语；碰到述宾词组或述补词组，也要首先找出谓语中心词，即把主语和谓语看成句子的主干。

3. 设立句子的六大成分，并且分为三个层次：主语、谓语是主要成分；宾语、补语是次要成分；定语和状语是附加成分。

4. 每个实词都和句子成分一一对上号，只承认联合词组和主谓词组可以直接充当句子成分。

由于这种句子分析法用六大成分来命名，所以又叫做"句子成分分析法"。两种名称，角度略有区别，其实质是相同的。在长期的语文教学过程中，还形成了一套中心词分析法图解方法和相应的符号。例如：

（我们）学院‖［已经］迎＜来＞了｜（改革发展）的春天。
　　定　　主　　　状　谓　补　　　　定　　　　宾

（二）中心词分析法分析步骤

第一步，用两根竖线首先把句子分为"主语部分"和"谓语部分"。

第二步，再找出谓语中心词以及后面跟的补语和宾语。

第三步，在主语部分找出主语中心语及其修饰的定语，在谓语部分找出谓语中心语及修饰的状语。

第四步，宾语如果有定语修饰的话，继续寻找。如果主语或宾语的修饰语有好几个，则必须一一标明。

第五步，一些比较特殊的成分，例如"兼语"、"独立成分"和"复指成分"，也有相应的符号。例如：

听说教练‖［要］请队员提意见。
　独　主　　状谓　兼谓　宾

（三）句子成分分析下短语和句子的差别

句子是语言运用单位，动态单位；短语是造句备用单位，静态单位，两者本质不同。

分析短语内部词语之间的结构关系时也用上述八个一般句法成分名称，不必另造一套，因为短语里主语和谓语的关系跟句子里主语和谓语的关系是一致的，而且一般认为，自由短语加句调、语气，就成为句子，短语成分也就成了句子成分。但是句子和短语不能画等号，其差别主要表现在以下三点：

1. 句子有特定的语气、句调，有陈述句、疑问句等；短语没有特定的语气、句调，没有陈述短语、疑问短语等。

2. 短语有主语、状语、谓语、补语、定语、宾语等成分；句子也有这些成分，还多出独立语这种语用成分。

3. 句子有成分的倒装和省略，有倒装句、省略句，短语没有倒装短语等。

三、句类

句类是句子的语气类分类，是句子按照不同的语气功能划分出来的类型。一般分为陈述句、疑问句、祈使句和感叹句四类。

（一）陈述句

陈述句是用于陈述事情的句子，具有陈述语气，语调平直，句尾一般用降调，句末常用的语气词有"的、了、嘛、啊、呢、罢了"等。陈述句在书面上，句末用句号。例如：

①我不愿意去学习游泳的。

②我不愿意去学习游泳了。

③我不愿意去学习游泳嘛。

④我不愿意去学习游泳吗。

⑤打完比赛，他血压有点儿高。

⑥打完比赛，他血压有点儿高罢了。

陈述句一般分为肯定、否定两种形式和特殊格式三类：

1. 肯定形式的陈述句

肯定形式的陈述句往往是无标志的，如果要显示强调，则常常用动词或副词"是"。例如"他昨天在操场上踢了一个小时的球"这个句子属于无标志的肯定形式，如果要强调某个成分，可以把"是"分别安插在这个成分之前：

①是他昨天在操场上踢了一个小时的球。

②他是昨天在操场上踢了一个小时的球。

③他昨天是在操场上踢了一个小时的球。

④他昨天在操场上是踢了一个小时的球。

2. 否定形式的陈述句

否定形式的陈述句一般是在指肯定形式上加上否定词概念。例如：

①我不想失去比赛资格。

②世界杯从来没有在中国举行过。

③革命尚未成功，同志仍需努力。

另外，否定形式的陈述句中的否定词还可以出现在述补短语中。例如：

①这场篮球比赛比得不太好。

②足球转播的声音听不清楚。

3. 特殊格式的陈述句

（1）异形同义格式

在一些习惯用法中，句子的肯定形式跟否定形式所表达的意义是相同的，但这样的例子不具备类推性。例如：

①当心摔跤＝当心别摔跤（都是"别摔跤"）

②好热闹＝好不热闹（都是"热闹"）

③好容易＝好不容易（都是"不容易"）

④难免出错＝难免不出错（都是"出错"）

（2）双重否定式

双重否定格式用来表示肯定的意思。例如：

①我的情况，你又不是不了解。

②从前线回来的人说到白求恩，没有一个不佩服的，没有一个不为他的精神感动的。

③我不想去，但又不能不去。

双重否定表面上意义等于肯定，但实际上不然。例①的语气比较单纯，肯定委婉；例②的语气比较单纯，肯定强烈；例③的"不能不去"不等于"能去"，而是等于"必须去"。

（二）疑问句

疑问句是用来提出问题、表示询问、具有疑问语气的句子。疑问句的语调多数是上升的，句末用问号。

1. 疑问句的结构类型

按照疑问句的结构特点，疑问句可以分为是非问、特指问、选择问、正反问四类。

（1）是非问

是非问是由陈述句变来的，在结构上跟一般的陈述句相同，只是把陈述句的语调变为升调，或者带上疑问语气。例如：

①你去北京。↘→　你去北京？↗→　你去北京吗？↘→

是非问句所用的疑问语气词除了"吗"之外，还有"吧"和"啊"。例如：

②你是运动系的吧？

③你是运动系的啊？

疑问句的回答都是针对疑问焦点的，是非句的回答形式比较简单，用"是、是的、对"等表示肯定，用"不、不是、没"表示否定。由于是非问的疑问焦点就是整个句子，所以，有时也可以重复原来的句子形式：

④a：你是运动系的吗？

b1：是，我是运动系的。

b2：不，我不是。

在面对面的交际中，甚至可以用点头、摇头之类的体态语言来回答。

（2）特指问

用疑问代词来替换陈述句中的每一项，都可构成特指问句。例如"他明天坐飞机去北京参加奥运会"这句话，可以构成以下几个特指问：

①谁明天坐飞机去北京参加奥运会？

②他什么时候坐飞机去北京参加奥运会？

③他明天怎么去北京参加奥运会？

④他明天坐飞机去干吗？

⑤他明天坐飞机去哪？

特指问如果用语气词，只能是"呢"或"啊"，不能用"吗"或"吧"。例如：

⑥什么时候去比赛呢？

⑦什么时候去比赛啊？

⑧什么时候去比赛吗？（错误）

⑨什么时候去比赛吧？（错误）

特指问句要求针对疑问焦点做具体回答，所以不能用简单的肯定或否定。

（3）选择问

选择问是提出两项或几项看法让听者选择回答，经常用"是……还是"来连接。例如：

①你是去网球馆还是去羽毛球馆？

②运动员喝点什么？可乐？雪碧？脉动？

选择问如果用语气词，只能用"呢"，不能用"吗"。选择问的回答形式比较多，可以选择疑问项中的一项，可以全部否定，也可以在疑问项之外另选一项回答。例如：

③a：你去网球馆还是去羽毛球馆？

b1：去网球馆。

b2：两个地方都不去。

b3：去健美操馆。

（4）正反问

正反问句是用肯定否定相叠的方式提出正反两个方面，让听者从中选择一项回答。正反问句语调可以降调也可以升调。它的疑问信息是由正反并列结构承担的，所以回答可以选择肯定项，或者选择否定项，比较简单。例如：

①你去不去网球馆？去/不去。

②游泳馆里边有没有人？有/没有。

正反问句有多种省略的变化形式。例如：

③打不打球？/有人没有人打？

④打不打球？/有没有人打？

⑤打球不打？/有人没有？

⑥打球不？/有人不？

2. 疑问句的交际类型

疑问句在语言交际过程中有不少特殊功能的用法，因此，疑问句仅次于陈述句的使用频率。主要是反问句、设问句、回声问、附加问等。例如：

①你难道还不了解我的篮球水平吗？（反问句）

②你猜是什么？橄榄球。（设问句）

③你是问我练什么？（回声问）

④你就答应我去打网球吧，好不好？（附加问）

（1）反问句

反问句是"无疑而问"，也就是发问人并没有真正的疑问，只是用疑问句形式曲折地表达自己对事情的意见和看法，在语气词上有不满、反驳的意味。通常用肯定的形式表示否定的意思，用否定形式来表示肯定的意思。例如：

①你看这孩子网球打得，棒不棒？（＝棒）

②谁说我答应比赛了啊？（＝没答应）

③你这是说他练得不刻苦呢，还是说我？（＝说我）

④这战术他不能知道？（＝他知道）

（2）设问句

设问句属于交际功能的类型，是先用一个问句引起对方的注意，然后再顺势引出自己的看法。例如：

①比赛比到最高境界比的是什么？比的是心理素质。

②犯过错误的人用不用？用。

③他是想继续打球呢，还是进演艺圈？当然是想继续打球。

④知道姚明吗？小巨人，篮球界的红人！

（三）祈使句

祈使句是向听者提出要求，希望其做什么或不做什么的问句，大多表示请求、命令、劝告、催促、祝愿或者禁止等意义，句末有时用语气词"吧"、"了"，一般用降调，语气强烈时书面语句末用感叹号，语气较缓时用句号。

1. 肯定形式的祈使句

肯定形式的祈使句要求听话人做些什么，语气强烈的是命令句，委婉的是请求句。例如：

（1）把羽毛球参赛名单拿给我！/你给我滚出去！

（2）你不用再说了，我们对服用兴奋剂的运动员处罚都是一样的，请出去吧！/千万当心啊！

例（1）是命令句，结构简单，语句短促，一般不用语气词。例（2）是请求句，表示请求、商量、敦促、建议等，语调比较舒缓，经常使用语气词"吧"、"啊"等，也经常使用"请"、"千万"等祈使性词语。

2. 否定形式的祈使句

否定形式的祈使句要求听话人不做什么。语气强烈的是禁止句，委婉的是劝阻句。例如：

（1）禁止抽烟！/不准随地大小便！

（2）您老就别去了。/千万别当回事儿。

例（1）是禁止句，语调紧促，不用语气词，经常使用"禁止"、"不准"等字眼。例（2）是劝阻句，语调舒缓，经常使用语气词"了"、"啊"，否定词"别"、"不要"等。

3. 肯定形式和否定形式的不对称现象

有些祈使句，既有肯定形式，又有否定形式；而有些祈使句，要么只有否定形式，没有肯定形式。例如：

（1）请进来。/请别进来。

（2）千万当心啊。/千万别当心啊。（错误）

（3）请紧张。（错误）/请别紧张。

（四）感叹句

感叹句是用来表示某种强烈感情的句子，语调是下降的，句末用感叹号。它大体上可以分为三类：

1. 直接用叹词构成感叹句。例如：

（1）哎呀！

（2）嗯！

2. 句中有明显标志，或用副词"多、多么、太、真、好"，或用语气词"啊"，或使用某些特定的词语。例如：

（1）多么精彩的拉丁舞表演啊！

（2）王治郅长得真魁梧！

（3）教练是我们的贴心人啊！

（4）同一个世界，同一个梦想！

（5）祝 2012 年伦敦奥运会举办成功！

3. 句子形式在书面上跟一般的陈述句一样，但结尾使用了感叹号；口语中语调是先升后降，并且音量加大。

（1）明天是星期天！

（2）爸爸回来了！

四、句型

句型是句子的结构类分类，是指句子的基本结构模式，是句子按照不同的结构特点划分出来的类型。句型系统是有层次的，句子首先分为单句和复句，单句又分为主谓句和非主谓句两种句型。主谓句又分为四类：名词谓语句、动词谓语句、形容词谓语句和主谓谓语句。非主谓句又分为五类：名词性非谓语句、动词性非谓语句、形容词性非谓语句和叹词句、拟声词句。

（一）主谓句

主谓句是由主语、谓短两个成分构成的单句。从谓语的构成看，可以分为以下几类：

1. 名词性谓语句

名词性谓语句是由名词或名词性短语充当谓语的句子，主要有三种句型：

（1）名词性谓语句：今天是全民健身日。

（2）数量谓语句：新来的体育老师四十来岁。

（3）定心谓语词：这教练好大的架子！

2. 动词性谓语句

动词性谓语句是由动词性词语或短语充当谓语的句子。主要有以下六种基本句型：

（1）动词谓语句：花开了。

篮球比赛开始了。

（2）述宾谓语句：我们吃苹果。

我们去游泳。

（3）述补谓语句：中国体操队赢得漂亮。

（4）连谓谓语句：小王去上海买体育器材。

（5）兼语谓语句：报社派老李负责这次世界杯报道。

（6）主谓谓语句：林丹我已经采访过了。

3. 形容词性谓语句

形容词性谓语句是由形容词性词语或短语充当谓语的句子。主要有以下两种基本句型：

（1）形容词谓语句：比赛精彩。

（2）形补谓语句：网球场的灯光亮得有点儿刺眼。

4. 主谓谓语句

主谓谓语句是由主谓短语充当谓语的句子。

为了讲解的方便，我们把全句的主语叫做大主语，全句的谓语叫做大谓语；充当谓语的主谓短语的主语叫做小主语，主谓短语的谓语叫做小谓语。

根据大主语、小主语、小谓语三者之间的语义关系，可以把主谓谓语句分为以下四类：

（1）受事性主谓谓语句

大主语是小谓语中某个动词的受事，有时候也可以是与事或工具等。例如：

①这场比赛我没有看过。（受事）

②那些羽毛球我们已经打完了。（受事）

③这运动服我还没印好号码呢。（与事）

④这把刀我切肉。（工具）

例①、②的大主语是受事，例③的大主语是与事，例④的大主语是工具。

这类主谓谓语句中，以大主语是受事的最为常见，并且大多可以通过大主语移位变换成一般的主谓句。例如：

这场比赛我没有看过。——我没有看过这场比赛。

那些羽毛球我们已经打完了。——我们已经打完了那些羽毛球。

但要注意的是，受事主语的动词不一定就是小谓语动词，它甚至还可能不在小谓语中；移位以后，大主语也不一定就成为某个动词的宾语。这可以通过大主语的移位来证实。例如：

①这个战术我认为可以讨论。——我认为这个战术可以讨论。

②这件事情知道的人不多。——知道这件事的人不多。

有些句子由于结构方面的限制，大主语如果移位，句法结构上要做一些变动。例如：

①这把网球拍我用了好几年。——我用这把网球拍用了好几年。

②篮球她打得很不错。——她打篮球很不错。

（2）领属性主谓谓语句

大主语和小主语之间有领属关系，或者是整体和部分的关系。例如：

①程老师球技很棒。（领属关系）

②她网球打得不错。（领属关系）

③体育舞蹈班一半是南方人。（整体与部分的关系）

领属性主谓谓语句一般可以在大小主语之间插入"的"字，变成一般主谓句：

程老师球技很棒。——程老师的球技非常棒。

体育舞蹈班一半是南方人。——体育舞蹈班的一半是南方人。

（3）关涉性主谓谓语句

大主语是大谓语关涉的某一方面的对象。这类句子可以在大主语前面加上介词"对、对于、关于"，形成首句状语，整个句子变成一般的主谓句：

①这个学生，我真没办法。——对这学生，我真没办法。

②这个问题我有不同看法。——对于这个问题我有不同看法。

（4）周遍性主谓谓语句

　　大主语是疑问代词的任指活用，或者是表示周遍性意义的词语，大主语跟小主语可以换位，而意义不变。例如：

　　①什么运动项目他都不练。——他什么都不练。

　　②哪我们也不去。——我们哪也不去。

　　③任何困难我们都能克服。——我们任何困难都能克服。

　　（二）非主谓句

　　非主谓句是分不出主语和谓语的单句，是由单个词或者非主谓短语构成的单句。非主谓句可以分为四类：

　　1. 名词性非主谓句

　　名词性非主谓句是指由一个名词或定中短语形成的句子。例如：

　　（1）球！（名词）

　　（2）好精彩的球赛。（定心短语）

　　（3）林丹和谢杏芳。（联合短语）

　　（4）体育馆的。（"的"字结构）

　　2. 动词性非主谓句

　　动词性非主谓句是无须主语、由动词或动词性短语形成的句子。例如：

　　（1）听！（动词）

　　（2）下雨了。（述宾结构）

　　（3）晒干了！（述补短语）

　　（4）请大家不要吸烟。（兼语短语）

　　（5）开着门睡觉。（连谓短语）

　　3. 形容词性非主谓句

　　形容词性非主谓句是由一个形容词或形容词性短语形成的句子。例如：

　　（1）棒！（形容词）

　　（2）酷极了！（述补短语）

　　4. 叹词句

　　由叹词形成的句子。例如：啊？

5. 拟声词句

由拟声词形成的句子。例如：轰隆隆！

（三）常见特殊句式

特殊句式是动词谓语句中比较特殊的几种句式。通常是根据句子的局部特点或标志划分出来的句子类型，大都在句法、语义、语用等方面具有特殊性，比较集中地体现了现代汉语句子的结构特点和语义表达上的特色。最常用的动词谓语句特殊句式有：连动句、兼语句、双宾句、存现句、把字句和被字句等。

1. 连动句

也叫连谓句。是指由连谓短语充当谓语或独立成句的句子。例如：

王老师拿了网球拍走了。

国家表彰奥运冠军树榜样。

同学们听了很高兴。

他练球练累了。

连动句的特点是：

（1）连动句中连用的动词谓语共用同一个主语，每一个动词都可以和主语构成主谓关系。例如：

你马上带毕业论文初稿来见我。

（2）连动句中连用的动词或动词性短语之间不能有语音停顿，书面语不能有标定符号隔开，否则就不是连动句，是承接复句了。例如：

你进屋来坐这儿吃点儿水果等我一会儿。——连动句

你进屋来，坐这儿，吃点儿水果，等我一会儿。——承接复句

（3）连动句中连用的动词或动词性短语之间没有关联词，如果有就不是连动句而是紧缩复句。例如：

你对老师有什么意见说出来。——连动句

你对老师有什么意见就说出来。——紧缩复句

（4）连动句中连用的动词谓语成分在意义上是有一定关联

的，词语的次序固定，不能颠倒变换。例如：

我去羽毛球馆打球。——我打球去羽毛球馆。（错误）

李老师有病不能来上课。——李老师不能来上课有病。（错误）

2. 兼语句

兼语句是由兼语短语充当谓语或独立成句的句子。根据句中充当谓语成分的兼语短语前一个动词的语义，可以把兼语句分为以下三种：

（1）兼语前一动词具有使令语义、能引起一定的结果。常用动词有：命令、叫、让、促使、派、组织、发动、鼓励、禁止、催等，例如：

教练叫队员回体育馆。

辅导员组织学生排练节目。

（2）兼语前一动词是由后面的动作或形状引起的表示的赞许、责怪或心理活动语义的及物动词，前后谓语有因果关系。常用动词有：感谢、喜欢、担心、称赞、爱、恨、夸、骂、嫌等。例如：

妈妈担心女儿不开心。

老师感谢学生认真学习。

他嫌我没有把比赛的事情弄明白。

（3）兼语前一动词用"有"、"轮"等表示领有或存在。例如：

他有个哥哥是运动健将。

田径场上有人在练跳高。

轮到李云飞值班了。

3. 双宾句

双宾句是谓语之后先后出现指人和指事物或事情两种宾语的句子。也就是一个述宾短语再带一个宾语的句子。紧靠动词的宾语叫做近宾语，不紧靠动词的宾语叫做远宾语。例如：

"同学送我一个篮球"、"我问教练两个问题"等。

（1）双宾句的动词类别

构成双宾句的动词大体上可以分为以下三类：

①一类是具有"给予"意义，表示事物由甲递给乙的动作动词。例如：给、卖、送、赠、奖、发、递、还、赔、交、输、付、喂等。这些动词后面可以添加"给"。具体例句如：

A 送他两张篮球赛票。——送给他两张篮球赛票。

B 发他两套运动服。——发给他两套运动服。

②一类是具有"取得"意义，表示事物由乙传递给甲的动作动词。例如：取、买、偷、抢、骗、赢、赚、扣、收。这些动词后面一般不能添加"给"字。具体例句如：

A 赢他一场比赛。——赢给他一场比赛。（错）

B 买他一箱网球。——买给他一箱网球（错）

③一类是具有"认定"意义并表示抽象信息传递或是某种称号、称呼的认定、给予的言语活动动词。例如：骂、夸、教、教导、问、询问、告诉、责怪、嘱咐、当、叫等。具体例句如：

A 告诉队员要去打比赛。

B 教学生网球。

（2）双宾句的宾语性质

双宾句的近宾语一般指人，回答"谁"的问题；远宾语一般指物，回答"什么"的问题。例如：

①a：老师教他普通话。

b1：老师教谁普通话？

b2：老师教他什么？

有的情况下，远宾语也用来指人，但提问方式跟近宾语不同。例如：

②a：学院分给我们十个体育特长生。

b1：学院分给我们谁？（错误）

b2：学院分给我们什么？

还有些情况下，近宾语也用来指物，但提问方式也跟远宾语不同。例如：

③a：教练给队员一套书。

b1：教练给什么队员一套书？（错误）

b2：教练给谁一套书？

双宾语的两个宾语一般都是名词形式，但远宾语有时也可以不是名词性词语。例如：

①运动员请示教练怎样回答记者的提问。

②王伟没告诉老师自己要去打比赛。

4. 存现句

存现句是表示什么人或事物什么地方存在、出现或消失的句子。它的基本格式是"处所词＋存现事物＋事物"。例如：

运动场上来了一支运动队。（出现）

体操馆墙上挂着一幅画。（存在）

足球场上顿时少了喧嚣。（消失）

存现句根据什么人或事物什么地方存在或出现、消失分为两类：

（1）存在句

存在句表示什么地方存在什么人或什么事情，一般分为动态存在句和静态存在句两个小类：

①静态存在句

静态存在句突出的特点是句中的动词不代表实在动作，或者不表示动作进行，只表示存在的方式，后面跟"着"表示状态的延续。例如：

A 运动系有很多网球高手。

B 篮排球馆东边有四片足球场。

C 教室里坐着很多学生。

②动态存在句

动态存在句中的动词表示正在进行的动作，后面所跟的"着"表示动作的进行状态。例如：

A 校园里回荡着铿锵有力的校歌。

B 体育馆上空飘扬着五星红旗。

（2）隐现句

隐现句表示什么地方出现或消失了什么人或事物。隐现句一般分为位移性和非位移性的两种类型。

位移性隐现句中，事物的出现或消失伴随着空间的变化，可以在句首的处所词语前加上介词"从"。例如：

教室外面进来一位专家。——从教室外面进来一位专家。

非位移性隐现句中，事物的出现或显示不直接涉及空间位置的变化，可以加上介词"在"。例如：

柜子里少了一把球拍。——在柜子里少了一把球拍。

5. 把字句

把字句是指在谓语动词前用介词"把"引出受事并对受事加以处置的一种主动句。

把字句的语法意义和结构特点是：

（1）介词"把"的作用是引进动词所支配、关涉的对象。"把"字和它的宾语构成把字结构，充当谓语动词的状语。例如：

我们一定要把运动成绩搞上去。

你们一定要在比赛前把比赛器械准备好。

（2）把字句的语法意义是表示由于某种动作或原因而产生某种结果或状态。例如：

孩子老吃糖，把牙吃坏了。——孩子老吃糖＋牙（因此而）坏了。

他把盘子端着。＝他端着盘子＋盘子（因此而）端着。

（3）由于句子中必须出现表示"结构"或"状态"的词语，因此，把字句的谓语结构就要求是复杂的，不能只是简单的动词，特别是单音节动词。把字句的结构类型主要有四种：

带补语：把赛事搞得一团糟。

带宾语：把网球拍打断了弦。

带状语：把运动服往包里塞。

带"了、着"：把牛奶喝了。/把盘子端着。

另外还有两种特别的情况：

动词重叠：把比赛情况说说。

双音动词：把成绩提高。/把广场绿化。

（4）"把"的宾语主要是动作的受事，也可以是工具、处所、与事、使事乃至施事。例如：

学生不小心把老师的茶杯打碎了。（受事）

弄来弄去，把球弄坏了。（工具）

他们把跑道铺上了塑胶。（处所）

我还没有把运动服印上号码呢。（与事）

队员一番话，把教练乐得合不上嘴。（使事）

怎么把小偷跑了？（施事）

从信息论的角度上看，"把"的宾语一般是指定的、已知的，否则不好构成把字句。因此，"把"的宾语前面常常有"这、那"之类的词语，以表示它是限定的。有时没有限定词语，那就必须是已知的信息，起码是说话人已知的。例如：

把那支球拍给我。

把一支球拍给我。（错误）

汽车把一棵小树撞倒了。（已知的）

虽然有些把字句，"把"的宾语可以还原到动词之后。例如：

我把比赛规则仔细读了一遍。——我仔细读了一遍比赛规则。

但是，我们不能认为"把"的宾语就是从原来的动词宾语用"把"提前得来的，因为还有大量的把字句，"把"的宾语无法还原到动词后面。例如：

花匠把空地都种上了鲜花。——花匠种上了空地鲜花。（错）

（5）构成把字句的动词

把字句的动词一般都有较强的动作性，能够表示结构的补语或宾语。

以下三类动词不能带结构补语或宾语，又缺乏动作性，因此它们不能构成把字句：

①联系动词：是、像、有、在、存在、姓、属于……

②感受动词：觉得、要求、希望、赞成、相信、知道、同意、主张、看见……

③趋向动词：到达、进、上、下、上来、下去、离开、接近……

（6）把字句中否定词、助动词的位置

否定词以及助动词只能出现在把字结构之前，而不能在它之后。例如：

你别把球拿进来。——你把球别拿进来。（错）

我把比赛的事情弄清楚。——我把比赛的事情别弄清楚。（错）

日常交流习惯中，"不"字可以放到把字结构的后面。例如：

太不把运动员当人了。——太把运动员不当人了。

不把训练这事当回事。——把训练这事不当回事。

6. 被字句

被字句是受事主语句的一种。是指在谓语动词前用介词"被（让、给、叫）"引进动词的施事或单用"被"的被动句。被字句中，"被"字结构修饰谓语做状语，主语是谓语动词的受事。被字句表示被动的意义，说的往往是不如意的事情。例如：

他被篮球砸了一下。

运动服被雨淋湿了。

不过，这类被动句子现在也可以只表示被动，却不一定表示不如意的事情。例如：

他被选为苏家屯区人民代表。

哥哥被沈阳体育学院录取了。

被字句的语法意义和结构特点是：

（1）"被"的宾语有时由于动作的施事不可以或不必说出来，可以在句中不出现，"被"就直接用在动词前，这可以看做一种"省略"。例如：

运动服被淋湿了。

对手被打败了。

（2）"被"的变体

一种"被"的变体是指在书面语中，保留着"被……所"、"为……所"的文字格式。例如：

我们不能被对手的表象技战术所迷惑。

比赛中的他从不为金钱、人情所动。

另一种"被"的变体是在口语中，"被"字常常用"让、给、叫"来代替。例如：

运动训练系篮球队叫体育教育系队打败了。

那些运动鞋全让弟弟扔了。

跟书面语相平行，口语中也有"被……给"、"叫……给"、"让……给"的固定格式表示被动，这里的"给"是个结构助词。例如：

刘亮让老师给说了一顿。

老爷爷被孙子给逗笑了。

蓝队叫我们给打败了。

（3）被字句的主语

被字句的主语，有时候并不是严格意义上的受事，例如：

教室里被搞得乌烟瘴气。

她被人家赢了球。

尽管如此，主语仍然是谓语动词直接影响的对象，还有带有受事意味，被字句的主语表示的事物必须是指定的。例如：

他买了这套健身器械。——这套健身器械被他买下了。

他买了一套健身器械。——一套健身器械被他买下了。（错）

有时候，被字句的主语形式上好像是不指定的，但是在具体的上下文中，仍然可以看出是指定的，例如：

场上一个网球被打飞了。

（4）构成被字句的动词

被字句的谓语动词必须是动作性比较强的及物动词。非及物动词如"是、有、成为"等是不能构成被字句的。

带补语：运动帽被大风吹掉了。

带宾语：网球被打爆了。

带"了、着、过"：敌人被我们消灭了。

双音节动词：这样免不了被教练批评。

(5) 被字句和把字句的变换关系

把字句和被字句有许多特点是相似的，而且由于语义上的对应关系，句式之间可以相互变换。例如：

他把球拍打折了。——球拍被他打折了。

美国队把巴西队打败了。——巴西队被美国队打败了。

一般来说，被字句的主语是受事，"被"的宾语是施事，整个句子强调被动。把字句的主语主要是施事，"把"的宾语是受事，整个句子强调结果。事实上，被字句不是普通主动句的对应格式，而是把字句的对应格式。但是，把字句和被字句是否可以变换，还有其他的条件限制。比如祈使句语气的把字句就不能这样变化：

你把这些东西扔掉！——这些东西被你扔掉！（错）

再如由于被字句对动词的要求不像把字句那么严格，那些由光杆双音节动词和感知动词构成的被字句就不能变换为把字句：

你的退学要求已经被学院批准。——学院已经把你的退学要求批准。（错）

教练的意图被我们理解了。——我们把教练的意图理解了。（错）

有时候，"被"字和"把"字可以出现在同一个句子里，也就是把字句和被字句的融合，例如：

小李被杠铃把脚砸伤了。

李莉被小偷把手机偷走了。

这种句子，主语和"把"字的宾语都是受事，两者之间是领属关系或整体和部分的关系。

第五节　复　　句

一、复句

根据句子的结构特点，具体把句子分为单句和复句。相对单句而言，复句是由两个或两个以上意义相关、结构上互不做句子成分的分句构成，并且表示一定的逻辑语义关系。分句则是结构上类似单句但没有完整句调的语法单位。

具体分析，复句的特点是：

（一）组成复句的分句结构上互不包含，意义上相互关联。

例如：只有科学地训练，才能真正地提高成绩。

（二）分句与分句之间在语音上有较小的停顿，书面上用逗号"，"、分号"；"隔开，这也是区别某些单句和复句的重要特征。例如：

1. 我们爱学校爱老师爱同学。（单句）

2. 我们爱学校，爱老师，爱同学。（复句）

3. 他跑过来打开门。（单句）

4. 他跑过来，打开门。（复句）

（三）分句之间的意义联系有深有浅，主要是通过关联词语和语序来表示的。

所谓"关联词语"，是指明确表示分句之间的关系的、起关联作用的词和短语，它是识别复句类型的重要标志。具体有三种类型：

1. 连词，它属于一种语法手段，而不是语法成分。例如：

虽然他比赛时受了伤，但是还是坚持做一些体能训练。

2. 副词，它身兼两职，做句法成分，又起到关联作用，比如"只要……就……"、"只有……才……"中的"就"和"才"。例如：

只要付出辛苦，就会有所收获。

3. 某些独立成分，往往由某些固定短语充当，比如"总而言之"、"反之"、"一方面……另一方面……"。例如：

学生一方面复习考试，一方面又准备迎新晚会的节目。

正因为关联词语是识别复句类型的重要标志，所以使用关联词语主要有两个作用：

1. 如果不用关联词语，有些句子就会使语义关系不明确，无法将分句联系起来。例如：

（1）（不论）我走到哪儿，我都会记得母校沈阳体育学院。

（2）（即使）他不需要帮助，我也要时时关注他。

2. 关联词语可以把分句之间的关系表达得一清二楚。如下面的例句，如果把括号里的关联词语都去掉的话，这段话就无法理解了。

（如果）同学们知道这个困境，（那么），（即使）心里不愿意，（也）会考虑老师的要求的，（除非）学校不批准；（而且）（只有）在他们同意之后，我们（才）有可能解决这个难题。

二、复句的类型

复句是由分句构成的，根据分句之间的关系，复句可以分为联合复句和偏正复句两大类。

（一）联合复句

联合复句是由两个或两个以上意义上平等、无主从之分的分句平等地连接起来的复句。

联合复句的特点是：在语义上，各分句之间分不出主次；在结构上，两个或两个以上的分句处在平等的地位上。

根据分句间的意义关系以及语序或关联词，联合复句又具体分为并列、选择、递进、补充、承接等类型。

1. 并列复句

前后分句分别说明或描写有关联的几件事情或同一事物的几个方面的复句是并列复句。分句之间的关系要么是并列的，要么是对比的，前后分句的顺序可以调换。

并列复句往往是前面的分句提出一件事情作为"本"，后面的分句相应提出在意义上并存、平行或对立的事情。具体有三种情况：

（1）表示相关的几种情况同时存在。例如：

①这些奥运纪念品一些用来做礼物送朋友，一些自己收藏。

②既要有强健的体魄，又要有聪明的头脑。

（2）表示并行的事件同时发生。例如：

①教室外下着小雨，教室里冷冷清清。

②运动训练系从运动场的东门入场，体育教育系从运动场的西门入场。

（3）表示相反或相对的两种情况。例如：

①新队员希望老队员"指导"，而不是"指指点点"。

②王小娇喜欢时尚淑女装，刘玉喜欢潇洒休闲装。

并列关系复句中可以有关联词语，也可以没有关联词语。

常使用的关联词语单用的有："还"、"也"、"又"、"同时"、"同样"等，这些关联词语多用在后续分句中。

双用的有："又……，又……"、"也……，也……"、"既……，又……"、"一边……，一边……"、"一来……，一来……"，这些词语成双作对地使用。

"不是……，而是……"、"是……，不是……"等关联词语则主要是在相反或相对的两个分句中出现，"而"、"反之"、"相反"等关联词语则用在具有相反相对的关系的后一个分句中。

2.选择复句

选择复句是指几个分句分别说出几个待选项并让人从中进行选择的复句。

选择复句的分句与分句之间是选择的意义关系。根据选择复句的内部关系，可以把选择复句分为未定选择和已定选择两种类型：

（1）未定选择类型的选择复句是指分句提出两个以上的选择

情况，但不确定选择哪一项，前后项关系是平等的。还可以具体分为任选式和必选式两种：

任选式是指选择复句的几个分句说出若干待选项，但并未明确取舍哪一项，这种选择复句中分句之间是"任取—任舍"关系，这种关系常用的关联词语是"要么……，要么……"、"或者……，或者……"、"是……，还是……"。例如：

①那些高年级的同学，或早早地准备研究生考试，或早早地走向社会寻求就业机会。

②教练当时到底是无力辨别真伪，还是无意辨别真伪呢？

必选式选择类型的选择复句是指两个选择项强调的是某种周遍性，选择项虽然没确定，但是两项必选其一，常用的关联词语是"不是……，就是……"，成对使用，缺一不可。例如：

③班长不是在班里组织大家开展各项活动，就是帮辅导员处理一些事务。

④开学以来，沿江一带不是下雨，就是下雪。

（2）已定选择类型的选择复句是指分句间选定其中一种、舍弃另一种的选择关系，都是以舍弃项来烘托选取项，还可以具体分为先取后舍式、先舍后取式和显取隐舍式两种：

先取后舍式。代表格式是"宁可……，也不……"。例如：教练是宁可不用哪个队员，也不要用错队员。

先舍后取式。代表格式是"与其……，不如……"。例如：与其认输，不如拼搏。

显取隐舍式。代表格式是"宁可……，也要……"。看起来两项都是选择项，实际上"也要"分句是真正的选项，"宁可"分句是衬垫的选项，被舍弃的选项则隐含在话语中。例如：宁可不当教练，也要让竞赛干干净净。

3. 递进复句

递进复句是指分句所表达的意思一层推进一层，也就是说，前一分句提出一个情况后，后一分句以此为基础，在数量、程度、范围时间、功能或者其他方面更推进一层。

　　递进复句分句之间是递进关系，常用的关联词语是"更"、"而且"、"况且"、"何况"、"尤其"、"甚至"、"不但……，而且……"、"不仅……，还……"、"不但……，反而……"、"尚且……，反而……""尚且……，何况……"等。

　　具体分析，递进复句有以下几个特殊类型：

　　（1）多重递进复句

　　多重递进复句表示多层递进，即把意思再推进一层，这种关系常用关联词语"不但……，甚至……"的格式表示。例如：

　　①小商失去了学习的动力和信心，甚至想到了退学。

　　②不但时尚类、教育类图书价格上涨，而且健身类、养生类也跟着往上涨。

　　（2）逆向递进复句

　　逆向递进复句中的分句都是否定结构，或都是表示否定的意思。这种关系常用关联词语"不但不……，而且不（没）……"表示。例如：

　　被老师教育后，他不但不再逃课，而且还不许同学逃课。

　　（3）反向递进复句

　　反向递进复句的前一个分句的意思是否定的，后一个分句的意思却是肯定的，后一个分句从肯定的方面把前一个分句的意思推进一层，这种关系常用关联词语"不但不……，反而倒……"表示。例如：

　　同学们不但不怨我，反而热情地帮助我。

　　（4）让步递进复句

　　让步递进复句的前一个分句以让步方式提出一种情况，后一个分句用反问句的形式把前一个分句的意思推进一层，这种关系常用关联词语"尚且……，何况……"表示。例如：

　　①工薪阶层尚且掂量再三，何况我等。

　　②网球馆平时尚且有那么高的利用率，何况节日呢？

　　4. 补充复句

　　补充复句也叫解说复句，是指前一分句说出一个主要意思，后一分句对这个意思做一些追补、解说。分句之间是补充、解说关系。补充复句一般不用关联词语。

具体分析，补充复句有以下两种类型：

（1）补句式补充复句

补句式补充复句也叫解说式补充复句，是指后一分句对前一分句全句的意思予以解释、说明。后一分句的主语由代词充当，指称前一分句。例如：

①有的同学常拿运动成绩不好的同学开玩笑，这是极其不友好的表现。

②让学生深入社会实践，那也许是让学生真正了解社会和自己的最佳途径。

（2）补词式补充复句

补词式补充复句也叫总分式补充复句，是指后一分句对前一分句中某个词语的意思予以解释、说明。具体分先总说后分说和先分说后总说两种。

先总说后分说如：运动场上非常热闹，有练跳高的，有练百米的，还有跳远的。

先分说后总说如：他是运动系的，我是武术系的，我们都是体育学院的。

后一分句的主语承前宾语省略，后一分句对前一分句宾语的意思予以解释、说明，也是一种补词式的补充复句。例如：

①书架上放着好几本不同版本的《体育概论》，都挺新的。

②比赛的时候，她送给他一对护膝，是她亲自去买的。

后一分句的意思和前一分句宾语的意思是同指的，但后一分句的意思更具体、更充实一些，这也是一种补词式的补充复句。例如：

①学院有规定：缺课三分之一取消考试资格。

②我回家的路上听到一消息，爸妈来学院看我了。

5. 承接复句

承接复句是指前一分句先陈述一种情况，后一分句随后陈述接着发生的另一种情况，表示连续发生的几个事件。

承接复句分句之间是先后相承的关系，分句次序一般不能随意变动，分句间可以不用关联词语，如果用，也大多是表示时间的词语，因为承接复句注重时间上的连续性。单用词语有"便"、"再"、"然后"、"接着"，双用词语有"一……，就（便）……"、"就"、"于是"、"接着"等词语，常用在后一分句中。

具体分析，承接复句有两种情况：

（1）两个分句的主语相同，即同一个人或事物的动作相继发生。例如：

①李老师点完名后，打开多媒体课件，开始讲授本次课的内容。

②篮球在空中画了一道漂亮的弧线，直入篮筐。

2. 两个分句的主语不同，即不同的人或事物的动作相继发生。例如：

①教练的哨声一响，队员们就开始了折返跑训练。

②裁判做了个暂停的手势，选手们立刻停止了比赛。

（二）偏正复句

偏正复句是由意义具有主从关系的正句和偏句两种分句构成的复句。其中正句是句子的正意所在即主句，偏句的意义从属于正句即从句。

根据分句间的意义关系以及语序或关联词，偏正复句可以分为因果、条件、目的、转折、让步等几种。

1. 因果复句

因果复句是前一分句说出原因、后一分句说出由此产生的结果的复句。分句之间是"原因—结果"关系。

具体分析，因果复句有说明性因果和推论性因果两种类型：

（1）说明性因果复句

说明性因果复句是指前句用已知的事实指出后句是导致后句事实的原因，后句则引出某种必然的结果。这种因果关系常用的关联词语是"因为……，所以……"。例如：

①这一阵子因为老是训练，所以功课落了下来。

②因为天气太热，所以训练时要注意防暑。

一般情况下，原因分句在前，结果分句在后。有时候语序也发生变化，这时，"所以"可以省略，"因为"必须使用。例如：

自爸爸去世以后，我再也没有上过学，因为要挣钱帮衬妈妈养家。

原因分句后移，有强调作用，也带有欧化句式色彩。在"……之所以……，是因为……"格式中，强调原因作用就更明显了。例如：

我们之所以让学生来这里，是因为想让学生们有切身感受。

"由于"跟"因为"都作用于表示原因的分句中，不同的是"由于"常跟"因此""因而"搭配使用，"因为"常跟"所以"搭配。例如：

由于他在球场上有侮辱裁判的行为，因而受到禁赛三个月的处罚。

"因而"、"因此"、"从而"、"以致"都可以在后句中表示结果。"以致"所引出的是不好的结果。例如：

①最近物价上涨，从而增加了家庭的日常支出。

②王伟感到了腿伤的严重性，以致在很长时间内没有训练。

（2）推论性因果复句

推论性因果复句是指前一分句说出一个已发生的情况，后一分句以此为前提，推断出一个应该发生的结果。这种因果关系常用的关联词语是"既然……，就……"。例如：

既然主客场都输了，就得承认我们确实技不如人。

"可见"也可单独用在后一分句中，表示推论结果。例如：

每天只吃一顿正餐，可见贫困生的节俭。

2. 条件复句

条件复句是前一分句说出某种条件、后一分句从该条件推出结果的复句。分句之间是"条件—结果"关系。

具体分析，条件复句有以下两种类型：

（1）假设条件句

假设条件句是前一分句说出一个假设条件，后一分句说出假设条件满足后产生的结果，分句之间是"假设条件—结果"关系。

假设条件句常用的关联词语是"如果……就……"、"倘若……便……"、"要是……就……"、"假如……就……"等。例如：

①如果我们不刻苦训练，那么注定不会有好成绩。

②学院要是没有比赛条件和能力，也不会承接这次大赛。

有些假设复句中，前一复句提出某个假设，后一分句说的是实现这一假设应采取的行为措施。例如：

①假如你想看到我的精彩，请到网球场上来。

②一个运动队要想生存发展，必须拥有自己的明星队员。

前一分句提出的假设，有的是事前假设，有的是事后假设。两种不同的假设有不同的表达作用。比较下面的句子：

①如果昨天让他打主攻，这场球准会赢。

②如果明天让他打主攻，这场球准会赢。

例①的"如果"提出的是不可能更改的事后假设，用于论断假设情况在过去发展进程中的重要性，例②的"如果"提出的是可能实现的事前假设，用于推测假设情况在未来事件中的重要性。

有些假设复句用"如果说……，那么……"连接，两个分句提出两种说法，全句含有认同前行分句说法就认同后续分句说法的意思。例如：

如果说我们是跨时代的一代，那么，我们在两个世纪都留下了坚实的足迹。

（2）特定条件句

具体分析，特定条件句有以下三类：

①充足条件句

充足条件句是指前一分句说出的是充足条件，满足了这个条件，就会产生后一分句说出的结果，但也不排斥其他条件，分句之间是"充足条件—结果"关系。

充足条件句常用的关联词语是"只要……，就……"，例如：

只要有新技术出现，就会产生新的技战术配合。

②必要条件句

必要条件句是指前一分句说出的是必要条件，不满足这个条件，就不会产生后一分句说出的结果，分句之间是"必要条件—结果"关系。

必要条件句常用的关联词语是"只有……，才……"例如：

除非姜老师当教练，才能带好这群队员。

前一分句是"除非"分句提出的唯一条件，后一分句说出不满足这个条件产生的结果，这种条件关系的格式是"除非……，否则……不……"。例如：

除非你身临现场，否则，根本无法想象当时的比赛情形。

③周遍条件句

周遍条件句是指前一分句中使用具备周遍意义的形式提出某个范围内所需要的所有条件，后一分句说出这个范围内所有情况都只有一个相同的结果，分句之间是"所有条件—结果"关系。

周遍条件句常用的关联词语是"不论/不管……，也/都……"。例如：

无论是与刘翔对话，还是接受刘翔的反采访，冬日娜从来都没有怯场。

3. 目的复句

目的复句是一个分句说出目的、另一个分句说出为达到这一目的而发生的行为事件的复句。分句之间是"目的—行为"关系。

具体分析，目的复句有以下两种类型：

（1）前一分句表示目的，常用关联词是"为了"。例如：

①为了减轻家庭经济负担，他在学院勤工助学攒自己的学费。

②学院为了鼓励学生创新，推出了许多新政策。

（2）后一分句表示目的，常用关联词语是"以便"、"借以"、"旨在"、"好"等。例如：

①辅导员搬到学生宿舍与学生同吃住，以便更多地了解学生方便工作。

②我开始增加训练时间，借以尽快提高运动成绩。

4. 转折复句

转折复句是前一分句先承认某种客观事物作为让步，后一分句提出的结果却是违背常理的，与前一分句形成转折语义。两个分句之间是"事实—转折"的关系。例如：

①王老师虽然不再上场比赛了，但早起练功的习惯没有变。

②尽管你们大学毕业了，然而，你们的社会教育才刚刚开始。

根据转折复句中前后分句意思相反、相对，也就是转折程度的深浅和关联词语的不同，转折复句可以分为重转、轻转、弱转三种：

（1）重转复句

重转复句前后分局的常态语义趋势有明显的相反相对的语义关系，表达时使用成对的关联词语显示这种对立。常用的关联词语有："虽然……但是……"、"虽然……可……"、"尽管……却……"、"尽管……可是……"等。例如：

虽然到了开春时节，可网球馆里依然有寒气。

（2）轻转复句

轻转复句前后分句常态语义趋势相反相对的程度浅一些，或者表达的时候不打算强调这种相反或相对的关系。一般来说，前句不用任何关联词语，后句用"但是"、"只是"、"不过"、"却"等。例如：

①信誉这东西攒起来很难，毁起来却很容易。

②那天她很伤心，但还是忍住没让泪水流下来。

（3）弱转复句

弱转复句前后分句常态语义趋势没有明显的语义对立，转折意思非常轻微，只是在后一分句前用"倒"、"只是"、"不过"、"只不过"等。例如：

①小李平时非常内向，比赛时倒是判若两人。

②老师是应该去，只是没时间。

5. 让步复句

让步复句是前一分句先提出一种假设的事实，并姑且退让一步承认这个假设的真实性，后一分句提出的结果却是违背常理的，与前一句形成转折意义。分句之间是"假设—转折"关系，常用的关联词语是"即使……，也……"。例如：

即使你在"象牙塔"里，也应该能感受到社会的变化。

让步复句和转折复句的相同点是：后句跟前句相比，语义上都有转折的意义；两者的不同点是：让步复句的前一分句是假设的事实，转折复句的前一分句是真实的事实。跟"即使"作用相同的还有"就是"、"就算"、"纵然"等。例如：

(1) 就算跑在最后，我也要坚持跑到终点。

(2) 前面纵然是刀山火海，我们也绝不会后退半步。

三、多重复句与紧缩复句

(一) 多重复句

多重复句是三个或三个以上分句在两个以上的层次上组合起来的句子。有几个层次，就叫做几重复句，比如二重复句、三重复句、四重复句等。

一般来说，分析复句采取"画线分析法"，具体操作如下：

1. 首先确定句子是单句还是复句，如果是复句，还要确定是几重复句。

2. 确定这个多重复句由几个分句构成的关键是搞清楚单句与复句之间的界限，不要把单句内部的停顿误判为分句之间的停顿。

3. 根据关联词语、语序以及分句之间的语义关系，确定分句之间的关系，并且标出它的基本复句类型。

4.根据分句之间的逻辑语义关系来确定复句内部的层次。第一层次用一条竖线，第二层次用两条竖线，其余依次类推。例如：

无论老师说的多么好听（A），如果做的不是那么回事（B），学生一定会按老师做的学（C），而且还多学了一手两面派（D），所以老师的言行非常重要。（E）

A｜｜B｜｜｜C｜｜｜｜D｜E
　　条件　　条件　　递进 因果

（二）紧缩复句

紧缩复句是分句与分句紧缩在一起形成的句子。"紧缩"有两层意思："紧"是紧凑，取消了语音停顿；"缩"是缩略，去掉了一些词语。一般复句在分句与分句之间的语音停顿取消了，并且省略了一些关联词语，那就变成了紧缩复句。例如：

你如果不训练，技术就不会强。→你不练就不强。

紧缩复句的常见格式有：

1."不……不……"。表示假设关系，相当于"如果不……就不……"。例如：

（1）刀不磨不快。

（2）他不吐不爽。

2."不……就……"。表示假设关系，相当于"要是不……也……"。例如：

（1）你不想来就不勉强。

（2）教练不到就不开会。

3."不……也……"。表示让步关系，相当于"即使不……也……"。例如：

（1）你不说我也明白。

（2）这种小病不治也好。

4."再……也……"。表示让步关系，相当于"即使再……也……"。例如：

（1）训练再苦我也不怕。

（2）比赛再差也有人看。

5．"一……就……"。

一是表示承接关系。例如：

老师一下课就开会去了。

一是表示条件关系，相当于"只要……就……"。例如：

（1）他一跑就喘。

（2）老袁一呆就困。

6．"非……不……"。表示条件关系。例如：

我非洗完不可。

7．"越……越……"。表示条件关系。例如：

（1）他越想越气。

（2）他越说越乱。

第六节　标点符号

一、标点符号的含义

标点符号是辅助文字记录语言的符号，是书面语的有机组成部分，用来表示停顿、语气以及词语的性质和作用。

二、标点符号的类型

常用的标点符号有 16 种，分点号和标号两大类。

点号的作用在于点断，主要表示说话时语气的停顿。点号又分为句末点号和句内点号。句末点号用在句末，有句号、问号、叹号 3 种，表示句末的停顿，同时也表示语气。句内点号用在句内，有逗号、顿号、分号、冒号 4 种，表示句内各种不同性质的停顿。

标号主要标明语句的性质和作用，包括引号、括号、破折号、省略号、着重号、书名号、间隔号、连接号和专名号9种。

三、标点符号的形式与使用规范

（一）句号

句号的形式是"。"，句号还有一种形式是"．"，一般在科技文献中使用。

1. 陈述句末尾的停顿，用句号。例如：

（1）田径是运动之母。

（2）乔丹是他的偶像。

2. 语气舒缓的祈使句结尾，也用句号。例如：请你稍微等一下。

（二）问号

问号的形式是"?"。

1. 疑问句的末尾用问号。例如：

（1）你喜欢什么运动?

（2）你学习过游泳吗?

2. 反问句的末尾，也用问号。例如：

（1）难道这不是越位吗?

（2）你怎么这么打球呢?

（三）叹号

叹号的形式是"!"。

1. 感叹句句末的停顿，用叹号。例如：

（1）我多么想看今晚的球赛啊!

（2）梅西的技术真出色!

2. 语气强的祈使句末尾，用叹号。例如：

（1）你给我出去!

（2）停止射击!

3. 语气强烈的反问句末尾，用叹号。例如：我的投篮技术哪能和他比啊!

（四）逗号

逗号的形式是"，"。

1. 句子内部主谓之间如有停顿，用逗号。例如：

我喜欢的运动，绝大部分是有对抗性的运动。

2. 句子内部动词与宾语之间如要有停顿，用逗号。例如：

应该看到的是，体育锻炼是需要坚持不懈才会有效果的。

3. 句子内部状语后边如有停顿，用逗号。例如：

对于这项运动，他并不陌生。

4. 复句内各分句之间的停顿，除了有时要用分号外，都要用逗号。例如：

据说奥运项目有 28 个大项，我只知道十几项。

（五）顿号

顿号的形式是"、"。

句子内部并列词语之间的停顿，用顿号。例如：

羽毛球运动是一项将技巧、体能、智慧、灵性等有机地融为一体的运动。

（六）分号

分号的形式是"；"。

1. 复句内部并列分句之间的停顿，用分号。例如：

羽毛球运动的特点是球小、速度快、变化多、球网高。球小锻炼练习者的反应、观察能力；速度快锻炼练习者应变能力和起动、动作速度；变化多锻炼练习者的判断力和思维能力；球网较高使相对击球回合较多，既提高了趣味性，又锻炼了练习者的速度和耐力。

2. 非并列关系（转折、因果等）的多重复句，第一层的前后两部分之间，也用分号。例如：

我国年满十八周岁的公民，不分民族、种族、性别、职业、家庭出身、宗教、教育程度、财产状况、居住期限，都有选举权和被选举权；但是依照法律剥夺政治权利的人除外。

3. 分行列举的各项之间，也可以用分号。例如：

中华人民共和国的行政区域划分如下：全国分为省、自治区、直辖市；省、自治区分为自治州、县、自治县、市。

（七）冒号

冒号的形式为"："。

1. 用在称呼语后边，表示提起下文。例如：

观众朋友们：比赛现在开始了……

2. 用在"说、想、是、证明、宣布、指出、透露、例如、如下"等词语后边，表示提起下文。例如：

他郑重地宣布："本届运动会圆满成功！"

3. 用在总说性话语的后边，表示引起下文的分说。例如：

北京紫禁城有四座城门：午门、神武门、东华门和西华门。

4. 用在需解释的词语后边，表示引出解释或说明。例如：

全国单板滑雪冠军赛

日期：1 月 20 日至 22 日

地点：沈阳体育学院白清寨滑雪场

主办单位：中国国家体育总局滑雪部

（八）引号

引号的形式为双引号""和单引号''。

1. 行文中引用的话，用引号标示。例如：

现代画家徐悲鸿笔下的马，正如有的评论家所说的那样，"神形兼备，充满生机"。

2. 需要着重论述的对象，用引号标示。例如：

20 世纪 60 年代，我国羽毛球队创造的"快、狠、准、变、活"的技术风格开创了这一时期以快攻打法创造主动的新局面。

3. 具有特殊含义的词语，也用引号标示。例如：

这样的"聪明人"还是少一点好。

4. 引号里面还要用引号时，外面一层用双引号，里面用单引号。例如：

他站起来问："老师，'有条不紊'是什么意思？"

（九）括号

括号常用的形式为"（）"。此外还有"〔〕"、方形括号"【】"。

行文中注释性的文字，用括号标明。注释句子里某些词语的，括住紧贴在被注释词语之后；注释整个句子的，括住放在句末标点之后。例如：

中国猿人（全名为"中国猿人北京种"，或简称"北京人"）在我国的发现，是对古人类学的一个重大贡献。

（十）破折号

破折号的形式是"——"。

1. 行文中解释说明的语句，用破折号标明。例如：

我们终于来到了北京奥运会的主体育场——鸟巢。

2. 话题突然转变，用破折号标明。例如：

"今天好热啊！——你什么时候去游泳馆？"张强对刚刚进门的小王说。

3. 声音延长，象声词后用破折号。例如：

"嘀——"哨声一响，比赛开始了。

4. 事项列举分承，各项之间用破折号。例如：

体育的应用学科层次包含四个科学类别：

——自然科学；

——社会科学；

——人文科学；

——管理科学。

（十一）省略号

省略号的形式是"……"，六个小点，占两个字的位置。如果是整段文章或诗行的省略，可以使用十二个小点来表示。

1. 引文的省略，用省略号标明。例如：

她轻轻地唱到："你那么爱他，为什么不说心里话……"

2. 列举的省略，用省略号标明。例如：

梅西、C罗、卡卡、托雷斯、罗本……本届世界杯真可谓星光熠熠。

3. 说话断断续续，可以用省略号标示。例如：

"我……对不起……大家，我……没有……完成……比赛任务。"

（十二）着重号

着重号的形式是"．"。

要求读者特别注意的字、词、句，用着重号在字、词、句下标明。例如：

比赛成绩是练出来的，不是吹出来的。

（十三）连接号

连接号的形式是"—"，占一个字的位置。连接号还有另外三种形式，即长横"——"（占两个字的位置）、半字线"－"（占半个字的位置）和浪纹"～"（占一个字的位置）。

1. 两个相关的名词构成一个意义单位，中间用连接号标示。例如：

我国秦岭—淮河以北地区属于温带气候。

2. 相关的时间、地点或数目之间用连接号，表示起止。例如：

"北京——广州"直达快车。

3. 相关的字母、阿拉伯数字之间，用连接号，表示产品型号。例如：

在太平洋地区，除了已建成投入使用的 HAW－4 海底光缆之外，还有 TPC－4 海底光缆投入运营。

（十四）间隔号

间隔号的形式为"·"。

1. 外国人和某些少数民族人名内各部分的分界，用间隔号标示。例如：

1891 年，美国马塞诸塞州斯普林菲尔德学院体育教师詹姆斯·奈史密斯博士发明了篮球运动。

2. 书名与篇（章、卷）名之间的分界，也用间隔号标示。例如：

《中国大百科全书·物理学》

（十五）书名号

书名号的形式为双书名号"《》"和单书名号"〈〉"。

1. 书名、篇名、报纸名、刊物名等，用书名号标示。例如：

《红楼梦》的作者是曹雪芹。

2. 书名号里面还要用书名号时，外面一层用双书名号，里边一层用单书名号。例如：

《〈中国工人〉发刊词》发表于 1940 年 2 月 7 日。

（十六）专名号

专名号的形式为"＿"。

1. 人名、地名、朝代名等专有名词，用专名号在名词下配合。例如：

司马相如者，汉蜀郡成都人也。

2. 专名号只用在古典或某些文学著作里面。为了跟专名号配合，这类著作里的书名可以用"＿"标示。例如：

屈原放逐，乃赋离骚，左丘失明，厥有国语。

四、标点符号的位置

（一）句号、问号、叹号、逗号、顿号、分号和冒号一般占一个字的位置，居左偏下，不出现在一行之首。

（二）引号、括号、书名号的前一半不出现在一句之末，后一半不出现在一行之首。

（三）破折号和省略号占两个字的位置，中间不能断开。连接号和间隔号一般只占一个字的位置。这四种符号上下居中。

（四）着重号、专名号和浪线式书名号标在字的下面，可以随字移行。

（五）直行文稿与横文文稿使用标点符号不同，体现在：

1. 句号、问号、叹号、逗号、分号和冒号放在字下偏右。

2. 破折号、省略号、连接号和间隔号放在字下居中。

3. 着重号标在字的右侧，专名号和浪线式书名号标在字的左侧。

第七节　常见的语法错误

一、搭配不当

主语与谓语、述语与宾语、述语和补语、修饰语（定语、状语）与中心语，都是一对对相互搭配的句法成分。但句子的句法成分在语法结构上符合规则的句子并不一定就是好句子，更主要的是语义上的搭配是否得当。常见的语法错误中的所谓搭配不当，通常情况下，就是指句子中相互搭配的句法成分在语义上的不能贯通、搭配不当。具体有以下情形：

（一）主谓搭配不当

例：姚明运着篮球嗖地进了篮筐。

例句中主语"姚明"与充当谓语的"进了篮筐"语义上搭配不当，因为能与"姚明"搭配的是"投"一类的动词，应改为"姚明运着的篮球嗖地进了篮筐。"或"姚明运着篮球嗖地投进了篮筐。"

（二）述宾搭配不当

例：采取各种办法培养和提高运动员水平，实在是一件迫在眉睫的事。

可以说"提高运动员水平"，但不能说"培养运动员水平"，这是述宾组合中的搭配不当。

（三）主宾搭配不当

例：期末的学校是一学年中最忙碌的时候。

例句中的主语中心语是"学校"，所以不可能是"时候"，可能是受到"期末"的误导，应改为"学校的期末是一学年中最忙碌的时候"。

（四）偏正搭配不当

例：1. 他丰富的投篮技术，吸引着所有看比赛的观众。

2. 学院的师生，都在为学院教学质量的提高而担心、焦急。

例 1 定语"丰富"与中心语"投篮技术"语义上搭配不太适当，应改为"精准的投篮技术"。例 2 状语"为……的提高"与中心语"担心、焦急"语义上不相呼应，应改为"为……的滑坡而担心、焦急"。

（五）述宾搭配不当

例：1. 对不起，这次教练对队员照顾太不周全了。

2. 大家把教室打扫得整整齐齐。

例 1 补语"太不周全"与述语"照顾"在语义上不相呼应，应改为"对不起，这次教练对队员照顾得太不周到了"。例 2 要么述语"打扫"的结果是"干干净净"，要么"整整齐齐"是述语"整理"的结果，所以应改成"打扫得干干净净"或"整理得整整齐齐"。

二、成分残缺

一般来说，按照句法规则，句子中出现一个句法成分，与它相匹配的另一个句法成分必然会出现。而句法成分残缺，则是指在不符合隐含、省略的条件下缺少应有的句法成分，由此造成句法结构不完整，表达语义不准确。具体有以下情形：

（一）主语残缺

例：1. 由于计算机应用技术的提高，为高校开展多媒体教学研究打下了良好的技术基础。

2. 看到老师们忘我工作的情景，使我很受感动。

例 1 因滥用介词而造成主语残缺，只要去掉介词"由于"就可以了。例 2 因多用了"使"字而造成主语残缺，或者去掉"使"，或者去掉句首"看到"。

（二）谓语残缺

例：1. 王老师在去网球馆的路上，突然有一个女孩儿面带笑容地迎面跑来。

2. 为适应体育教育专业改造的要求，我院必须建立新的规章制度等一系列工作。

例1主语"王老师"后只有状语，没有谓语中心语，以致对"王老师"的陈述不完整，可改为"王老师在去网球馆的路上，突然发现有一个女孩儿面带笑容地迎面跑来"。

例2"建立新的规章制度等一系列工作"是同位短语充当宾语，句中因没有谓语动词充当谓语而使宾语无所支配，应改为"为适应体育教育专业改造的要求，我院必须做好建立新的规章制度等一系列工作"。

（三）宾语残缺

例：1. 张老师乐于为贫困学生辅导，有时还从自己微薄的收入中拿出钱来资助。

2. 在体育学院的田径馆里，站着一位身穿绿色运动上衣，咖啡色运动裤，宛如春天早晨亭亭玉立的小树。

例1述语"资助"所支配的宾语对象不明，可改为"张老师乐于为贫困学生辅导，有时还从自己微薄的收入中拿出钱来资助他们"。例2述语"站"所涉及的宾语对象既不是"运动上衣"也不是"运动裤"，应该是"人"，可见，在"一位身穿绿色运动上衣，咖啡色运动裤"这一长定语后丢失了宾语中心语，可改为"在体育学院的田径馆里，站着一位身穿绿色运动上衣、咖啡色运动裤的小女孩，宛如春天早晨亭亭玉立的小树"。

（四）修饰语残缺

例：1. 要想取得优异成绩，必须坚持训练。

2. 在学院篮球比赛中，运动训练系代表队和体育教育系代表队获得冠军和亚军。

例1"训练"缺少定语"艰苦"，否则，会使人误认为只要训练就能取得优异成绩。例2状语不完整，应改为"在本次学院篮球比赛中，运动训练代表队和体育教育代表队分别获得冠军和亚军。"

（五）补语残缺

例：1. 昨天我找了老师。

2. 大家的不同看法，表现在如何组队。

例 1 不能独立成句，是补语残缺，可改为"昨天我找了老师三次"，或改为"昨天我找过老师"。例 2 补语不完整。应改为"大家的不同看法，表现在如何组队上"。

三、成分多余

一般来说，按照句法规则，句子中出现一个句法成分，与它相匹配的另一个句法成分必然会出现。句法成分残缺不行，多余也不行。所谓成分多余，是指句子中语义相同的句法成分重复出现，或者出现了不应该出现的部分，以致造成语义不清楚。

（一）主语多余

例：1. 我们的奥运冠军，为了国家的荣誉，他们艰苦训练，不怕流血流汗。

2. 往事的回忆又像电影一样一幕一幕地在我眼前映现。

例 1"我们的奥运冠军"跟"他们"重复，宜去掉"他们"。例 2"往事"跟"回忆"语义累赘，应删去"的回忆"。

（二）谓语多余

例：1. 教师节的早晨，同学们鲜花祝福教师，人来人往也特别多。

2. 清明节，我们全班同学前往烈士陵园进行了献花。

例 1 中句末的"也特别多"多余，应删去。例 2"进行"多余，应改为"清明节，我们全班同学前往烈士陵园献了花"。

（三）宾语多余

例：1. 气温骤然下降，同学们各盖一条被子还冻得发抖，只好相互用身子暖和着对方。

2. 学院全体师生决心以实际行动热烈庆祝学院建院五十五周年的到来。

例 1 宾语"对方"多余，应删去。例 2 宾语中心语"的到来"多余，应删去。

（四）修饰语多余

例：1. 历次比赛的经验证明，心理素质是至关重要的。

2. 队员们都静静地全神贯注地听着王教练的技战术布置。

例1主语中的定语"历次"多余，应删去。例2状语"静静地"和"全神贯注地"语义重复，应删去一个。

（五）补语多余

例：1. 这间教室经常发生出使人不安的怪事。

2. 为了精简字数，不得不略加删节一些。

例1中"发生"的补语"出"多余，应删去。例2中的"略加删节"与"一些"重复，"一些"和"略加"只应保留一个。

四、语序不当

所谓的语序不当，是指一些句子成分倒置了应有的语序，以致造成语义模糊或不合逻辑。

（一）定心错位

所谓定心错位，是指定语与中心语的语序错误地颠倒了。

例：1. 一阵急促的哨声打破了体育馆宁静的夜晚。

2. 由于提高了教学质量，近年来我院人才的培养深受社会的欢迎。

例1宾语"宁静的夜晚"应改为"夜晚的宁静"。例2主语"人才的培养"应改为"培养的人才"。

（二）定状错置

所谓定状错置，是指将定语置于状语的语序上，或错将状语置于定语的语序上。

例：1. 刘丽等六名毕业生要求去山区当老师的申请公布后，在同学中引起强烈的反响。

2. 这次会议对引进外援问题交流引起了广泛的经验。

例1状语"强烈"应该是"反响"的定语，应让它复位。例2定语"广泛"应该是"交流"的状语，也应该让它复位。

（三）状补错置

所谓状补错置，是指错将状语置于补语的语序上，或错将补语置于状语的语序上。

例：1. 几个学生游玩在月光照耀的校园里。

2. 我们整整齐齐地穿上校服，准备去参加院庆。

例1"在月光照耀的校园里"应是"游玩"的状语，应让它复位到状语的位置上："几个学生在月光照耀的校园里游玩"。例2"整整齐齐"是"穿"的结果，应让它复位作补语："我们把校服穿得整整齐齐，准备去参加院庆"。

（四）状语错位

所谓状语错位，是指错将应置于甲语序上的状语置于乙语序上。

例：1. 迎面跑来一个男生，不禁使我打了个趔趄。

2. 每天早上，网球馆一开门，就有人陆续来练球了。

例1的状语"不禁"修饰的应该是"打了个趔趄"。例2状语"陆续"修饰的应该是"有"。

（五）误补为定

所谓误补为定，是指错将补语置于定语的位置上。

例：1. 几个值日生擦好了透亮的玻璃窗。

2. 这位老教授被剥夺了整整十年教学、科研的机会。

例1的"透亮"是"擦"的结果，应复位改为"几个值日生把玻璃擦得透亮"。例2的"整整十年"是"被剥夺"的时间，应复位改为"这位老教授被剥夺了教学、科研的机会整整十年"。

（六）多层定语语序混乱

例：1. 三岁的李老师儿子闹闹已经病了三天了。

2. 多球和单球练习是有效提高羽毛球水平的方法。

例1定语"三岁"是限定"李老师儿子闹闹"的，全句应改为"李老师三岁的儿子闹闹已经病了三天了"。例2定语"有效"是修饰"方法"的，全句应该改为"多球和单球练习是提高羽毛球水平的有效方法"。

（七）多层状语语序混乱

例：1. 我把张老师家里珍藏的古书几次借来看。

2. 教练亲切地走到我跟前，对我说："训练是长期的，不能搞突击，要妥善安排时间"。

例1对象状语要求紧挨着谓语中心语，应改为"我几次把张老师家里珍藏的古书借来看"。例2"亲切"是修饰"说"的，应改为"教练走到我跟前，亲切地对我说……"。

五、结构杂糅

结构杂糅也叫句式杂糅，是指把两种不同的说法硬凑在一起，形成两句混杂，或者是把两种不同的结构套叠在一起，硬把前后两句连成一句，以致造成句式结构不合法则，语义混乱费解。

（一）句式杂糅

例：1. 今年学院五一将放两周春假，我们应该把这个好消息让师生们知道。

2. 运动员不认真训练，那怎么会有好的运动成绩是可想而知的。

例1"把"字句与被动句杂糅，可改为"今年学院五一将放两周春假，我们应该把这个好消息告诉大伙儿"。例2反问句和陈述句杂糅，可改为"运动员不认真训练，那怎么会有好的运动成绩呢？"或改为"运动员不认真训练，运动成绩不好是可想而知的"。

（二）格式套叠

例：1. 水的化学成分是一个原子的氧和两个原子的氢化合物而成。

2. 体育学院是一所培养学生学习专业体育知识的专业学校。

例1中的述宾短语"是……两个原子的氢"和状心短语"（由）……两个原子的氢化合而成"套叠，可改为"水的化学成分是一个原子的氧和两个原子的氢"，或改为"水由一个原子的氧和两个原子的氢化合物而成"。例2述宾短语"培养学生"和主谓短语"学生学习专业体育知识"套叠,可改为"体育学院是一所培养学生的专业学校",或改为"体育学院是一所学生学习专业体育知识的专业学校"。

六、表述歧义

产生语义歧义的原因是很复杂的,但是不管哪种歧义,在表达上都是要力求语义的表达明确,不能有歧义。

例:1. 老师借他十块钱。

2. 迎新晚会上,十几个少数民族的同学跳起了欢快的民族舞蹈。

例1"借"有借进和借出两个意义,可改为"老师借给他十块钱",或改为"老师向他借了十块钱"。例2关键是"十几个少数民族的同学"可以分为两种切分,"十几个少数民族的/同学"或"十几个/少数民族的同学",所以要改为"少数民族有十几个同学"或"分属十几个少数民族的同学"。

七、关联词语使用不当

(一)关联词语与分句间的逻辑意义相悖

例:1. 我在运动队里参加训练是"偷工减料",常落后于别人,训练任务不能很好完成,况且自己自觉去做就更谈不上了。

2. 由于老师没有很好地深入调查,凭主观想象批评了一些同学,反而大大降低了自己的威信。

例1最后一个分句用了表示追加一层理由的"况且",但该句无此意思,应改为"我在运动队里参加训练是'偷工减料',常落后于别人,训练任务不能很好完成,至于自己自觉去做就更谈不上了"。例2的第一、二分句和第三分句之间所构成的是因果关系,原句却用了表示递进关系的"反而",应改为"由于老师没有很好地深入调查,凭主观想象批评了一些同学,因而大大降低了自己的威信"。

（二）关联词语滥用

例：1. 因为怕要比赛，所以我还是把运动服带走。

2. 我国古代的这类神话反映了人和自然的斗争，但是也反映了古人朴素的自然观。

例1为日常用语，因果关系清楚，不用关联词语更显得简洁自然，应改为"怕要比赛，我还是带运动服走"。例2分句之间没有转折关系，应去掉"但是"。

（三）关联词语欠用

例：冬天毕竟是冬天，晚上我穿得厚厚的衣服到田径场上跑步。

例句因缺少必要的关联词语，以致分句之间的顺承关系不太明显，句子也令人感到有点别扭，应改为"冬天毕竟是冬天，晚上我还得穿着厚厚的衣服到田径场上跑步"。

（四）关联词语搭配不当

例：1. 一个学校的教学水平，既取决于招生数量，而且取决于人才培养。

2. 只有从思想上解决学生为什么的问题，就能更好地为学生服务。

例1中的关联词语"既"跟"而且"不能搭配，可改为"既……又"，或改为"不仅……而且……"。例2中的关联词语"只有"不能跟"就"搭配，可改为"只有……才"，或改为"只要……就"。

（五）关联词语位置有误

例：1. 我院建院之初规模小，专业不但单一，而且招生人数也很少。

2. 他是个急性子，不等队友到齐，就他一个人训练走了。

例1后两个分句主语不同，所以"不但"应该像第三句一样，置于主语前，全句改为"我院建院之初规模小，不但专业单一，而且招生人数也很少"。例2最后一个分句的"就"应置于主语"他"后面，全句改为"他是个急性子，不等队友到齐，他就一个人走了"。

第六章 语 用

第一节 语用概说

一、语用和语用学

语用指的是语言在特定环境中的实际运用。"语用"这一术语译自英语 pragmatics 一词。美国哲学家查尔斯·莫里斯 (Charles Moms) 于 1938 年出版了《符号学理论基础》(Foundations of the Theory of Sign) 一书，在该书中首先使用了"语用学"(Pragmatics) 这一术语。英国的哲学家奥斯汀 (J. Austin) 于 20 世纪 50 年代末创立的"言语行为理论"，美国哲学家赛尔 (J. Searle) 1975 年提出的"间接言语行为理论"以及美国哲学家格赖斯 (H. P. Grice) 1967 年提出的"会话合作原则"，成为语用研究的三大核心理论，确立了语用学的发展方向，奠定了语用学的理论基础，其研究成果为 20 世纪 70 年代语用学作为语言学独立学科的兴起创造了条件。普遍认为，1977 年《语用学杂志》(Journal of Pragmatics) 在荷兰的正式出版发行标志着语用学作为一门新兴学科在语言学中地位的确定。语用学主要研究在特定情境中的特定话语，特别是在不同语言交际环境下如何理解语言和运用语言。

人们的言语行为是以实现表情达意的需要为目的的，是通过各种各样的语言手段实现的，包括语音、文字、词汇和语法。此外，还有人们在长期的言语行为实践中探索并固定下来的语言表达格式和交际行为方式，通常称之为辞格和语体。在交际过程中，语言的手段还要和语境中的非语言因素相结合，才能达到最佳的言语行为效果。

现代汉语的语用知识和语用分析理论有助于我们了解现代汉语组织、传播和交流语言信息的一般规律，从而帮助我们深刻理解在特定的语境下，如何调动汉语的各种语言因素和非语言因素表达一定的话语内容，使得说话者能有效地传情达意、受话者能准确地获取话语原意，以实现交际的目的。

二、语用的要素

言语行为指的是用言语来施行各种语用意图的行为。人们运用语言进行交际的整个过程，实际上就是由一个接着一个的言语行为构成的，每一个言语行为都体现着发话者的意图。任何一句话，在一定的语言环境中都必定在实施一定的言语行为；反之，任何一个言语行为都必须通过某些话语才能得以实施。

我们平时的言语交际行为是语言表达和话语理解的双向交叉过程，也是语言因素与非语言因素相融合的信息传播过程，如果只根据语言的字面意义往往不足以进行交流，应在理解语言意义的基础上，把握语言的语用意义。语用的基本要素包括：发话者、受话者、话语内容和语境。其中，发话者和受话者是言语行为的主体。

（一）发话者

言语交际是靠发话者和受话者的相互交流来完成的。发话者是言语交际中语言信息的发出者。发话者多数是言语行为、信息传递的主体，发话者的言语行为具体表现为言语的表达，即语言信息的编码和输出。通常情况下，大都是发话者需要告知受话者某些事情，或与受话者建立某些联系，或将某种感受与受话者交流，或向受话者发出某种请求、指令等，从而对受话者实施言语行为。例如：

王教练对全体队员说："明天早上六点到田径场集合。"

发话者"王教练"是发出话语信息的主体，他实施这一言语行为的主要目的是要向全体队员发出关于"集合"这一信息的具体"指令"。

任何一个发话者，发话的目的都是想通过具体的话语实现自己内心的某个意图，并且希望通过合适的语用策略获得最理想的语用效果。语用意图和语用策略是发话者言语表达的两个关键要素。语用意图指的是发话者通过完成一定的言语行为来实现某些语言外目的的意图。发话者为了实现语用意图，就要有一定的语用策略。语用策略指的是发话者为了最大限度地使受话者理解他的语用意图，并在受话者身上产生最理想的效果而采用的组织话语的方式和手段。

比如，发话者把一杯水递到受话者面前，发话者向受话者直接发出话语信息："请喝水！"很明显，发话者的语用意图是请受话者接过杯子喝水，采用的语用策略是，利用直接请求的方式表达自己的意图。而如果同样是发话者把一杯水递到受话者面前，发话者问受话者："渴了吧？"发话者的语用意图同样是请受话者喝水，采用的语用策略则是利用言外之意来表达自己的意图。

（二）受话者

受话者就是在言语交际中的听话人或话语信息的接收者。受话者的言语行为具体表现为言语信息的接收，即话语信息的接收和解码。受话者通过听觉系统、视觉系统获取发话者传递来的话语信息，然后将接收的信息送到大脑进行解码，理解所接收的话语信息。

所有的言语行为都必须有发话者和受话者。某些言语行为，表面看来好像只有发话一方或受话一方，或者发话者和受话者也分辨不清，例如政府公文、公共场所的警示语或人们的自言自语等，但仔细分析则不难发现：政府公文的发话者是拟定公文的人或政府机构，受话者是公文传递的对象，即阅读公文的人；公共场所警示语的发话者是公共场所的管理者，受话者是进入该场所所有的人；人们自言自语则是同一对象兼具发话者和受话者的身份。在日常的言语交际行为中，发话者和受话者也往往是相互转化的。

受话者在言语交际中并不是言语信息的被动的接受者，受话者对话语的理解并不是一个被动过程，而是处于主动探索、积极捕捉的心理状态中。为了能准确理解发话者的话语意图，受话者在接收信息时要注意抓住话语中的关键信息，联系语境中的具体线索，发现所需填补的每一语义空白，从而寻找相关的因素加以填补或推理。通过合理的推测，把握发话者的意图或具体内容。他还必须随时对自己的填补或推理进行评价以至校正，为的是寻求一个最合理的解释。对于受话者而言，最关键的就是推求发话者的语用意图。为了推求发话者的语用意图，受话人往往会依靠语境来寻找知识关联性的依据。关联性越强，就越符合发话者的语用意图。例如：

——他就是我们的网球教练吗？

——他可是全国冠军呢！

"他是全国冠军"包含多种语境信息，但是在理解这句话时，必须以"他就是我们的网球教练吗？"这一问题为前提，找出与问话所规定的语境要求相关联的信息，即全国网球比赛冠军的技术水平一定很高，足以胜任网球教练的职务。

除了主动、积极地推测发话者的语用意图，受话者还会在发话者的话语出现语音、词汇、语法错误，甚至歧义等问题时，根据语言规律主动地予以校正、选择或修补，有时甚至意识不到错误的存在。例如：

推拿按摩对肌肉劳损有帮助。

如果从语法的角度来理解字面意思，就会发现这句话的语义错误。但是通常情况下人们会对其视而不见，而是从常识角度将它正确理解为"推拿按摩对治疗肌肉劳损有帮助"。

（三）话语内容

话语内容是指言语交际过程中发话者用语言符号表达的具体

信息。没有具体内容的言语行为是不存在的，无论在口头交际中，还是在书面交际中，话语内容的传递是维系言语交际得以顺利进行的关键要素。

人类的言语交际类型多种多样，有的是情况的沟通，有的是情感的交流，有的是思想的碰撞，有时直接，有时婉转，有时和气平缓，有时却充满火药味，每种类型都以传递信息为主要目的。如：

我们去打球吧。

明天的训练不许请假。

进入比赛场馆以后应关闭通讯设备。

上述句子都是发话者对受话者提出请求或要求的话语信息。发话者将上述话语内容传递给受话者之后，受话者如果接受发话者的话语信息，就会针对上述话语内容作出相应的反应，以保证言语交际的正常进行；相反，受话者如果不接收发话者的话语信息，就不会按照发话者的话语意图作出适当反应。话语信息的传递受到阻碍，言语交际也就不能继续进行了。

生活中有些问候语，比如见面打招呼常用的"你好！"、"吃了吗？"、"最近过得挺好吧！"之类的问话，多为生活中的客套、寒暄，属于慰藉型的话语内容。这种话语信息表面上看并未传递实质性的信息，好像在说些"废话"，发话者在向听话人发出问候时，并不是对听话者进行是好是坏的评价，也不是对受话者是否吃饭的密切关注，也不是询问受话者生活质量的高低，只是向受话者传递着"问候、关心、联系彼此感情"的言外之意。听话人如果能够从问候中体会出发话人的情感信息，作出适当反应，言语交际就可以继续进行；如果听话人没有领会发话人的言语外的情感信息，没有作出适当的反应，话语信息的传递终止，言语交际的进程也就终止了。

（四）语境

语境是人们运用自然语言进行交际的言语环境，即言语行为发生的环境。语言是人类最基本、最重要的交际工具，语言的交际功能通常只有在一定的语境中才能顺利地实现。语境对于言语交际来说，具有重要的作用。任何一个言语行为，总是伴随着环境因素。这些因素一方面对言语行为的内容和形式起干预作用，另一方面又起着必不可少的补充作用。言语行为发生所依赖的语境是多方面的，也是非常复杂的，语境是语用分析中最重要的一个要素，同时又是非常有解释力的概念。语境通常有以下几种类型：

1. 上下文语境

书面语中的上下文或口语交际中的前后语属于静态的语境，由语言符号链接而成；一个言语行为之前及之后的其他言语行为则构成了动态的上下文语境。一般来讲，言语本身并不是孤立存在的一句话，而是处于上下文之中的话语信息，把握此类言语的意义，不可忽略上下文语境的重要作用。

2. 现场语境

现场语境，或称情景语境，指的是一个言语行为发生的具体情景因素或时空环境，比如言语行为发生的时间、地点、场合等等。言语交际总是在一定的时间、地点、某种话题场合下进行的，要想准确把握言语交际中具体言语的意义，时间、地点、具体场合等情景因素不可忽略。现场语境的范围是言语行为主体的感知能力所能达到的限度，因为超出了这个限度就不是现场了。比如教练员给运动员讲解技术要领，这个言语行为发生在运动场内，于是运动场内教练员和运动员各方能够感知的一切组成了讲解技术要领这个言语行为的现场语境，包括当时发生的一切事情。运动场外的情景以及发生的情况如果超出了教练员和运动员的感知范围，也就超出了现场语境，但那些发生在运动场外、却是教练员和运动员目之所及的情景仍属于现场语境。

3. 交际语境

交际语境也是一种现场情景，但不是具体的物质环境，而是与这一次言语行为相关的各种交际要素组成的抽象环境。它包括说话的主题、说话的场合（正式场合还是非正式场合）、说话的方式（口头还是书面，电话还是录音，独白还是对话）、交际各方的地位以及相互之间的关系、彼此之间了解的程度等。

4. 背景知识语境

背景知识语境就是在人们头脑中贮存着的关于整个世界的百科知识，以及一定文化背景下的信念系统等。百科知识大体分为规律性知识和情节性知识，规律性知识如人都有生老病死的自然过程，着凉容易引发感冒，北方气候变化显著等，情节性知识如现代奥林匹克运动会在何时何地举办，马拉多纳的运动成就等。信念系统则是一个社会中被人们普遍接受的价值观念，以及在这种观念支配下人们对一些现象的看法，如孝顺父母、遵守公德、劳动者的权益应得到保护等。言语行为的主体对交际内容的理解会受到历史文化背景、风俗习惯等的影响，不同言语行为主体的历史文化背景不同，他们在话语表达和理解方面也会存在一定差异。想要实现最优的话语表达效果，想要准确地理解发话者的语用意图，一定要注意历史文化背景的差异。

这四种语境，实际上只是一个潜在的语境。当我们理解某一话语时，往往只是其中一部分语境因素起主导作用。因此，我们应该认识到，言语交际中的表达和理解得以完成，除了语言符号链条起中心作用之外，语境中的非语言因素也在起着重要的作用。

（五）语境与发话者、受话人的关系

语境是言语交际中的重要因素，语境需要预存或转化成言语交际主体，即发话者与受话者头脑中的知识，从而达到对话语信息的准确理解和顺畅交流。也就是说"语境就在交际各方的头脑里"。有些语境知识预存在人们的头脑中，有些却是临时获得的，例如现场语境、交际语境等因素，都是人们在进行言语交际行为时临时获得的。

从理论上讲，语境应该涵盖言语交际主体所有的知识，语境应该被发话者和受话者共享。然而在现实的言语交际中，人们的历史文化背景、知识储备等都有着很大的差异，语言交际要获得成功，交际各方就必须不断地努力寻求彼此共同的部分。一方面，发话者不可能超越自己的知识去利用受话者的知识；另一方面，发话者也不可能超越受话者所拥有的知识去进行交际。例如，一个球迷和一个球盲之间就难以利用有关足球的知识构成共同的语境进行交际。所谓"话不投机半句多"就是这个道理。

在言语行为中起作用，并被交际各方共享的语境一定是他们的知识在交际时能够重合的部分。获得语境共享是话语交际的目的，也是言语行为主体不断分析揣摩对方语境知识的结果。孤立的语言符号链条无法让交际各方相互理解，我们在说出任何话语的同时都必须围绕着话语构建一个语境，靠着它才可能对话语进行解释，产生交际效果。

此外，语境在交际中起作用，是由于交际各方在话语理解过程中按关联性原则不断选择的结果，随着交际中话语的不断生成和不断理解，语境也在不断被构建出来。也就是说，语境是相对于具体话语的表达和理解的环境，交际各方共享的全部语境知识并非都能在具体话语理解的过程中起作用，所以即使是在各方共享的部分中，针对某一段话语的理解，各方还需要在共享的部分中进行选择，达到进一步的重合，形成仅仅是针对这一段具体话语的语境。

现代语用学强调，这种选择必须是互动的，也就是说，交际各方应该相互主动了解清楚，为了理解这一话语，对方选择的语境知识是哪一些。只有在这样的基础上，语境才可能越来越趋同，才可能完成交际各方的表达理解。要做到这一点，就要求交际各方共同遵循上述的关联性原则而对语境知识进行选择。

三、语用的原则

言语交际顺利进行需要交际各方在交流中遵守一定的原则。虽然不同性质的言语行为方式会有一定的差异，但是成功的言语交际都是言语行为各方密切配合、协同一致的结果。总的来说，言语交际的基本的行为原则包括三个方面：合作原则、得体原则、规范原则。

(一) 合作原则

合作原则是指在言语交际中为了保证话语信息顺利传递，交际各方能达到最大限度的相互理解，言语行为主体要尽量使自己的话语内容符合所参与言语行为的公认目的或方向。会话合作原则具体体现在四个方面：

1. 信息量准则

信息量准则要求言语行为主体在参与交际时应根据语境要求提供适量的信息。话语内容所含信息量与本次交谈所需信息量应该一致。也就是说，发话者应根据语境要求向受话者提供适量信息，既不能太少，也不能太多。如果信息太少，导致必要信息缺漏，发话者不能把自己的语用意图完全地传递给受话者，言语交际实际上并未成功；如果信息太多，传递的是与言语内容无关的或重复的冗余信息，浪费交际各方的时间和精力，这样的言语交际实际上也是不成功的。只有适当的信息量才能既达到传递信息的目的又符合经济性、效率性的要求。

需要指出的是，不同类型的言语行为、不同的语境对话语所含信息量的要求会有所不同。例如，在嘈杂的环境中发布某一消息，或是向听力差的人告知某件事情，可以多次重复重要的信息，这并不属于冗余信息，反而会增强传播效果。再如寒暄、聊天的过程中并不一定有明确的语用意图，只是交流感情、消磨时间的言语方式，对信息量的要求也比较模糊。所以，需要根据实际的交际情况判断言语行为主体的话语内容是否符合信息量准则。

2. 真实性准则

真实性准则要求言语行为主体提供的话语内容应该与语境中的实际情况相一致，应该是真实的话语信息，不要说自知虚假或证据不足的话。因为真实性准则的存在，言语交际中才会发生发话者说谎或者受话者受骗的现象。发话者说谎，一种情况是发话者违反真实性准则，故意说谎，另一种情况是发话者主观上并不知道话语信息不准确，把它作为真实信息传递给受话者。而受话者之所以受骗，就因为他遵守了真实性准则，相信发话者的话语信息。

不同类型的言语行为对话语真实性的要求并不完全相同。如法庭证词要求句句确凿，而列车上旅客的闲聊则对真实性要求不高。在不同的语境条件下，人们对真实性准则的遵守也会有一定的变化。例如，如果受话者对发话者的品行产生怀疑，那么他就怀疑对方在说假话。可是我们在读小说的时候，明知故事是虚构的，却仍然被打动。

3. 关联性准则

关联性准则是指话语之间以及话语与话题之间应该相互关联，要求言语行为主体的话语内容要切合交谈的话题，问而不答或答非所问都不符合关联性准则。遵守关联性准则会使言语交际的各方感到交流的诚意，容易集中注意力，形成明确的、清晰的思路，受话者易于把握发话者的语用意图。

关联是一个模糊概念，话语之间以及话语与话题之间有了什么关系才算关联，不同类型的言语行为以及不同的语境之间有很大的差别。在撰写论文、答辩演讲、法庭辩论中，话语内容的关联性要极其严密，口语交际中对话语内容关联性的要求就比较松散，在创作和欣赏诗歌的过程中，诗人就是要提供一些看似没有关联的话语，去刺激读者把它们关联起来的欲望，激发读者的想象力，从而捕捉话语里的丰富内容。

4. 方式准则

方式准则是指言语行为主体的话语内容应简明、确切、有条理，避免晦涩、歧义，话语的表达方式应该让受话者易于理解。发话者既然诚心诚意要告诉受话者一些事情，就应该让话语的表达方式清楚明白，简明易懂，使受话者能在花费最少量的精力和时间的情况下获取最多量的信息。所以发话者在说话时应尽量避免歧义、晦涩、含混等现象，而追求一种通晓流畅、条理分明、易于理解的表达方式。

然而并不是说凡难于理解就是违反了方式准则，因为一段话语的理解涉及两种因素：一是内容本身，是艰深还是浅显；二是表达方式，是清楚还是晦涩。表达方式是否清楚明白只能相对于一定的内容而言，应当在把一定内容表达出来的前提下尽量把话说得清楚明白，而不能为了清楚明白去降低对表达内容的要求。

言语交际中，语言参与者如果相互遵循合作原则，就会大大提高信息传递的效率，使得言语交际顺利进行，如果言语交际的一方不遵循合作原则，通常情况下，可能会导致言语交际的终止，或者是将交际的话题引向歧途。

（二）得体原则

合作原则在言语交际中的重要性毋庸置疑，但是，人们的交际行为是很复杂的，有时会根据语境的需要违背合作原则，采取委婉曲折的方式进行表达，有时会说一些善意的谎言。解释这些现象，就必须利用得体原则来解决。

得体原则要求言语行为主体在言语交际中根据不同的语境，采取委婉曲折的表达方式，达到最佳的语用意图。得体原则也体现为一些准则，用这些准则可以解释为什么有的话语感觉上比较礼貌，而有的却不够礼貌，有的甚至到了异常的程度。

1. 礼貌准则

礼貌是协调人际关系的一种重要手段，可以通过微笑、点头、握手、鞠躬等多种语言外的手段来表现，但最常用的是语言手段，我们称之为礼貌的表达方式。我们可以利用语音的变化、词语的选择、特定的句法格式以及话语模式等表示礼貌。语用得体原则中的礼貌，更侧重于言语交际中话语的礼貌。比如，说话时要多注意对方的感受，多使对方受益，说话的态度尽量与对方保持一致，交谈中求同存异，尽量避免感情的分歧等。言语交际中遵守礼貌准则可以调节交际各方的人际关系，使言语行为在和谐的氛围中顺利进行，从而使发话者的语用意图更容易实现。

礼貌原则具有较大的灵活性。有时，礼貌原则可以反方向使用，例如在训斥、威胁、咒骂等言语行为中，语用意图本身就是不礼貌的或者说是失礼的，发话者想通过言语行为达到的目的和礼貌要求之间的关系是不协调的，它们赖以完成的语言方式也只能是不礼貌的，因为我们不可能礼貌地训斥，更不可能礼貌地咒骂。

此外，注重礼貌虽然是全人类的共性，但是，礼貌也是有民族性的，一个民族所认同的礼貌方式，另一民族未必认为是有礼貌的。说话时要尽量注意不同民族在礼貌表达方式上的差异。

2. 慷慨准则

慷慨准则是指在言语行为中交际主体尽量少表达利己的和有损于对方的看法。这一准则基于一种传统的道德观念：在处理人际关系时，宁可牺牲自己的利益，也要尽量使他人受惠最大而受损最小。这里的"惠"和"损"可以是实际利益上的，也可能是感情上、观念上比较抽象的"惠"与"损"。

按照慷慨准则，发话者在提出某种要求时，应该尽可能地站在受话者的立场，在话语中多体现对受话者有利的内容，同时又要尽可能回避自己受惠的实质，使受话者容易理解和实现发话者的语用意图并且达到心理平衡。例如，用疑问句表示祈使的语气，就是在礼貌原则的慷慨准则制约下发生的。把直接的要求转变成试探性的询问，意味着尊重对方的选择权，这就是一种感情上、观念上的"惠"。

3. 谦虚准则

谦虚准则是指言语行为主体在话语交际中尽量少赞誉自己并少贬低对方。谦虚也是一种人际关系中的道德观念：相互尊重是人们平等交往最重要的前提，过分地炫耀自己或贬低对方，都是伤害对方自尊的表现，也会为自身招致反感。

依据谦虚准则，在言语交际中应该对受话者多赞扬，少指责；对自己则应避免炫耀，善于自嘲，甚至有时还需要适当地贬低自己。不过不同的民族对谦虚准则有不同的理解，例如，中华民族历来以谦虚为美德，面对别人的赞誉，一般的反应是否定，甚至还要以自贬一番以示谦虚；而欧美人则直接对别人的赞誉表示感谢。例如当美貌得到别人赞赏时，欧美人就会真诚、爽朗地表示谢意，中国人却通常是表示谦虚，甚至羞怯。

（三）规范原则

在言语行为中，只有将一个个单个的语言符号按照一定的规则组织起来，构成句子和语篇，才能描述复杂的事件，表达丰富的思想感情。因此，说话者在运用语言时，就必须考虑如何遵守语言规范的问题。一般来说，语言规范的原则包括三个方面：一是要遵守逻辑规范，二是要遵守语法规范，三是要遵守修辞规范。

1. 逻辑规范

逻辑规范是涉及由语言符号组成的句子"通不通"的问题。人类的思维活动要遵循一定的逻辑，而任何一种语言都是概念、判断、推理等思维活动的对应形式。语言运用中的逻辑规范，要注意概念、判断、推理的准确，这是因为逻辑中的上述概念，是和语言中的语词、句子相对应的，要做到后者的准确，就必须先做到前者的准确。例如，我们利用语词去认识世界、描述世界，就必须要求逻辑概念明确，不然，既不能缜密地思考，又不能确切地表达，当然也就无法发挥语言的交际作用了。

2. 语法规范

语法规范是涉及句子的组合"对不对"的问题。语言运用要符合语法规范，这里包括多方面的内容。首先，说话者不能生造词语，生造出来的词语会增加信息的"噪声"，即使社会生活变化日新月异、新词语大量涌现，在运用新词时也要慎重。

其次，还要注意语法规范和逻辑规范的差别。语言的规律是语法，思维的规律是逻辑，逻辑与语法是有差别的。有些表达方式合乎语法却不符合逻辑，而有些表达方式合乎逻辑但不符合语法。语言运用时也要自觉地辨析二者的不同，并根据语言约定俗成的规律准确地表达和理解。例如：

1）一双球鞋穿了三年。

2）一场比赛踢伤了五名球员。

3）每块场地放一面彩旗。

上述句子似乎不合逻辑。然而，这样的句子都是合语法的，因为我们平时都这么说。在这些句子里，语法上的主语、宾语和逻辑上的主体、客体正好颠倒了位置。再比如说，汉语的量词修饰名词很难说出其中的道理来，比如，只能说"一条鱼"，却不能说"一头鱼"。我们必须承认逻辑与语法的差别，不能以逻辑分析代替语法分析。

3. 修辞规范

修辞规范是涉及所传达的信息质量"高不高"的问题。古今中外的语言大师们为我们树立了修辞的典范，他们字斟句酌，反复推敲，才能把深邃的思想变成生动的语言表达出来。叶圣陶先生曾说："要比较一些词的细微的区别，这是很要紧的……该用在何处，都要仔细想一想。想过了，用起来就有分寸"。无论是口语还是书面语，都要讲究修辞，不仅要做到文理通顺，还要动用各种各样的手段来美化语言，不但要做到"辞达"，还要做到"辞巧"。如果语言干瘪，味同嚼蜡，所传播的信息就难以引起受话者的注意，激发受话者的思想和情感共鸣，传播的效果自然也要大打折扣。

第二节　修　辞

一、修辞的含义

修辞，字面理解就是修饰词句的意思，是对话语表现形式的选择、加工、调整和修饰。人们利用各种表现方式对话语进行修饰和锤炼，目的是为了增强话语的表达效果，修辞是语言运用中不可或缺的重要内容。

从修辞与话语表达的关系上看，人们是为了话语表达而修辞，而不是为了修辞而修辞。也就是说，应该根据话语表达的内容和语言交际的实际需要而修辞，修辞形式是为话语内容服务的，而不应该单纯为了追求华丽的辞藻而修辞。如果做到了修辞与内容相统一，修辞形式会有助于话语内容传情达意，有助于增强话语的表达效果。反之，就会造成以辞害意。

运用最理想的表现形式达到言语行为的最佳效果是修辞的目的，而言语行为是在一定的语境中进行的，语境对修辞具有相应的限制与影响。语境是语言运用的环境，场合不同、条件不同，要求遣词造句、表达方式也会有所区别。如果能根据语境进行话语表达，选择贴切的语词，选用恰当的表达方式，会收到较好的修辞效果。

话语修辞具体涉及词语的锤炼、句式的选择、修辞格的运用等多方面的内容。

二、词语的锤炼

古人特别讲究"炼字"，也就是重视词语的选择。无论是口语，还是书面语，词语的运用都是最基础的一步。没有恰当的词语，就难以说出或写出富有表现力的句子。词语的锤炼在话语表达中起着重要的作用。词语的锤炼，从词语与句子以及篇章的关系上说，必须符合句子组织以及篇章结构的修辞目标要求，即必须符合准确性、得体性、高效性等各种必达目标，以及形象性、趣味性、气势性等各种选达目标的要求。从词语与词语在各要素平面上的关系说，则要求达到语音流畅、语意准确、色彩鲜明、语法通顺、用词高效。

（一）语音要流畅

语音的流畅性，是词句及篇章的美质之一。"句子长短平仄，须调停得好，令人情意宛转，音调铿锵，虽不是曲，却要美听。"（明·王冀德《曲律》）一般认为，语音的流畅性，大体可分为自然的流畅和艺术的流畅两种。自然的流畅是所有情况下都需要的。艺术的流畅性则只有在某些特殊的情况下才需要。之所以叫做艺术的流畅，是因为它往往需要通过特殊的修辞手段才能达到，如平仄、对仗、押韵、顶针、回环、排比等。

（二）语意要准确、贴切

词语运用首先要准确、贴切。只有准确、贴切的词语才能准确地表达说话人的思想感情。才能有效地表达说话人的意图。这里所说的准确、贴切包含两方面的意思：一是词语要准确表达说话人的意图；二是词语要切合说话的语境，使言语有效地传递语言信息。

所谓语意上的准确性，是指所用词语跟其他词语相辅相成，能够准确地表达出所要表达的信息内容。福楼拜曾对莫泊桑说过："我们所要表现的东西，这里只有唯一的字眼可以表现它，说明它的动作的只有唯一的动词，限制它的性质的只有唯一的形容词，直到找到了它们为止。只是发现近似的字眼，是不能满足的。"（莫泊桑《论小说"两兄弟"》）这就是说，锤炼词语不能以找到了近似的词语为满足，应尽力搜求那"唯一"的最得当的词语。

值得注意的是，所谓语意上的准确，既包括一般修辞意义上的准确，也包括特殊修辞意义上的准确。一般修辞意义上的准确的表现是：字面意义跟所表达的实质意义完全同一，没有言内之意与言外之意、表层意义与深层意义等的区别。特殊修辞意义上的准确表现是：字面意义跟所表达的实质意义不同一，有言内之意与言外之意、表层意义与深层意义等的区别，如双关有表层意义与深层意义等，但又是相互配合、融为一体的。

（三）色彩要鲜明

所谓色彩，是指词语的修辞色彩，主要包括感情色彩、语体色彩等。所谓色彩鲜明，是指所用词语在各种修辞色彩上必须跟整个句子或篇章色调一致、协调统一。词语锤炼，要求用词色彩鲜明，具体说来就是要求人们在选词用字时，要在准确、贴切的基础上，选择最具表现力的词语，也就是那些极具思想内涵、极具文化品位、有丰富意蕴的词语。

正如作家老舍先生所说："一篇作品须有个情调，情调是悲哀的，或是激壮的，我们的语言就须恰好足以配合这悲哀或激壮。比如说，我们要传达愁情，就须选择色彩不太强烈的字，声音不太响亮的字，造成稍长的句子，使大家读了，因语调的缓慢、文字的暗淡而感到悲哀，反之，我们若要传达慷慨激昂的情意，我们就须选用明快强烈的语言。"感情色彩的配合是如此，语体色彩的配合也同样需要这样的协调。如果忽视了感情色彩或语体色彩的鲜明，就不可能达到最佳的修辞境界。话语表达中巧妙利用词语的色彩意义，会使得词语色彩鲜明，使得话语表达更生动、更形象。

词语的准确贴切和色彩鲜明，并不是割裂开来的两个方面，而是相互依存的统一体。词语用得准确、贴切，不仅能够准确表达说话者的意图，而且常常使得话语具有丰富的表现力，有时甚至能够表达出字面意义之外的丰富意蕴。而那些极具表现力的词语往往又是那些表意十分准确的词语。如"鸟宿池边树，僧敲月下门"中的"敲"字，不但准确，而且生动，富有表现力。

（四）结构要通顺

所谓语法结构的通顺，是指造句时必须做到句中词语的组合要得当，文气要畅通。如关联词语、修饰语、插入性词语的使用等等。

（五）用词要高效

所谓用词的经济、高效，是指用词节俭而不苟简，语意完足而没有冗词赘语。古语云："言不在多，达意则灵。"要言不烦，字字如珠，简练有力，才能使人兴味盎然；冗词赘语，絮絮叨叨，不得要领，必定令人扫兴厌烦。

三、句式的选择

俗话说，"一样话，百样说"。相同的意思可以采用多种不同的句式来表达。不过，语义相同的多种句式，虽然在意义方面大体一致，但在风格色彩、表达效果方面却常常存在着诸多的不同。话语表达中，人们常常利用语句的这一特点，根据语境，选择合适的句式，选择最符合表达需要的句式，以增强话语的表达效果。

句子的语义容量远远大于词语，它的修辞资源也远比词语丰富。这里主要从句子内部句子成分的语序安排、句子的格式及其选择两方面来观察句子有哪些要素可利用来作为修辞手段。

（一）句子的语序变化

语序的变化一般可分为三种类型：一种是词语语序变化后，语法结构关系不变，但是语义却变化了；一种是语序变化同时引起了语法关系的变化，称为语法语序的变化；一种是没有引起语法关系的变化，称为语用语序的变化。

1. 词语语序的变化

有时，句中的词语语序发生变化，但语意并未改变。例如：

比赛没有人报名。——没有人报名比赛。

有时，句中的词语语序变了，虽然句法结构关系没有变，语义却是明显的不同。例如：

屡战屡败。——屡败屡战。

两句所显示的语义重心是完全不同的。

2. 语法语序的变化

变化词语的语法语序可以使句子发生显著的变化。首先是强调话题主语，将句中的任何一个需要强调的名词性成分提到句首成为话题主语，起到吸引受话者注意力的作用。例如：

他不知道怎样做好这个难度动作。——这个难度动作他不知道怎样做好。

其次，可以使上下文连贯衔接，也就是为了满足信息传递从已知信息到未知信息的规律。例如：

队长跑进来报告："教练，比赛器材是今天收到了。"

"比赛器材"是受事对象，在常规语序中，它应该出现在句末宾语位置上，把它提到句首使之话题化，因为它正是该语境中的已知信息。

除此之外，语序的变化还有好多种，例如受事宾语提前到主语和动词之间、状语提到句首、偏正复句中偏句位移到正句之后等等。

3. 语用语序的变化

语用语序的变化，最大的特点就在于变化后词语所处的位置不是正常的，正因为它不正常，才能产生特殊的修辞效果。这有两种情况：第一，强调后移成分，多见于书面语。例如：

终于到来了，北京奥运会开幕的时刻。

把主语放在句尾，使之成为信息的焦点，突出了主语承载的信息。而习惯的语序被打破，促使人们去感受它、体验它，带来了强烈的视觉冲击力和语义吸引力。

又如：

迎面走来了一群小运动员，朝气蓬勃的，欢欣雀跃的，满怀梦想的……

定语、状语总是位于中心语之前，我们也可以打破这种人们司空见惯的语序。这样的语序变化把定语从依附性的语法位置提升到了具有一定独立性的语法位置，它所传递的信息也就更容易凸现在人们的语义视野中而得到特殊的关注。

在口语中，急于把最重要的信息尽早说出来，也会发生语序的变化。例如：

干吗呀，这是？

（二）句子格式的变化

现代汉语的句子格式是极为丰富多彩的，不同的句式有着不同的表达作用，句式的多样化为句式的选择提供了多种可能性。

1. 简单句与复杂句

一个句子从简单变得复杂，主要有三个途径：添枝加叶、局部发达、前后衔接。例如：

（1）运动会开始了。——运动会已经开始了。（添枝加叶）

（2）运动会开始了。——我们学校一年一度的田径运动会开始了。（局部发达）

（3）运动会开始了。＋运动会结束了。——运动会刚开始就

结束了。（前后衔接）

如果有某种比较复杂的内容要表达，可以尽量把它压缩在一个句子中，这时不仅需要利用每一种句子成分，而且每一个句子成分都必须承载相当多的语义分量，这时句子的结构就会很复杂；句法成分承载语义分量要完整地表现出来，句子成分就必须充分扩展开来。扩展的方法无非有两种，一是句法成分的复杂化，一是并列性成分的增加。再高一层次的扩展则是递归，也就是在某句法结构中再套用该句法结构。

复杂句的修辞效果是严谨缜密、一气呵成的，用在论证辩驳中则气势逼人、不容置疑；用在叙述描写中则细致绵密、引人入胜；而简单句的效果却是轻松随意、活泼自如。前者多见于书面语，后者多见于口语。

2. 紧凑句与松缓句

简单句与复杂句是就句子内部构造的繁密程度而言的，紧凑句与松缓句则是就句子之间的关系而言的。一群句子，如果受到了某种结构关系的严密控制，或者彼此之间的结构方式相同或相近，从而给人一种关系紧密的感觉，这样的一群句子就是紧凑句；相反则是松缓句。例如：

（1）他曾经是，现在也是，将来也一定还是意志坚强、勇于承担的人。

（2）数据十分重要。竞赛报道中必须重视数字，一切比赛的最终表现都是数字。田径、游泳等竞赛的得分多少，体操、跳水等竞赛的得分多少，球类比赛的胜负结果，这些都要通过数字来反映。数字是权衡体育比赛是否有新闻价值的标准之一。因此，体育竞赛报道中一定要有准确的数字，也就是说一定要把读者最关心的比赛成绩、纪录、胜负结果报道出来。

例（1）看似一个句子，其实却是三个句子合并了共同的成分"他"和"意志坚强、勇于承担的人"，保留了不同的成分"曾经是"、"现在也是"、"将来也一定还是"后形成的紧凑句；例（2）之所以给人关系紧密的感觉，是因为句子之间都有共同的结构关系，还有相同的语言成分"数字"、"得分"等，在不同的句子中时时向人们提示着这相同的关系，同时一连串的衔接成分把句子与句子紧紧地连接在一起了。此外，所有的紧缩复句其实是一种关系更为密切的紧凑句。

紧凑句的修辞效果很明显，充分显示出了语言的表达力度，让人的思维绷紧，注意力高度集中，感受到句子气势澎湃、一泻而下，节奏强烈整齐、一脉贯通。

绝大多数句子构成的都是松缓句，它的修辞效果与紧凑句相反，语气舒缓平和，节奏随意轻松。例如：

（4）这里也是海。人们称作瀚海。风，绝对是有形的实体，像浪一样，或许比浪还硬，梗着头向钢架房冲撞。钢架房，便发疟疾般一阵阵战栗、摇晃，随时都要散架。

（5）来，吃点菜。要不，喝点酒？吃吧！吃不穷我们！不吃？那我就不让了，随你便。

很明显，句子之间共同的因素越少，句子就越松缓；句子之间的衔接关系越不明显，句子也就越松缓。所以松缓句之间往往句长相差很大，结构很不一致，衔接手段多采用隐性的，也就是依靠句子在意义上的联系，而较少使用专门的衔接手段，如关联词语等。

不管是简单句、复杂句，还是紧凑句、松缓句，除了某些特殊的修辞要求，通常我们都是让它们交叉出现。随物赋形，从而错落有致、变化自然。

四、修辞格

修辞格，也叫辞格，是在言语行为中对语言规则或语用规则进行有效偏离而形成的具有特定表达价值的固定模式。修辞格是人们在长期的语言实践中创造出来的，具有特定的表达形式和特殊的表达效果。在言语行为中，人们常常有意识地突破常规的词语组合或一般的句子构造等语言规则和表达原则，或者进行超常的搭配，或者运用有特殊形式标志的结构，以达到特定的语用效果。汉语中的修辞格有几十种，这里介绍最常用的几种。

（一）比喻、比拟、借代、移就、夸张

比喻、比拟、借代、移就和夸张，四种修辞格的具体修辞手段虽然各不相同，但在表达效果上却有某些相近之处。四种修辞格都侧重于对客观事物的描写，力求描写得更加生动、形象。因而这里将它们并为一组来讲述，以便大家对照学习。

1. 比喻

比喻就是打比方，用与本体本质不同但有相似性的喻体来描写或说明本体，从而更形象、生动地表现本体的特征或作用。从结构上说，比喻由四个要素构成：本体、喻体、喻词、相似点。本体是被描写或说明的对象，喻体是用来作比的对象，喻词是用来联结本体和喻体的词语，相似点则是将本体与喻体联系起来的要素。利用比喻修辞格，可以使被描写的事物更加生动、突出，可以使被描写的事理更加具体、形象。如：

幸福像花儿一样。

一切反动派都是纸老虎。

根据比喻中本体、喻体、比喻词的具体情况，可以将比喻分为明喻、暗喻、借喻三类。

明喻，直接明白地用喻体来描写或说明本体的比喻类型，本体、喻体都出现，比喻词通常是"像、如、似、宛如、仿佛、似的"一类的词语。例如：

这平铺、厚积着的绿，着实可爱。她松松的皱撷着，像少妇拖着的裙幅；她滑滑的明亮着，像涂了"明油"一般，有鸡蛋清那样软，那样嫩；她又不染些尘滓，宛然一块温润的碧玉，只清清的一色——但你却看不透她。

这里虽然用了"像"、"……一般"、"宛然"等喻词，但是把"绿"跟"少妇的裙"、"明油"、"鸡蛋清"、"温润的玉"等形象联系起来，显然属于超常搭配，因而也增强了"绿"的可爱和美感，让读者虽未身临其境，却有了切身的感受。

暗喻，也叫隐喻，本体与喻体虽然也都出现，但暗喻没有喻词，而是通过超常的特殊搭配，把本体和喻体直接组合成为一个句法结构，实现想象的飞跃。例如：

我的思想感情的潮水，在放纵地奔流着。

多种暗喻变体的存在，说明了语言的可塑性和语言运用的灵活性。如：

你看让这场雨淋的，都成了落汤鸡了。

借喻，直接用喻体替代本体来进行描写或说明。没有比喻词，它的本体通常也不在比喻句中出现。例如：

这个鬼地方，一阴天，我心里就堵上个大疙瘩。

陈涉太息曰："嗟乎，燕雀安知鸿鹄之志哉！"

使用比喻修辞格通常要注意以下几方面的问题：第一，构成比喻的本体与喻体必须是不同类的事物。如"他的上牙齿像下牙齿"、"他的眼睛很像他父亲的眼睛"等，都是同类事物相比，不是比喻，而是比较。第二，本体与喻体必须具有相似点，只有恰到好处地利用二者的相似点，才能构成贴切的比喻。第三，喻体必须是大家熟知的事物，只有利用大家熟悉的事物去描绘被描绘事物，才能达到生动形象的修辞效果。第四，利用喻体来比喻本体时，还要注意二者感情色彩的一致。

2. 比拟

运用联想，直接将本体当做拟体进行描写或陈述，从而体现表达者的喜爱或憎恨的情感态度，这种辞格叫比拟。被比拟的事物称为"本体"，用来比拟的事物称为"拟体"。从结构上说，比拟应该包含三个要素：本体、拟体、拟词。拟体本身并不出现，出现的是跟它紧密相关的行为、属性等因素，从而构成陈述或描写关系。因此，从形式上说，比拟只有两个要素：本体和拟词。从句法关系上看，本体与拟词构成了超常的主谓关系。根据本体、拟体的对应关系，可以将比拟分为拟人、拟物两类。

拟人。将事物或现象当做人来描写或说明。例如：

真理总是悄悄地走进勇敢者的心间，向他昭示智慧的魔方。

拟物。将人当做事物或将此物当做彼物来描写或说明。

例如：

我的歌啊，你飞吧，飞到爱人的心中，去找你停泊的地方。

比拟与比喻都有"比"，有些相近，某些时候容易混淆。比拟与比喻的不同关键在于：比拟重点在"拟"，把本体直接当做拟体来写，描述中本体与拟体交融在一起；比喻重点在"喻"，用喻体来"喻"本体，描述本体事物。比喻的本体可以不出现，喻体必须出现；而比拟的本体必须出现，拟体一般不出现。

3. 借代

借代，是用借体来代替本体的，通常不直接说出本体的名称，而是借用同本体密切相关的事物的名称来代替。被代替的事物通常称为"本体"，用来代替本体的事物通常称为"借体"。借代的方式很多，有的是特征代本体，有的是具体代抽象，有的是部分代整体等等。如：

不拿群众一针一线。

他怕丢了自己的乌纱帽。

对面走来一个大鼻子。

借代修辞格本体一般不在使用借代修辞格的本句中出现。因此，在使用借代辞格时，要尽量选择那些与本体密切相关的事物，最好在上下文语境中对本体有所交代，以便读者在阅读时能把握借体代替的具体内容。还要注意借体的感情色彩意义，最好让借体与本体的感情色彩保持一致。

4. 移就

描写事物或行为时，将本不能与甲搭配的词语直接嫁接过来修饰甲，与甲构成定心关系，但在语义上并不真正限制甲，而是限制与甲相关的人，这种辞格叫移就。形式上，移就都是由修饰语与中心语构成的定心结构，两者是偏正关系。内容上，修饰语不是中心语本身所具有或应该具有的属性，因此在语义结合上是超常的。例如：

然而悲惨的皱纹，却也从他的眉头和眼角出现了。

该例出自鲁迅小说《铸剑》。"悲惨"本指铸剑者"他"的不幸遭遇，这里用来修饰"皱纹"，使皱纹成了"他"命运的标志。

根据修饰语与中心语的搭配形式，移就可以分为移情式和移觉式。

移情式。用人的情感活动的词语来描写事物或用物的属性来限制人的情感现象。例如：

多少年的相思只能寄托于频传的飞鸿，在孤寂中品尝这甜蜜的忧愁。

移觉式。将两种感觉交叉组合或将此物限制词修饰彼物。这种方式，也叫"通感"，包括：视觉、听觉、嗅觉、味觉、触觉以及第六感觉。例如：

每想起儿时学堂生活，眼前便浮现出俞老先生从讲台上看我们的那辣辣的眼神来。

5. 夸张

夸张是对某些事物的形象、特征、作用、程度、数量等作扩大或缩小的描述，这种夸大或缩小是对事物某一方面、某一特征的合理渲染，同事实情况相比虽然有些言过其实，但是这种合情合理的渲染比据实陈述更具表现力。从语意的角度分析，夸张有夸大夸张、缩小夸张、超前夸张。

夸大夸张是故意将事物往大、高、强等积极的方面描述，例如：

危楼高百尺，手可摘星辰。不敢高声语，恐惊天上人。

缩小夸张是故意将事物往小、少、慢等消极的方面描述。例如：

就给这点儿吃的，还不够塞牙缝呢！

超前夸张是故意将后发生的事情提前。如：

名医圣手，药到病除。

酒未沾唇，人已醉了。

使用夸张应注意两方面的问题：从主观上讲，夸张应是人思想感情的真实流露。虽然夸张是故意的言过其实，这里的故意也不是无限制的随意。夸张也是以客观事实的部分真实与感情的真实为基础的。从客观上讲，夸张要夸张得明确，不能让听话人将夸张误认为是事实。

（二）双关和反语

双关和反语这两种修辞格的运用可以使句子具有表里两层含义，言在此而意在彼，表达上比较含蓄。

1. 双关

双关修辞格，是指在特定的语境中，利用相应的语音、语义条件，故意使一个语言单位具有"表层"和"深层"两层意义，表层意义是通过词或句直接表达的，而深层意义即实际要表达的意义，则是通过特定语境因素间接实现的，这种辞格叫双关。

在一些言语行为中，发话者有时不便、不愿或不能直截了当地进行表达，直接说出话语内容，往往采取"借题发挥"、"声东击西"的方法，双关就是一种常用的手段。双关具有如下要素：一是通过一个符合语境要求的记叙或描写的"话题"，完成表层话语行为；二是隐藏在表层话语下的、表达者想要借此"话题"表现的深层意义；三是表达深层意义需借助的特定的语言手段或语境因素。表里两层意义的关联之处就是双关点，双关点可以是词、句子，也可以是交际者之间的角色关系。

双关分为两类，利用语音条件构成的双关是谐音双关，利用语义条件构成的双关是语义双关。

谐音双关，是指利用词语的同音或近音关系，使某个词语关涉两个意义。如：

孔子搬家——尽是书（输）。

杨柳青青江水平，闻郎江上踏歌声。东边日出西边雨，道是无晴却有晴。

语义双关，是指利用词语或句子的多义性，使某个词语或句子关涉两个意义。如：

她们的死，不过像无边的人海里添几粒盐，虽然使扯淡的嘴巴们觉得有些味道，但是不久还是淡、淡、淡。

平时所说的"指桑骂槐"也是一种特殊的双关手段。言语交际主体利用交际者之间的角色关系，借助特殊的话题并使其关涉表里两层意义，多用于讽刺、揶揄甚至谩骂。

2. 反语

反语，即正话反说或反话正说，发话者故意违反表义的一般规律，使用与内心本意相反的话语来表达，使实际表达的意义与词句字面意义正好相反，以达到讽刺或风趣幽默的效果。反语的字面意思并不是句子的本意，句子的本意要靠上下文语境来把握。反语多用于揭露、批判、讽刺等一类的语句中，部分也可以用于比较幽默、风趣、诙谐的场合。

反语的形式可以是词或句子，这种直接承载反语的词或句子叫反语体。反语体在反语表达时临时具备了两个意义：一个是字面本义，另一个是与本义相反的实际要表达的意思。根据上下文的语境，应该在话语理解过程中舍弃字面本义，而把握发话者实际要表达的意思。在书面上，反语可以通过特殊的形式来表示，比如用引号或着重号标注反语体，也可以通过上下文等语境因素的矛盾性来体现。

根据反语的功能，可以分为讽刺反语和幽默反语两类：

1. 讽刺反语，是指为实现强烈的批评、抨击等目的而运用的反语。如：

当三个女子从容地辗转于文明人所发明的枪弹的攒射中的时候，这是怎样的一个惊心动魄的伟大啊！中国军队的屠戮妇婴的伟绩，八国联军惩创学生的武功，不幸全被这几缕血痕抹杀了。

2. 风趣反语，是指为达到风趣、幽默等轻松愉快的效果而运用的反语。如：

你这个死丫头，工资有多少呀？一下子给妈妈买这么多东西！

（三）对偶、排比、反复、回环

使用对偶、排比、反复和回环这四种修辞格的句子虽然表达方式各不相同，但在句子结构方面却都有比较明显的形式特征，都形成了比较整齐、对应、相同或相似的句式。

1. 对偶

对偶是由一对结构相同或相似、字数相等、意义上有密切联系的短语或句子构成的修辞格。如：

沧海月明珠有泪，蓝田日暖玉生烟。

书山有路勤为径，学海无涯苦作舟。

卑鄙是卑鄙者的通行证，高尚是高尚者的墓志铭。

对偶是汉语中特有的修辞手法，具有鲜明的民族特点。从对偶的辞格形式上看，上下联结构相同或相似，句式整齐美观，语音和谐，韵律感强。对偶有严式、宽式之分，所谓严式，是指对偶的上下联要严格对仗，语音讲究平仄，用字不能重复，对应词语的词类必须相同。所谓宽式，是指对偶没有上述严格的结构要求，只是意义相关、结构相似、字数相等就基本可以了。从对偶表达的意义看，语句内容通常非常凝练，名言佳句较多。

从内容的角度看，可以把对偶分成正对、反对、串对三种。

正对。上下联的意义相近或相关，从不同的角度或方面说明同一问题，起前后说明、互相补充的作用。如：

拳不离手，曲不离口。

大漠孤烟直，长河落日圆。

打虎亲兄弟，上阵父子兵。

反对。上下句的意义相反、相对，形成对立或对比的关系，强烈的反差可以强调语意。如：

谦虚使人进步，骄傲使人落后。

青山有幸埋忠骨，白铁无辜铸佞臣。

串对。又称流水对，上下联根据一定的逻辑关系构成一个复句，构成顺承、递进、条件、因果等语义关系。如：

才饮长沙水，又食武昌鱼。

欲穷千里目，更上一层楼。

不在沉默中爆发，就在沉默中灭亡。

2. 排比

排比是由三个或三个以上结构相同或相似，语气一致，意义相关的短语或句子构成的一种修辞格。排比句式整齐，节律和谐，语气通畅，语意鲜明，富有表现力，可以增强句子的气势和表达效果。排比多用于说理和抒情，用于说理，可以周密地说明复杂的事理，具有较强的说服力；用于抒情，可以将感情抒发得淋漓尽致。

排比的形式可以是句子与句子的排比，也可以是句子成分的排比。如：

我似乎永远也不会忘记那张脸：一脸的灰土，一脸的疲惫，一脸的迷茫和忧伤。

我喜欢托雷斯的狂飙突进，喜欢梅西的戏弄后卫，喜欢雷东多的脚后跟传球，喜欢博格坎普的性感停球，喜欢加斯科因的挑球过人。

半个世纪以来，为了足球这个球中之王、世界第一热门运动冲出亚洲、走向世界，我们欢呼，我们怒吼，我们呐喊，我们哭泣，我们愤怒，我们悲伤！足球在年复一年地伤害我们。

2. 反复

反复是为了突出某个意思，强调某种感情，特意重复某个词语或句子的一种修辞格。反复有连续反复与间隔反复两类。

连续反复是接连重复相同的词语或句子。如：

大家的情绪高涨起来，向着自己的球队高喊："加油！加油！！加油！！！"

间隔反复具体表现为相同的词语或句子间隔出现。如：

雁儿们在云空里飞，看她们的翅膀，看她们的翅膀，有时候迂回，有时候匆忙。

雁儿们在云空里飞，晚霞在她们的身上，晚霞在她们的身上，有时候银辉，有时候金茫。

雁儿们在云空里飞，听她们的歌唱！听她们的歌唱！有时候伤悲，有时候欢畅。

雁儿们在云空里飞，为什么翱翔？为什么翱翔？她们少不少旅伴？她们有没有家乡？

4. 回环

回环是利用词语的循环往复来表现两种事物间相互关系的一种修辞格。回环通过改变词语的排列顺序把结构相同的语言单位连接在一起，形成整齐而有一定变化的特殊句型，富有美感。回环言语精辟，利用词语变换位置所产生的意义关联，深刻揭示事物间的辩证关系。如：

旧社会把人变成鬼，新社会把鬼变成人。

真诚的心灵，换来心灵的真诚。

猛犬不吠，吠犬不猛。

（四）修辞格的综合使用

在语言的实际运用中，辞格可以单独使用，也可以综合使用。辞格的综合使用具体表现为辞格的连用、兼用、套用等情况。

1. 修辞格的连用

修辞格的连用是指在一段话中并列或连续性地使用了两种或两种以上的同类或异类的修辞格。根据使用辞格的类别，修辞格的连用又可以分为同格连用和异格连用。

同格连用。同一个辞格并列或接连地出现，描写一个共同的话题。如：

风含情，水含笑。

南非的传球如飞毛腿导弹到处乱飞，墨西哥的堵截则犹如精确的爱国者。

异格连用。不同的辞格并列或连续地出现，共同描述一个对象。如：

此时此刻，在柏林、在慕尼黑、在纽伦堡、在科隆大教堂，肯定有无数的德国球迷为之欢欣鼓舞；而在伦敦、在利物浦、在曼彻斯特、在泰晤士河边的小酒馆，也有无数的英格兰球迷为之黯然神伤。

2. 修辞格的兼用

修辞格的兼用是指一种话语表达形式同时运用了两种或两种

以上的修辞格，这两种辞格就像一张纸的两面一样难以分开。例如：

球迷的心就像坐上云霄飞车，颠簸得不是一点点。

谁说这个世界是冰冷而残酷的，只要你怀有坚定的信仰，这个冰冷的世界就会为你揭开冰冷的面纱。

3. 修辞格的套用

修辞格的套用是指在一个较长的句子中，一种修辞格中又包含着一个或多个其他修辞格，即整体运用某种修辞格的句子中，部分语句还运用了一些其他的修辞格。如：

看吧，狂风紧紧抱起一层层巨浪，恶狠狠地将它们甩到悬崖上，把这些大块的翡翠摔成尘雾和碎末。

大山不让土壤，故能成其大，河海不择细流，故能就其深；王者不却众庶，故能明其德。

人生有限，知识无穷。当你用汗水敬献她的时候，她和你携手前进；当你用懒惰讨好她的时候，她和你分道扬镳。

第三节　朗　　读

一、朗读的含义与特点

朗读就是见字读音，朗声读书，就是运用普通话把书面语言转化为清晰响亮的有声语言的过程。朗读是口头语言的艺术，需要把无声的视觉符号变成鲜活的有声的听觉信息，如果说写文章是一种创造，朗读则是一种再创造。朗读是日常工作、学习、生活中口语交际的重要形式之一。父母为孩子读故事书，播音员播报新闻，专家学者宣讲论文，教师在教室里朗读课文等等，都是朗读。朗读具有广泛的社会应用性与深刻的传播价值。

朗读的根本特点在于它是一种语言信息处理和转换的过程，它对视觉感知的语言信息加以理解和加工，再将信息内容转换为口语语言表达出来。朗读是一种多感官并用的语言输入和输出形式。在朗读的过程中，人的言语观察、言语听觉和言语动觉（说）能力得到了全面的锻炼和发展。首先，朗读是一种语言输出形式。它要求朗读者将文字符号通过发音器官"说"出来，属于"说话"的范畴。其次，朗读也是一种语言输入形式。从朗读的过程来看，朗读者首先要通过视觉系统的活动获取信息，表现为一种"读"的形式。同时，朗读也是一种"听"的形式。朗读者在朗读的时候，将无声的文字符号变成了有声的语言，在这一连续的过程中，朗读者本身无论是有意的还是无意的都会听到自己发出的语言信息。

需要指出的是，朗读与朗诵都是依据文字作品进行口语表达的，但二者之间是有一定区别的。从朗读与朗诵所依据的材料性质来看，朗诵材料主要涉及文学作品，如诗歌、散文、小说、故事、寓言、剧本台词等；朗读材料则覆盖一切文字作品。从朗诵与朗读的表现形式来看，朗诵具有一定的表演性质，除了有声语言之外，朗诵者还要通过体态语言，甚至需要音乐、舞美、灯光等来强化感情的表达和气氛的渲染。而朗读则是工作、学习、生活的日常需要，它不分场合，不依靠表演等手段的介入。

二、朗读的要领

朗读的要领总的来说体现在两个层面，一是"读"的层面。朗读者要努力揣摩作品，对作品的理解越准确、越深刻，就越能把握作品的基调，从而在朗读中把思想情感内涵体现出来；二是"说"的层面。朗读者要用准确、流畅、优美的语音形式把作品形象地进行表现，这也是对朗读者再创作能力的要求。

（一）准确地理解作品

朗读者要熟悉作品，尽可能地理解作品，从理性上把握作品的思想内容和精神实质。只有透彻的理解，才能有深切的感受，才能准确地掌握作品的情调与节奏，正确地表现作品的思想感情。

理解作品的主题，这是深刻理解作品的关键。有条件的话，还要了解作者和作品的相关背景。对作品内容尽可能地加以贴近作者原意的理解是十分必要的。如果对作品主题和基本内容没有一个准确的把握，以至出现意义理解上的偏差，那么声音技巧再高超，也无法起到表情达意的作用。

此外，还要根据不同体裁作品的特点，熟悉作品的内容和结构。对于抒情性作品，应着重熟悉其抒情线索和感情格调；对于记叙文，应着重熟悉作品的情节与人物性格；对于议论文，需要通过逐段分析理解，抓住中心论点和各分论点，明确文章的论据和论述方法；对于说明文，应抓住文章的说明次序和说明方法。总之，只有掌握了不同作品的特点，熟悉了作品的具体内容，才能准确地把握不同的朗读方法。

（二）深刻地感受作品

语言文字是一种有意义的符号。朗读者要通过对作品的分析、理解，感受作品所描写的情景和事物，体会作品所蕴涵的本质寓意。

朗读者对作品的感受首先表现为形象感受。所谓形象感受，就是朗读者由作品引起的具体的视觉、听觉、味觉、嗅觉、触觉、空间知觉、时间知觉、运动知觉等的各种内心体验。

"情景再现"是加强形象感受的一种行之有效的方法。所谓"情景再现"，就是要求朗读者朗读时不仅要在头脑中浮现出语言文字所描绘的客观形象，而且还要用心进入到作品所描绘的特定情境、场景中去，假设自己就是作者，就是作品中的主人公或事件的参与者，把作品中叙述、描写的一切都作为自己的亲眼所见、亲耳所闻、亲身所历，并进行设身处地的感受。

逻辑感受主要是指对整篇作品各部分之间、各段落之间、各自然段之间以及某一自然段中各句之间和一个句子中各词语之间逻辑关系的感受。朗读时，朗读者既要善于从整体上把握文章起、承、转、合的内在逻辑关系，也要善于具体入微地把握句子之间、词语之间连缀的逻辑关系。

（三）艺术地表现作品

朗读对艺术性的要求有一定的层次性。

首先追求正确度。朗读不仅要忠于作品原貌，还要求用普通话语言朗读。要避免受方言的影响而造成习惯性误读或出现成系统的语音缺陷，还要做到不添字、不漏字、不改字、不回读，此外，朗读时在声母、韵母、声调、轻声、儿化、音变以及语句的表达方式等方面都要符合普通话语音的规范。

其次追求流利度。朗读要流畅，不顿读，不读破句子，不中断朗读，并能根据作品内容确定合适的朗读速度，不能过快或者过慢。

再次追求艺术度。要求朗读者在朗读时，面对蕴涵深情的文字作品，应使自己的感情处于一种积极的运动状态。以情运气、以情带声、用声传情，声情并茂地去表达作品。

三、朗读的基本技巧

朗读的技巧包括停顿、重音、语气、语调、节奏和语速。

（一）停顿

1. 停顿的含义和作用

停顿是指朗读过程中声音的断和连。在朗读时，朗读者要调节气息，要使声带、唇舌等发音器官获得休息的机会。既不能一字一停，断断续续地进行，也不能字字相连，一口气念到底，无论是朗读者还是听众，无论是生理要求，还是心理要求，朗读中的停顿都是必不可少的。停顿可以显示语法结构，更好地表现作品内容和作者的思想感情，停顿也可以给听者以理解、思考、回味作品内容的机会。要注意，停顿只是声音的暂时休止，而不是思想感情运动的中断。

2. 停顿与标点符号的关系

书面语中的标点符号是确定停顿的重要依据。书面语中的标点符号有着不可忽视的作用，朗读的停顿必须服从标点符号，多数情况下，书面语中有点号的地方同朗读时需要有停顿的地方是一致的。各种标点符号停顿时间长短的一般规律是：顿号最短，逗号稍长，分号、冒号较长，句号最长，问号、叹号同句号停顿的时间相近。省略号表示话没有说完时的停顿，由于没说完的原因不同，停顿时间的长短也不同。破折号后面一般是解释性的话，中间不需要停顿。作品中凡是有标点的地方，朗读时都必须停顿，而且要根据不同的点号，实行长短不同的停顿。

应该注意的是，标点符号绝不是确定停顿的唯一依据。实际朗读中停顿的处理比标点符号停顿的处理更细致、更灵活。比如，有时在有标点符号的地方要缩短停顿时间或连读，更多的情况是，在没有标点符号的地方要做适当的停顿；在停顿的时间上，逗号有时比句号还要长，等等。

3. 停顿的类型

①区分性停顿

区分性停顿，是为了正确区分、表现书面语中词与词之间、词组与词组之间的关系而进行的停顿。一般说来，作品中每个独立的词、词组都要予以区分。其作用是使语意表达清晰明确。书面语中的某些歧义短语和句子，也可以用朗读的停顿来揭示其不同的语法结构，从而表达不同的意义。例如：

在下坎子村，王宝/喂的山羊特别肥。

②呼应性停顿

呼应性停顿，是为了显现前后词语之间意义上的呼应关系而安排的停顿。文章中的呼应关系在朗读时主要通过停顿来体现的。全篇整体性的呼应较易把握，而文章中的局部的呼应关系，往往由于朗读者的忽略而造成呼应中断，或呼应模糊，因此影响了语意的表达。确定呼应性停顿，首要的问题是确定句中的"呼"者与"应"者。例如：

这小燕子，便是我们故乡的/那一对，两对么？

③强调性停顿

朗读时为了突出强调某个词、词组或句子，引起听众的注意，加深听众的印象，可以在这个词、词组或句子的前边或后边停顿，也可以在前边和后边都停顿，这就是强调性停顿。例如：

沉默呵，沉默呵！不在沉默中/爆发，就在沉默中/灭亡。

（二）重音

1. 重音的含义

在朗读中，为了准确地表达语意和思想感情，有时强调那些起重要作用的词或短语，被强调的这个词或短语通常叫重音，或重读。

组成句子的词和短语，在表达基本语意和思想感情的时候，不是并列地处在同一个地位上。有的词、短语在表达语意和思想感情上显得十分重要，另一些则处于相对次要的地位上，所以有必要采用重音。同样一句话，把不同的词或短语确定为重音，就会产生不同的语意或表达效果。如：

A. 我借给你球拍。（强调主语，借给你球拍的人是"我"）

B. 我借给你球拍。（强调宾语"球拍"，借的东西是"球拍"）

C. 我借给你球拍。（强调宾语"你"，不是借给别人）

D. 我借给你球拍。（强调谓语动词，是"借"）

2. 确定重音的依据

根据句子的语法结构，用自然音量读成的重音叫语法重音。通常情况下，谓语或谓语中的主要动词比主语读得重一些，宾语比动词读得重一些，定语、状语、表结果和表程度的补语比中心语读得重一些，疑问代词和指示代词比别的词读得重一些。

为了突出语意重点或为了表达强烈感情而加强音量读出来的重音，叫逻辑重音。语法重音要服从于逻辑重音。语法重音对意义的影响很小，而逻辑重音对语意的表达有关键性作用。

3. 重音的表现方法：

①加强音量

朗读时把要突出强调的字和词读得重一些、响一些。这是表示重音最常用的方法。

②拖长字音

朗读时通过有意延长重音音节来达到强调的目的。

③重音轻读

读音的轻重是相对的，朗读时有时有意地轻读主要重音，反而更能起到突出强调的作用。重音轻读常用来表示深沉、含蓄、细腻的思想感情和轻巧的动作、轻微的声音、幽静的环境等。有时重音轻读也与拖长字音同时运用。

④提升音高

朗读时把要强调的音节的调值增强、夸张一些，以收到引人注意、渲染气氛的效果。

⑤一字一顿

朗读时在要强调的音节前后做适当的停顿来表示重音。

（三）语气

语气，是指在某种特定思想感情支配下朗读语句时表现出来的具体语音形式。作品中的语句总是要表达一定的思想感情，总是要带有某种感情色彩：或赞扬，或反对；或严肃，或活泼；或悲伤，或高兴等。朗读时对特定语句感情色彩的处理，既要体现出全篇作品总体感情的基调，同时也要体现出与其他语句的差异，从而形成朗读整篇作品时语气的丰富多变。

语句的感情色彩主要是通过声音气息的变化表现出来的。喜爱的感情，一般要读得"气徐声柔"，轻快流畅。悲伤的感情，一般要读得"气沉声缓"，给人一种迟滞感。激愤的感情，一般要读得"气粗声重"，语速稍快。紧张的感情，一般要读得"气提声凝"，给人一种紧缩感。

（四）语调

语调是说话或朗读时，为适应表情达意的需要，句子高低升降的变化。语调是有声语言所特有的，它是句子的语音标志。朗读中的语调是细致而复杂的，它可以表达各种丰富的感情。

语调可以分为四种基本类型。

1. 平调。语调平稳，没有什么重读或强调的显著变化。一般的叙述、说明，以及表示迟疑、深思、冷淡、悼念、追忆等思想感情的句子，用这种语调。

2. 升调。语调由低逐渐升高。常用于表示疑问、反诘、惊异、命令、呼唤、号召的句子。

3. 降调。语调由高逐渐降低，末了的字低而短。这种语调常用来表示肯定、祈使、允许和感叹的语气。

4. 曲调。语调曲折变化，对句子中某些音节，特别地加重、加高或延长，形成一种升降曲折的调子。这种语调常用来表示夸张、强调、反语等较为特殊的语气。

（五）节奏

节奏是由文字作品生发出来的、由朗读者思想感情起伏所造成的抑扬顿挫、轻重缓急的语音形式的回环往复。节奏一般是就一篇作品的整体而言的，是贯穿作品始终的。确定节奏要依据作品内容和表达的思想感情，同时还要依据作品中大多数句子的感情色彩、语势，并注意作品中语意之间的转换特点。

节奏主要有以下六种类型：

①轻快型：语速稍快，多上山类语势，语调轻快。

②凝重型：语速适中，语势比较平缓，语调凝重。

③低沉型：语速较慢，多下山类语势，语调沉缓。

④高亢型：语速快，上山类语势为主，语调高昂。

⑤舒缓型：语速适中，多上山类语势，语调舒缓。

⑥紧张型：语速较快，多上山类语势，语调紧促。

以上六种节奏类型的划分是相对的，实际朗读中它们往往会不同程度地互相渗透。有时一篇作品的节奏总体上是轻快的，但也不排除其中某一部分的节奏是低沉的或紧张的。要注意安排好节奏的宏观布局。

有学者在论及运用各种声音技巧表现节奏时总结出这样的总体要求："低而不焉，高而不喊；慢而不拖，快而不赶；轻而不浮，重而不板。"这是朗读者在朗读时应该积极努力的方向。

（六）语速

语速是指朗读时在一定的时间里，容纳一定数量的词语。世间一切事物的运动状态和一切人在不同情境下的思想感情总是有千差万别的。朗读各种文章时，要正确地表现各种不同的生活现象和人们各种不同的思想感情，就必须采取与之相适应的不同的朗读速度。

急剧变化发展的场面宜用快读；平静、严肃的场面宜用慢读。紧张、焦急、慌乱、热烈、欢畅的心情宜用快读；沉重、悲痛、缅怀、悼念、失望的心情宜用慢读。辩论、争吵、急呼，宜用快读；闲谈、絮语，宜用慢读。作者的抨击、斥责、控诉、雄辩，宜用快读；一般的记叙、说明、追忆，宜用慢读。年青、机警、泼辣的人物的言语、动作宜用快读；年老、稳重、迟钝的人物的言语、动作宜用慢读。

朗读任何一篇文章，都不能自始至终采用一成不变的速度。朗读者要根据作者的感情的起伏和事物的发展变化随时调整自己的朗读速度。这种在朗读过程中实现朗读速度的转换是取得朗读成功的重要一环。

读得快时，要特别注意吐字的清晰，不能为了读得快而含混不清，甚至"吃字"；读得慢时，要特别注意声音的明朗实在，不能因为读得慢而显得疲疲沓沓，松松垮垮。总之，在掌握朗读的速度时要做到"快而不乱"、"慢而不拖"。

四、不同作品的朗读

（一）记叙类作品的朗读

记叙类作品主要是通过对人物、事件的具体叙述，来赞扬某种品质、肯定某种行为、表达某种认识。记叙类作品往往是以一个事件的经过贯穿全文，而人物又往往是事件的主体，所以揣摩不同人物的个性特点，注意通过各种朗读技巧读好人物的语言是记叙类作品朗读首先要强调的。朗读记叙类作品，还要注意把人物的语言和叙述性、描写性等语言区别开来。一般的，叙述、描写部分的朗读声音可以低一些，而人物对话部分要高一些，突出一些。但朗读叙述、描写部分时，要避免喧宾夺主，同时也要避免过于平淡。此外，朗读时要体现出事件发展的阶段性，内容层次间的转换要自然。

我们来探讨一下《二十美金的价值》（唐继柳编译）中的两个片段里的人物对话读法。两个片段，事件只有一个：儿子向爸爸要钱来买爸爸同自己共进一次晚餐的时间所产生的误解以及误解的消除；主要人物只有两个：儿子和爸爸；两个片段紧密关联：儿子要钱导致父亲误解生气及真相大白误解消除。两个片段基本由父子之间的对话构成，儿子的天真乖巧，爸爸的严厉而又慈祥，都在对话中昭然若揭。爸爸和儿子年龄、身份、心理状态各不相同，读全篇第一部分中儿子的话时，停顿可以少一些，声音可以高一些，语速可以快一些，以显示孩子的那种兴奋和期盼的心情；读爸爸的话时，开始停顿可以多一些，声音可以低一些，语速可以慢一些，以显示长者的权威，后来可以少一些，高一些，快一些，以表现生气的情绪。读第二部分时，爸爸的话先可以低而轻快，以表示歉意，后可以加重语气，提升音高，以表示疑惑；儿子的话则可以先慢后快，先抑后扬，以表示愿望即将满足时的欢乐心情。

（二）抒情性作品的朗读

抒情性作品有若干种，最常见的是抒情散文。作者在抒情散文中有时用直接抒情的方法表达自己的感情，朗读这样的语句要特别加以注意。更多的情况是，作者在作品中通过叙事、写景、状物或议论来表达思想感情。朗读中就需要在深入理解、感受作品的基础上，体现字里行间蕴涵的思想感情以及对全篇起统领作用的主要感情线索的基调。例如：

这样，我们在阳光下，向着那菜花、桑树和鱼塘走去。到了一处，我蹲下来，背起了母亲；妻子也蹲下来，背起了儿子。我和妻子都是慢慢地，稳稳地，走得很仔细，好像我背上的同她背上的加起来，就是整个世界。（选自莫怀威《散步》）

《散步》全文中没有一个"爱"字，这一段自然也没有。但字里行间却无不浸染着一个"爱"字——两代人之间的爱、隔代人之间的爱。在朴实的叙事当中，"爱"字跃然纸上。朗读时，把这种亲情之爱传诵出来。

（三）议论性作品的朗读

议论性作品主要由论点、论据和论证三要素构成。论点是作者的观点、见解或主张，朗读时一般采用重读、拖长音节的方法来突出，同时语气要肯定，态度要鲜明。虽然有时作品中也夹有叙述、描写、说明性的文字，但这些叙述、描写、说明性的文字或是为了引出论点，或是为证明论点而提供事实依据，或是作为议论的补充，它们在作品中的地位显然是次要的，朗读时要注意区分。议论性作品的一个突出特点是句与句、段与段之间有着紧密的逻辑关系。朗读者要对这种逻辑关系有一定的把握，并通过恰当运用停顿、重音等技巧予以表现。例如：

人活着，最要紧的是寻觅到那片代表着生命绿色和人类希望的丛林，然后选一高高的枝头站在那里观览人生，消化痛苦，孕育歌声，愉悦世界。这可真是一种潇洒的人生态度，这可真是一种心境爽朗的情感风貌。（选自《站在历史的枝头微笑》）

其中，上一个自然段是论点，"生命绿色和人类希望"、"高高的枝头"可重读，"观览人生，消化痛苦，孕育歌声，愉悦世界"可拖长音节来读，同时语气要肯定一些。下一个自然段承接上一个自然段发表议论，逻辑关系紧密，两个"这"字后可做稍长停顿，"潇洒"、"人生态度"、"心境爽朗"、"情感风貌"则可重读以强化作者鲜明的肯定态度。

（四）说明性作品的朗读

说明性作品有的是介绍客观事物的形状、性质、特征、成因、功用的，有的是说明客观事物的关系、规律的。它要求用准确、简明的语言按照一定条理对事物、事理进行直接的说明。朗读说明性作品，要突出其说明性、知识性、科学性的语言。对作品中关键性的词语、句子可以运用停连、重音技巧加以突出强调。例如：

水是一种良好的溶剂。海洋中含有许多生命必需的无机盐，如氯化钠、氯化钾、碳酸盐、磷酸盐，还有溶解氧，原始生命可以毫不费力地从中吸取它所需要的元素。（选自童裳亮《海洋与生命》）

"水是一种良好的溶剂"后停顿的时间可以长些，而"水"后可以有一个短暂的停顿。"氯化钠"、"氯化钾"、"碳酸盐"、"磷酸盐"、"溶解氧"则可以运用重音技巧加以处理，同时要把握好节奏的变化。

第四节 说 话

一、说话的含义与要求

在社会生活的广阔领域里，人们主要靠口语交流，通过言传、耳听、心记来传播文化、交流信息。口语表达是人们运用声音和势态语言对一个人思维活动的扫描和表达。也就是说，说话是人思维的物质外化，人们常说想得清才能说得好。说得好才算会说话，说话是一个人素养、能力和智慧的一种综合体现。具体地说，说话是在交谈、演讲和论辩等口语交际活动中，表达者根据特定的交际目的和任务，切合特定的言语交际环境，准确、得体、生动地运用连贯、标准的有声语言，并辅之以适当的体态语言表情达意以取得圆满交际效果的口头表达能力。

"会说话"是人们生存与发展的前提条件，也是现代社会对个人素质和能力的基本要求之一。善于说话，就是指说话者能够准确自如、恰到好处地表达出自己的思想、感情和意图，能够把道理讲得清楚明白、形象生动，能够轻松自然、简洁明了地使他人听清和理解自己的话语。同时，还要能够从与他人的交谈之中，推测他人说话的意图，增进对他人的了解，并建立良好、和谐的社会关系。

根据口语表达的要素，说话者应具备以下基本条件：

首先，在交际中必须具有较强的口头表达能力。即能根据交际意图和目的熟练地运用语言技巧来展开话语，同时应具有灵活机智的应变能力，说话要应对不同的情况而选择不同的说话内容。

其次，在交际中始终具有明确的对象意识和语境意识。如果不顾场合，不看对象，夸夸其谈，滔滔不绝，这种"能说会道"的行为只会引起反感甚至厌恶，不能称之为有口才。荀子在《劝学》中曾明确指出："未可与言而言谓之傲（急躁），可与言而不言谓之隐，不观气色而言谓之瞽"。"瞽"，就是瞎子。这说明讲话应随境而发，相机行事。

第三，在交际中还必须具有较高的领悟能力和反馈能力，即既能准确地接受和理解，又能作出恰当、必要的应付。这是与人交谈很关键的一条。在口语交际时，说话者不仅要表达，而且还要接受，即领悟对方话语或表情动作等体态语所蕴涵的意思，同时还要作出有针对性的反馈。

此外，针对言与行的关系，不要说过头话。提倡"慎言"。如果在言与行无法一致的情况下，宁可多做事，少说话，也绝不能说多做少，言过其行。古语有云"君子食无求饱居无求安，敏于事而慎于言，就有道而正焉"。这就是说，做事情要勤劳敏捷，说话要谨慎讲究分寸，做不到的事情，尽量不说。

二、命题说话

命题说话是指说话者在规定的时间内，按照预设的话题或规定的题目，迅速地组织、整理与话题有关的谈话素材，并把思维成果转换成语言进行口语表达的过程。从确定话题、开始构思到运用口语进行表达的整个过程，实际上是对说话者思维能力、认识能力、组织语言的能力、运用语音技巧的能力以及社会生活经验、心理素质、语文修养等的综合考察。

命题说话作为一种特殊的说话形式，有如下特点：一是话题的规定性。命题说话规定话题，规定时间，要求说话者把日常积累的与话题有关的谈话素材加以选择、整理，并组织成口语进行表达，不能出现"跑题"的现象。二是语言表现的随机性。一旦确定话题，说话者必须迅速把思维成果转换成外部语言进行表达。由于没有充足的思考斟酌的时间，所打的"腹稿"往往是粗线条的、不完整的，甚至是模糊的。在通过语音表现的时候，常常随机应变，现想现说。三是表达方式的日常性。说话不是演讲、不是口头作文，而是聊天，无论是使用的词语，还是句子的形态，都是口语化的。

命题说话要求说话者做到如下几点：

第一，有理、有益。选择好说话的题目并确定与题目有关的内容是命题说话成功的关键。与题目有关的内容可能有很多，应从积极、健康、乐观、向上的角度加以选择，加以运用，做到言之有理、言之有益。

第二，有物、有趣。言之有物，就是要求说话内容充实，不空洞；言之有趣，就是要求说话趣味性强，不粗俗。要想做到这一点，最好的办法就是选择与自己生活贴近的真实的事和人来进行说话，惟其如此才能做到言之有物、言之有趣。

第三，流畅、自然。说话者在确定说话中心后要有一个清晰的思路，安排好说话的内容，再用普通话表达出来。表达过程中，应保持语脉连贯，语流畅达，做到话语连贯，音调自然。正常的语速每分钟应在 250 个字左右，不要因为害怕说错或中断而一个字一个字往外"挤"。要尽量克服平时说话中加进的"就是"、"那么"、"完了吧"等口头语的不良习惯。

第四，标准、规范。在围绕话题中心说话的同时，要注意发音准确，吐字清晰，声音响亮。还要注意用词准确、恰当，不使用方言词汇，句式要符合口语习惯和语法规范等。不能只重视内容充实、语言精美而忽略语音的准确度。

三、求职、面试的说话要求

在人才竞争日益激烈的现代社会，通过面试是获得理想职位的重要一环。应聘者想要在面试的短暂时间内得到招聘者或面试主考官的认可和欣赏并非易事。面试的目的，主要是了解应聘者的专业素养、思维能力和个人品德等。求职者必须通过简洁、坦诚而富有个性的语言，充分展示自己的实力和素质。语言是求职者在求职面试中与招聘者沟通情况、交流思想的工具，更是求职者展示自己知识、修养、能力和个性的最主要渠道。而面试又是以谈话为主的，只有熟练地掌握求职面试的说话艺术，才能在求职竞争中过关斩将，获得成功。恰当得体的语言无疑会增强你的竞争力，帮助你获得成功，反之，不得体的语言会损害你的形象，削弱你的竞争力，甚至导致求职面试的失败。

在求职、面试过程中，求职者说话要注意以下几点：

第一，面带微笑，善于倾听。无论遇到怎样的情况，都要给人以友好的笑脸，这是征服对方的有力武器。要热情饱满，但是不要天马行空乱谈一气。仔细听取提问、集中精力回答，否则，别人会认为你不能专心致志，或者缺乏听话技巧。说话时要吸引对方的注意，眼睛不要望着别处。务必声音清晰，直截了当。

第二，介绍自己，集中话题。做自我介绍，是面试中常遇到的问题。考官有时会问一些"很大"的题目，比如问"说说你自己"，至于说"你自己"什么，并没有限定，但他要的答案并不是"你自己"事无巨细的全部。一般说来，要围绕所要应聘的职位来谈，有意识地把话题拉到你的能力、优点、学识、经验等方面来，讲述的内容要集中体现在工作所需的资历之上。也可以将曾经从事的工作内容、时间、职务、业绩、效果、评价等客观地进行说明。比如，体育新闻专业的学生应试某报社体育部记者工作，在自我介绍时一定要突出强调自己的专业特色和专长，比如学习成绩优秀，实际操作能力强，实习的重要经历，或者曾经采访过的体育名人和赛事等。面试时要尽量用最简短的语言，传达尽可能多的信息量，无论是自我介绍还是回答问题，都要做到言简意赅、举例精要、措辞简练，切忌繁复冗长，或口若悬河，或答非所问。

第三，展示才能，适度吹嘘。在求职、面试过程中，求职者总要想方设法把自己的能力和才干表现出来，让招聘者了解自己，然而，表达自己的能力和才干也是一门艺术。如果一味地平铺直叙就不能给招聘者留下深刻的印象，如果夸夸其谈、自吹自擂又会给人不谦虚的印象。所以，展示自己的优点是必要的，但是要把握好"度"。陈述专长时要直爽，不必过于自谦，但也不要带有自夸的语气。不管对自己受过的教育感到骄傲还是自卑，都用平静的声音直述，并多强调自己愿意多学、多努力。有时稍稍抬高自己也是必要的，只要说得合理就行。在说出自己的能力后应作些补充说明，也可以让事实来说明问题。面谈者当然知道你不会"自道己短"，但别扯得太远，"吹嘘自己"时只要谈谈有关工作方面的内容即可，而且千万要记住要用具体例子来做支持。戴尔·卡耐基说："不要怕推销自己，只要你认为自己有才华，你就认为自己有资格担任这个或那个职务。"

第四，有问必答，坦率诚恳。求职、面试中要回答所有的问题，这是最基本的原则。对于一些刁钻的问题也不能简单地拒绝，因为那很可能是测试应聘者的应变技巧和反应能力。有些专业性很强的问题，如果确实不懂，就坦率承认，但是一定要表明自己愿意学习和在工作实践中不断积累经验的意愿，这样会给考官留下你不尚空谈、比较注重实际的稳重型人才的印象。比如，一些招聘者会十分看重应聘者的工作经验，甚至会直接询问应聘者是否具备相关的工作经验。那么一名职场新人面对这样的提问首先应该实事求是，承认自己的经验不足，但是要迅速用积极的谈话内容进行填补，可以说：我非常理解贵公司对工作经验的要求，毕竟有工作经验的人上手快些。但是作为一个新手，我的适应能力强，可塑性强。我随时准备按贵公司的需要去塑造自己，以更好地适应工作。此外，我在大学期间，通过实习和勤工俭学掌握了一些实践技能，积累了一定的工作经验。

第五，随机应变，妙语连珠。面试现场是一个看不见硝烟的战场。在求职、面试的现场，面对五花八门的提问，要掌握好应对性语言策略和表达技巧，要沉着冷静，随机应变，将被动性话题转变成主动出击，方能出奇制胜，谋得理想中的职位。面试中如果招聘者或主考官提出一些近乎脑筋急转弯似的问题，应试者大可不必拘泥于问题的表面，而应充分调动发散性思维方式，灵活机动地发挥。例如：当主考官问道"一加一等于几"时，应试者可以回答：在工作中，一加一等于几，答案要根据具体情况而定。如果一个集体具有团队精神，那么一加一会创造出大于二的业绩；如果缺乏团队精神，一盘散沙，那么一加一则小于二。这样的回答巧妙、智慧而又充满职业精神，必定会给招聘者留下深刻的印象。

第五节　基础写作

一、写作主题

写作活动具有极强的社会性和目的性，一般来讲，作者在动笔时都会有或明确或模糊的写作意图、写作宗旨或写作目的。通过写作，可以叙述一件事情，记录一段感情，抒发一种情怀，阐明一个道理，等等。作者在反映事物、表达感情、发表主张时，通过写作材料和内容而表达或体现出来的基本意见或中心思想就是写作主题。

（一）主题的地位和作用

首先，主题是灵魂。

古人吟诗作文，最讲究"立意"，即对主题的提炼。同样，我们写作也应当在"立意"，即主题上多下工夫。衡量文章的质量和价值，关键是看主题如何，即主题的正确性、深刻性及其思想意义和指导作用。可以说，主题决定着写作的意义，决定着写作的价值和作用。一篇文章只有在主题、立意上高妙独特、新颖深刻，才能神采飞逸，流芳百世。而文章的材料、结构、语言表达等都是受主题制约，为主题服务的。主题是文章的"灵魂"。

其次，主题是"统帅"。

清代的王夫之这样阐述主题在文章中的地位："无论诗歌与长行文字，俱以意为主。意犹帅也。无帅之兵，谓之乌合。李、杜所以称大家者，无意之诗，十不得一、二也。烟云泉石，花鸟苔林，金铺锦帐，寓意则灵"。主题在写作中对所有要素中起支配作用。古人说作文需以主题为"将军"，起承转合，犹如行军必须听从将军的号令。材料选取、布局谋篇、语言风格、辞藻句式等都要根据表现主题的需要来确定。

古人所说的"纲举目张"中的"纲"，"挈领而顿，百毛皆顺"中的"领"，就是文章的主题，能够统帅全文的只有主题。

（二）主题的基本要求

首先，主题要深刻。文章主题要精当、透辟。元代的陈绎曾在《文说》中引戴师初语云：

"凡作文发意，第一番来者，陈言也，扫去不用；第二番来者，正语也，停止不可用；第三番来者，精语也，方可用之。"这段话就是对立意中"多思"的精辟见解。做文章要多思，要深思，即观察要细，研究要深，琢磨要透。

其次，主题要新颖。写文章要善于从新的角度和层面去选择、提炼出与众不同的主题，甚至标新立异，敢于"发人所未发，言人所未言"，要有所创造和发现。

第三，主题要集中。主题必须单一、明确。通常情况下，一篇文章只能有一个主题。虽然有些纯文学作品，特别是现代派作品，往往有"多义性主题"的现象，但对于以真实为原则的文章写作和以实用为原则的公文写作而言，其主题须力求高度集中，避免"多义性主题"的出现。

（三）主题的提炼

主题的提炼，是指作者从大量原始材料中经过改造加工，从而提取的能综合概括全部材料思想意义的一种由感性认识到理性认识的思维过程。它所要解决的是主题如何才能正确获得以及将其提炼出一个既"深"且"新"的主题的问题。提炼主题是写作最根本的一环，要披沙拣金，选到准确、新鲜、深刻而富有思想价值的主题是要费一番"脑筋"和"工夫"的。

主题形成的源泉，是作者对生活的体验、感悟或调查研究活动的积累，主题形成的过程是由某一特定事物的触发，使作者调动其经历、经验所构成的材料，激发写作欲望，并从中领悟出特定的意义，并以此指导写作。不同的写作领域，不同的作者，其主题的具体形成途径是各不相同的，是因人因事因时而异的。文艺作品的主题大多是作者在个人直接的生活实践中逐步孕育而成的；新闻、公文、学术论文、调查报告等的主题一般是作者通过调查访问，从间接生活中对所获材料进行分析归纳而产生的。

无论是直接的生活经历、经验，还是间接的事实材料，详尽占有这些材料是提炼主题的基础。生活是由丰富多彩的内容交织而成的，要捕捉生活的瞬间和细节、把握稍纵即逝的写作素材需要作者具备灵敏的触觉、有准备的心灵和对生活持久的热情，敏感细致地感知一个个真实生动的客观存在，即写作材料，并在这些材料的内核中去发现最有价值的东西，即写作的主题。

二、写作材料

写作材料，是指作者为某一写作目的，从生活中或其他客观存在中收集摄取出来的，并运用于写作中的一系列事实或依据，它是写作的基本物料。主题的提炼、感情的表达、结构的安排都离不开材料。写作的过程也可以说是围绕主题搜集、选择和使用材料的过程。

（一）材料的积累，是指作者通过观察和体验生活来占有写作材料的过程，观察和体验是获取直接性写作材料的途径。观察生活要求作者要观察事物的表象，比较事物的异同，分析事物的特点，由此达到对客观世界感性认识的丰富积累。体验生活是获取主观世界情感反映的直接途径，主要是指感觉的聚积、触发以及感情的梳理。

（二）资料的搜集，主要是指作者从文字资料中采集写作材料。搜集资料主要有两种方式，一是资料摘抄，即用摘抄的办法将名篇佳作中的精彩部分记录下来；二是用读书札记的方式总结要点和记述心得。

（三）材料的选择。写作的材料可谓林林总总，无所不包，选材，要遵循一个"严"字。要围绕主题选择那些真实准确、具体典型、生动新颖的材料。丰富多彩的现实生活可选为写作的材料，厚重浩繁的历史画卷可选为写作的材料，自然的造化、浩如烟海的文字资料，同样是写作材料的宝库。

（四）材料的使用。要依据主题的需要来确定材料的详略程度和组合方式，要依据作者特定的气质、风格、情趣、审美和写作习惯来决定材料的变异。另外，在材料的使用中，还应注重显示不同材料的不同个性、不同色调和不同情采。

写作材料虽说很繁杂，但归纳起来，不外乎人、事、景、物、情、理六大类。只有对这六大类不同性质的材料予以深入理解，才是提炼主题的根本途径。

三、表达方式

写作的物态形式是书面语言，而使用书面语言进行思想感情的表达，则需要一定的规则和手段。表达方式，是指写文章时所采用的反映社会生活、表达思想感情、介绍事物事理的方式手段。常用的表达方式有五种，即：记叙（叙述）、描写、议论、抒情和说明。

（一）记叙

记叙，或叙述，是叙写人物经历和事件发展过程的一种表达方式。人在流动的时间和变换的空间之中总是经历着一定的事情，而人所经历的事情按一定的主题形成发生、发展的过程。运用叙述，就能将个人经历、群体经历以至社会现象的发展进程记录下来，在写作活动中为各种文体的不同需要服务。

（二）描写

描写，描是描绘，写是摹写。是用色彩鲜明、立体感强、生动形象的语言将人物、景物或环境的状态描绘摹写出来的一种表达方式。运用描写可以使文字表达最大限度地接近生活原态的特征，立体地、鲜活地表现描写对象的形象，给人以栩栩如生、身临其境之感。它是一种"形神兼备"的表述方法。

（三）议论

议论是指通过对事物的评说和对事理的阐发来表明观点和主张的一种表达方式。在写作中，运用议论，能够剖析事物、辨别是非、阐明立场，用理性的思考与阅读者交流，从而积累起智慧财富。在所有的表达方式中，议论是最能体现机智敏锐的思维和语言风格的魅力的。比如义正辞严之论、滔滔雄辩之论、娓娓从容之论、意味深长之论、机智风趣之论等，既是语言表述的风格，也是整体思维风格的外在表现。

（四）抒情

抒情，即表达情思，抒发情感。指以形式化的话语组织，用富于色彩的语言文字，象征性地表现个人内心情感的一种表达方式。它与叙事相对，具有主观性、个性化和诗意化等特征，可以将作者的内心情感外化为语言文字，在探触心灵深处奥秘、营造渲染文境和增强文章感染力等方面有着不可替代的作用。作为一种特殊的文学反映方式，抒情主要反映社会生活的精神方面，并通过在意识中对现实的审美改造，达到心灵的自由。抒情是个性与社会性的辩证统一，也是情感释放与情感构造、审美创造的辩证统一。

（五）说明

说明是将事物的性质、特征、状态、成因、关系、功能等解说出来的一种表达方式。说明的对象可以是实体事物，也可以是抽象事理。说明在写作实践中的运用范围相当广泛，介绍物貌形态、人物经历、历史演变，概括事物性质特点、成因缘由，归纳事物发展规律、轨迹趋向时，常用说明。

四、不同类型文章的写作

常见的表达方式有叙述、描写、议论、抒情和说明。叙述用于反映过程性较强的事物，描写用于描摹和刻画各种形象的特征，议论用于立论驳谬、阐明观点，抒情用于咏物抒怀、敞开心扉，说明用于解说事物、阐释事理。在实际的写作活动中，这些表达方式常常是结合在一起，交叉使用的。记叙文主要以记叙和描写为主，其中兼有说明、抒情和议论；说明文主要以说明为主，也有叙述、议论甚至描写；议论文以议论为主，兼有记叙、说明或是抒情。

（一）记叙文

记叙文是用来描述事物的文章。记叙文包括的范围很广，广义的记叙文是指以记人、叙事、写景、状物为主，对社会生活中的人、事、景、物的情态变化和发展进行叙述和描写的一类文章，常见的如消息、通讯、特写、报告文学、游记、日记、参观记、回忆录以及一部分书信等。狭义的记叙文，指记叙性的文学作品。正因为记叙文写的是生活中的见闻，所以一定要表达出作者对于生活的真切感受。总的说，记叙文以记叙和描写为主要表达方式，同时也伴随自然流露的适当议论和抒情。时间、地点、人物、起因、经过、结果是记叙文的六要素。

记叙文写作要求做到以下几个方面：

1. 线索明晰

人物经历和事件发展过程是流动的，必然要呈现出叙述的线索，成功的叙述应当脉络清楚、线索明晰，将所叙述内容的过程性详略有序地体现出来。明晰的线索不仅使叙述的实施者笔头轻松，而且也使叙述的接受者读来顺畅。

2. 时空有序

经历或事件都是发生在一定时空之中的，叙述也是以一定的时空顺序为接链的。离开时空背景，无从展开叙述。而在写作中时空的连贯，则是可以用人的创造力进行再组合的，不仅可以按时空的自然结构顺叙，还可用倒叙、插叙、分叙。这就意味着叙述的时空组合是有规律可循的。

3. 交代完整

叙述的目的是为了把人物经历和事件过程准确完整地传达给读者，因而相对的完整性是必不可少的。人物某阶段、某方面的经历，事件某时段、某部分的状态，虽然本身带有局部性，但用文字表达出来却不能缺少叙述的各种要素，必须同时具备表述内容和表述方法上的双重完整性。

例如：

据新华社巴黎 8 月 31 日电 英国王储查尔斯王子的前妻戴安娜本地时间 8 月 31 日凌晨在巴黎遭遇严重车祸，送往医院后不治身亡。

据悉，戴安娜与其男友埃及亿万富翁之子法耶兹于 30 日下午来到巴黎。当天午夜，他们在巴黎里茨饭店共进晚餐后，乘坐一辆奔驰 600 型汽车飞速驶向法耶兹在巴黎的一座私邸，一群摄影记者在途中紧追不舍。戴安娜的汽车加大马力急速行驶，试图摆脱摄影记者，不幸在一处公路隧道里与一根立柱碰撞，造成严重车祸。法耶兹和司机当场死亡。戴安娜及其保镖身受重伤。

车祸发生后，抢救人员立即将戴安娜等人送到医院。负责抢救戴安娜的医生不久宣布，戴安娜在车祸中手臂骨折，大腿受伤并发生严重脑震荡，在抢救过程中因胸腔大出血，于凌晨 4 时死亡。

法国总统希拉克和总理若斯潘对戴安娜不幸身亡表示震惊。据巴黎警方宣布，车祸发生后，尾随戴安娜的 7 名摄影记者被带到巴黎警察总署接受调查。

这是一篇消息，属于记叙文的范畴。在导语部分交代了"何时"、"何地"、"何人"、"何事"以及"结果"、"如何"等新闻要素，突出强调了"何人"、"何事"这两个要素。主体部分内容较多，但始终围绕报道主题，重视材料的取舍，紧扣导语中所确立的主题来选用材料。消息的篇幅短小，叙事简明扼要，使读者在短时间内能够对新闻人物和事件有较为全面而真切的了解。

（二）议论文

议论文又叫说理文，是用逻辑、推理和证明，剖析事物、论述事理、发表意见、提出主张的一种文体。这类文章或从正面提出某种见解、主张，或是驳斥别人的错误观点。新闻报刊中的评论、杂文或日常生活中的感想等，都属于议论文的范畴。议论文应该观点明确、论据充分、语言精练、论证合理、有严密的逻辑性。议论的要素包括论点、论据和论证。

议论文的写作特点体现在：

1. 思辨性

议论是基于事实材料或理论材料的理性思考，在思考中要理清思路、辨出真伪、逼向真理。表现于文字上，也必须体现出这种思辨特点。通畅的思路，清晰的论述，深刻的剖析，准确的判断，应有机地融为一体，使高质量的议论真正能够启人思、增人智，有的放矢。

2. 逻辑性

论证观点必然要以一定的逻辑方法来实现，逻辑上的严密和运用论证方法的得当，是议论成功的保证。不体现逻辑性的议论是不可想象的。由于论证方式的多样性，逻辑性的体现也是多方位的。但无论采取怎样的论证手段，论点的形成都必须由严密的逻辑论证来实现。

3. 鲜明性

议论的目的就是表明观点，含糊其辞是不可取的，没有立场的议论也是不存在的。无论立论或驳论，鲜明的观点必须准确表达出来。即使是较为委婉或幽默的议论，也应当将明确的主张传达给读者。否则，议论就丧失了意义。

例如：

体育颂

啊，体育，

天神的欢娱，生命的动力。
你猝然降临在灰蒙蒙的林间空地，
受难者激动不已。
你像是容光焕发的使者，
向暮年人微笑致意。
你像高山之巅出现的晨曦，
照亮了昏暗的大地。
啊，体育，你就是美丽！
你塑造的人体变得高尚还是卑鄙，
要看它是被可耻的欲望引向堕落；
还是由健康的力量悉心培育。
没有匀称协调，便谈不上什么美丽。
你的作用无与伦比，
可使三者和谐统一，
可使人体运动富有节律，
使动作变得优美，
柔中会有刚毅。
啊，体育，你就是正义！
你体现了社会生活中追求不到的公平合理。
任何人不可超过速度一分一秒，
逾越高度一分一厘。
取得成功的关键，
只能是体力与精神融为一体。
啊，体育，你就是勇气！
肌肉用力的全部含义是敢于搏击。
若不为此，敏捷、强健有何用？
肌肉发达有何益？
我们所说的勇气，
不是冒险家押上全部赌注似的蛮干，
而是经过慎重的深思熟虑。

啊，体育，你就是荣誉！

荣誉的赢得要公正无私，

反之便毫无意义。

有人要弄见不得人的诡计，

以此达到欺骗同伴的目的，

他内心深处却受着耻辱的绞缢。

有朝一日被人识破，就会落得名声扫地。

啊，体育，你就是乐趣！

想起你，内心充满欢喜，

血液循环加剧，思路更加开阔，

条理愈加清晰。

你可使忧伤的人散心解闷，

你可使欢乐的人生活更加甜蜜。

啊，体育，你就是培育人类的沃地。

你通过最直接的途径，

增强民族体质矫正畸形躯体，

防病患于未然，

使运动员得到启迪：

希望后代长得茁壮有力，

继往开来，夺取桂冠的胜利。

啊，体育，你就是进步！

为人类的日新月异，

身体和精神的改变要同时抓起，

你规定良好的生活习惯，

要求人们对过度行为引起警惕。

你告诫人们遵守规则，

发挥人类最大能力，

而又无损健康的肌体。

啊，体育，你就是和平，

你在各民族间建立愉快的联系。

你在有节制、有组织、有技艺的体力较量中产生，
使全世界的青年学会相互尊重和学习，
使不同民族特质成为高尚而和平竞赛的动力。

现代奥林匹克运动的创始人顾拜旦在这篇传世的散文诗中以美丽的诗一般的语言热情歌颂了体育的社会功能和人类的伟大理想，高度评价了奥林匹克运动在现代社会文明中的作用和地位，它是顾拜旦体育思想的体现，是奥林匹克理想的升华。

（三）说明文

所谓说明文，就是以说明为主要表达方式来解说事物、阐明事理而给人以知识的文章，它通过对实体事物的解说，或对抽象事理的阐释，使人们对事物的形态、构造、性质、种类、成因、功能，关系或对事理的概念、特点、来源、演变、异同等有所认识，从而获得有关的知识。以说明为主是说明文与其他文体从表达方式上相区别的标志。为了说明清楚事物的特征，须采用恰当的说明方法。常见的说明方法有举例子、列数字、打比方、作比较、分类别、下定义、作诠释、配图表等。说明文与人们的生产、工作和生活的关系相当密切，具有极强的实用价值。

说明文的写作要求是：

1. 科学严谨

说明的内容不能凭空虚构。介绍客观存在的实体事物、阐释理性的抽象规律，都须本着实事求是的态度，真实确切地予以表述。无论说明对象繁或简、深或浅，所写的有关内容皆应确凿有据，知识和信息在质与量上也应有科学的保证，以体现出严谨求实的风范。

2. 客观准确

与其他表达方式相比，说明重在解说事物、阐释事理，是不带主观感情色彩的。它所要表达的内容应当客观真实、准确严密，不需任何的主观加工和修饰。实体事物和抽象事理原本的性态、功能，映在文字中应当相应一致，完全忠实于客观情态。

3. 平实明白

　　说明的目的就是要清楚地告诉人们有关的知识和信息，让读者详知尽晓。由此，语言表达就要以简洁平实、清晰明白为标准，不利于客观解说的语言表述技巧是不适合使用的。即使是用拟人、比喻等方式进行说明，亦应以平实明白为原则。

　　例如：

　　国家体育场位于北京奥林匹克公园中心区南部，是 2008 年第 29 届奥运会的主场馆，由于造型独特又俗称"鸟巢"。国家体育场（鸟巢）工程总占地面积 21 公顷，建筑面积 25.8 万平方米。国家体育场（鸟巢）内观众坐席约为 91000 个，其中临时坐席约 11000 个。国家体育场承办北京奥运会、残奥会的开、闭幕式，田径比赛及足球比赛决赛等比赛项目。由 2001 年普利策奖获得者赫尔佐格、德梅隆与中国建筑师李兴刚等合作完成的巨型体育场设计，形态如同孕育生命的"巢"，它更像一个摇篮，寄托着人类对未来的希望。设计者们对这个国家体育场没有做任何多余的处理，只是坦率地把结构暴露在外，因而自然形成了建筑的外观。奥运会后，国家体育场将成为北京市民广泛参与体育活动及享受体育娱乐的大型专业场所，并成为地标性的体育建筑和奥运遗产。

　　上段文字对国家体育场（鸟巢）的建筑形态、特点、功能等进行了简明扼要的介绍，说明顺序合理，数据准确，虚实结合，晓畅通俗。